KB126785

철학을 통해 배우는 지혜

황금열매

철학을 통해 배우는 지혜

황금열매

초 판 ▌발행 2006년 12월 15일
개정판 ▌발행 2011년 11월 25일

편 역 ▌권순우
발행인 ▌유회종
발행처 ▌일문서적

등록번호 ▌제 559-2011-000006
등록일자 ▌2011년 10월 17일
주소 ▌경기도 양주시 장흥면 일영리 411번지
전화 ▌031) 829-0638
FAX ▌031) 829-0641

ISBN 89-967471-1-6

값 ▌13,000

철학을 통해 배우는 지혜

황금열매

권순우 편역

일문
서적

머리말

철학은 잘 모르지만 한 가지 분명한 것은 철학 같은 것은 몰라도 숨 쉬는 데는 지장이 없다는 것이 일반적인 생각이다. 따라서 철학을 하려는 사람은 이 바쁜 세상에서 선택받은 호사가임에 틀림없다고 생각하는 것 같다.

철학이 이처럼 오해받고 있는 것은 철학이라는 학문이 그 이름만으로는 전혀 내용이 보이지 않기 때문일 것이다. 그러나 철학이란 다른 학문과는 달리 언어만으로는 그 내용을 파악할 수 없는 학문이다. 왜냐하면 그것은 우리에게 너무 가까이 밀착되어 있어 마치 자기 속눈썹을 보지 못하는 것과 같은 이치인 것이다.

따라서 '철학을 한다.'는 것은 자신의 일상과 주변 생활에 대한 반성과 비판이 일어날 때에만 비로소 가능해지는 것이리라. 또한 철학은 과학에 의해 제기된 것보다 더욱 일반적이고 근본적인 물음들을 제기함으로써 어떤 면에서는 과학은 철학으로부터 상당한 빚을 지고 있다고 할 수 있다.

철학적 꿈의 발견을 위한 이 책의 철학 여행은 철학의 원조인 밀레토스 지방을 출발해 아테네, 이탈리아, 프랑스, 영국 등을 거쳐 독일까지 이어졌다. 이 공간 속에서 끝없는 철학적 질문을 통해 인생에 의미와 질서를 부여하려고 애썼던 서양철학의 원조 탈레스에

서부터 소크라테스와 플라톤, 칸트와 사르트르, 분석철학의 비트겐
슈타인에 이르기까지 위대한 철학자들의 사상과 위트 섞인 일화들
을 소개함으로써 편안하게 철학 속으로 안내하고자 했다.

철학을 통해 배우는 지혜

황금열매

차 례

1장

원조元祖의 고향 밀레토스 지방을 찾아서

현대 상술商術의 원조 탈레스

초기 철학자들은 자연학, 보다 철학적으로 표현하자면 우주론에 몰두하여 우주의 본성이나 본질을 다루는 형이상학적인 과제를 주로 다루고 있다.

서양철학은 전통적으로 고대 그리스, 특히 이오니아 지방으로 그 기원이 거슬러 올라가게 된다. 이오니아 지방은 아티카Attica, 아테네Athenae, 사모스amos, 밀레토스Miletus, 에페소스Ephesus, 및 에게해를 따라 그리스의 남동지역에서부터 소아시아의 서부 연안에 이르기까지 줄지어 있는 여러 섬들을 포함하고 있다.

특히 여기서는 밀레토스 지방을 서양철학의 원조로 삼고 철학 여행을 시작하기로 하겠다. 그것은 아리스토텔레스가 그의 저서 『형이상학Metaphysics』에서 철학의 원조를 탈레스라고 한 데 근거하는 것이다.

오늘날 밀레토스의 위치는 터키의 본토에 자리하고 있다. 밀레토스는 아테네인들에 의해 세워진 부유하고 번창한 그리스 도시였다. 이 도시는 해안 도시답게 사방이 물로 둘러싸여 있었다. 따라서 그들의 세계에 대한 인식은 물에게해이 중심이었다. 따라서 탈레스가 '만물의 근원은 물이다.'라고 한 말은 오늘날의 과학에서는 동의하지 않지만, 당시의 세계에 대한 밀레토스 지방 사람들의 인식이라고 할 수 있다. 만물의 근원이 그 어떤 재료로 이루어져 있다고 하는 이 논제는 오늘날의 과학에서도 문제의 연속이라고 할 수 있다.

이처럼 초기 철학자들은 자연학, 보다 철학적으로 표현하자면 '우주론'에 몰두하여 우주의 본성이나 본질을 다루는 형이상학적인 과제를 주로 다루고 있었다.

만약 한집안의 초대初代가 생선장수고, 그 다음 대가 양복점 주인이었다면 생선장수인 1대와 양복점 2대 중 어느 대를 집안의 가통으로 삼는가 하는 문제는 가족회의의 결정에 따라 바꾸어질 수도 있을 것이다. 그러나 이런 경우 어느 결정이 옳은가 하는 것은 객관적일 수 없는 것이다.

물론 가장 오래된 1대를 가통으로 따르는 것도 하나의 방법은 될수 있다. 그러나 이것이 가족적인 문제일 때는 생선장수를 초대로 하든, 양복점을 초대로 삼든 별 지장이 없겠지만, 만약 학문에 있어서 이러한 문제가 제기될 때에는 그리 단순한 문제만은 아니다. 이 것은 제1대의 사상적 영향에 따라 그 뒤를 잇는 흐름이 바뀔 수도 있기 때문이다.

아리스토텔레스가 최초의 철학자를 탈레스라고 말할 수 있었던 것도 그가 '만물이 무엇으로 만들어졌고, 또 어떻게 소멸되어 가는가 하는 원리를 조리 있게 설명하여 만물의 근원이 되는 것을 찾아낸 점'에 있다.

탈레스(Thales, BC 624년경~BC 546년경)는 그리스의 칠현七賢 중의 한 사람으로 일식을 예측하였고, 그림자의 길이로 피라미드의 높이를 쟀으며, 이집트에서 측량법을 배워 와 항구에서 배까지의 거리를 측정할 수 있는 도구를 만드는 등 놀랄 만한 업적을 세운 사람이다. 그는 철학자라기보다는 뛰어난 지식인, 즉 현인의 한 사람이었다.

그는 소아시아 연안의 그리스 식민지 밀레토스에서 태어났다. 페니키아인의 혈통이며, 당초에는 상인으로 재산을 모아 이집트에 유학하여 그곳에서 수학과 천문학을 배웠으며, 페르시아 정복 때 리디아 왕을 따라가 조언하는 등 정치적인 식견도 있었던 것으로 보인다.

탈레스는 왜 만물의 근원을 물이라고 했을까. 여기에 관해서는 여러 가지 추측이 가능하다. 첫째, 탈레스의 고향인 밀레토스 지방은 에게해에 둘러싸여 있어 주변에서 많이 볼 수 있는 것이라는 점이다. 전통에 의해 추출된 원소들 가운데 하나이면서 가장 많이 볼 수 있는 것이기에 물은 탈레스의 세계관이었을 것이다. 둘째, 물은 모든 생명체 속에 존재하며 생명에 필수적인 것이라는 점이다. 셋째, 물은 얼면 고체가 되고, 수증기로 증발하면, '공기'가 되며, 또한 불에 의해 일종의 연료로 사용됨으로써 전통적인 세계의 네 가지 근본요소 중의 세 가지 다른 형태들을 취할 수 있는 실체였기 때문이다.

만물의 근원은 원래의 재료, 즉 본질을 뜻하는 것이다. 탈레스는 눈으로 보이는 구체적인 현상을 넘어서 그러한 현상의 근원이 되는 근원, 본질을 밝히고자 했다.

한편, 탈레스는 만물에는 신神들이 가득 차 있다고 생각하였고, 자석은 철을 움직이기 때문에 혼魂을 가지고 있다고 주장(생기론生氣論)하기도 했다. 즉, 신과 혼들은 움직이는 것, 운동 그 자체라고 생각하였던 것이다.

아리스토텔레스는 『정치학』에서 재미있는 에피소드를 하나 전해 주고 있다.

"탈레스는 지속적인 별에 대한 관측으로 이듬해엔 올리브가 풍작이 될 것이라고 미리 예측하였다. 그래서 그는 키오스와 밀레토스 지방에 있는 모든 올리브 착유기를 헐값으로 빌려 놓았다. 이듬해 수확기가 되자 과연 올리브가 풍작을 이루어 착유기가 부족하였다. 이때 그는 착유기를 비싼 값으로 되빌려 주고는 많은 이익을 남겼다."

물론 아리스토텔레스는 당시 사람들이 철학은 무익한 것이라고 탈레스를 비난하였기 때문에 그 앙갚음을 하기 위해서 그렇게 했다고 쓰고 있지만, 현대 상술(商術)에 있어서도 탈레스의 지혜가 그대로 적용되고 있어 그를 현대 상술의 원조라고 하여도 손색이 없을 것이다. 더욱이 탈레스는 정치가이자 치수(治水)사업가이기도 했으니 아리스토텔레스의 견해와는 달리 아주 현실적인 사업가였는지도 모르겠다. 탈레스와 같은 미리 예견하고 독점하여 큰 이익을 볼 수 있는 지혜의 힘은 오늘날 월스트리트 같은 곳에서도 흔히 볼 수 있는 것이다.

탈레스에 관한 일화 중에는, 그가 천문학에 관심을 기울인 나머지 밤중에 별자리를 보며 걷다가 시궁창에 빠져서 하녀의 비웃음을 산 일도 있었다고 한다.

그리스철학의 기원은 이오니아 계통(밀레토스학파라고 지칭한다.)과 이탈리아 계통으로 나눌 수 있다. 이오니아 계통은 현실적인 긍정을 특색으로 하고, 이탈리아 계통은 오르페우스교적인 피안의 신앙을 특색으로 하였다. 이에 탈레스는 이오니아 계통 철학의 시조였던 것이다.

당시 이오니아 계통의 철학자들로부터 전해오는 말에 의하면 '세상에서 가장 어려운 일이 무엇이겠는가?'라는 질문에 대하여 탈레스는 '자기 자신을 안다는 것'이라고 대답하였고, '그럼 가장 쉬운 일은 무엇인가?'에 대해 그는 '남에게 충고를 한다는 것'이라고 대답하였다고 한다. 또 '인간다운 인간으로서 품격을 지니고 살아가기 위해서는 어떻게 해야만 하는가?'라는 질문에 대해서는 '우리가 다른 사람의 행동을 보고 잘못됐다고 비난하는 따위의 일을 절대로 저지르지 않는 데 있다.'고 하였다는 것이다.

다만 탈레스가 얼마만큼이나 그의 사상에서 철학적 결론을 이끌어 낼 수 있었는가 하는 데 있어서 의심스러운 점이 있기는 하지만, 그의 견해에 있어서만큼은 충분히 철학적이었다. 이처럼 탈레스는 존재의 문제(the problem of Being)에 관련된 최초의 물음을 제기했다.

칵테일의 창시자 아낙시만드로스

탈레스의 존재의 문제에 관심의 초점을 두었던 아낙시만드로스는 "존재하는 만물은 필연에 따라 생성한 것이며, 그것은 시간이란 질서에 의하여 필연을 보상하고 소멸되어 가는 것이다."라고 말했다.

　탈레스의 뒤를 이은 철학자들은 그의 주장에 반기를 들고 나름대로 자기의 철학적 견해를 내세우는 데 여념이 없었다. 예컨대 만물의 원리를 물이라고 주장한다면 만물이 물에서 공기로 변화해 가는 변화의 이치는 무엇인가? 원리가 되는 물과 공기는 같은 것인가? 변화의 근원이 불변의 것이라면 그것은 모순이 아닌가? 그렇다고 그들의 주장을 계승한다면 거기에도 계속 어려운 문제가 속출하는 것이다. 설명하는 원리와 설명되는 원리와의 관계, 그 자체가 설명을 필요로 하기 때문이다. 이런 종류의 어려움 때문에 철학의 명석함이 요구되는 것이다.

　밀레토스 지방 출신으로 밀레토스학파를 이루었던 아낙시만드로스(Anaximandros BC 610년경 - 546년경)는 탈레스의 '존재의 문제'에 관심의 초점을 두었던 두 번째 위대한 사상가로서 탈레스의 제자였다. 그는 산문으로 자연에 대하여 언급한 최초의 사람이기도 하다. 그는 이렇게 말했다.

　"존재하는 만물은 필연에 따라 생성한 것이며, 그것은 시간이란 질서에 의하여 필연을 보상하고 소멸되어 가는 것이다."

이러한 그의 철학적 견해는 근래에 와서 니체와 하이데거가 주석을 붙일 만큼 의미 있는 단편이었다.

"만물의 근원이란 양적으로나 질적으로 무한無限의 것(apeiron)이고, 이 신적으로 불멸하는 아페이론으로부터 먼저 따뜻한 것, 차가운 것 등의 서로 성질이 대립되는 것으로 갈라진다. 그리고 이 대립하는 것의 경쟁에서 땅, 물, 불, 바람이 생기고 다시 별과 생물이 생기지만, 이것이 법도를 지키고 따라서 결국 경쟁의 죄를 보상하고 나서 다시 아페이론으로 돌아간다."

세상에는 물이나 불이나 공기 등과 같은 원소들의 일정량이 마치 인과응보의 관계처럼 균형을 이루고 있다. 하지만 당시에는 필연이니 질서니 하는 자연법칙과 세상의 법도가 나뉘어져 있지는 않았다. 아니 막 나누어지기 시작할 때였다.

이에 '세상 법도도 궁극적으로 자연의 이치를 따르는 것이 아닐까?' 하는 의문을 품은 사람이 바로 아낙시만드로스였다. 그는 만물의 근원이 되는 것을 '아페이론(apeiron 무한자적인 것)'이라고 불렀다. 어느 원소元素도 아닌 '추상적 물질'이라는 것은 모든 원소의 혼합체라고도 말할 수 있다는 것이다. 만약 물질의 근본 요소들이 유한한 것이라면 그것들은 자연 안에서 일어나는 모든 생성과 변화의 과정을 감당하지 못할 것이다. 따라서 무제한자인 신神은 그것으로부터 비롯되는 유한한 모든 물질들을 뛰어넘어 무한한 것이어야 한다. 그러나 그의 이러한 철학적 견해인 '아페이론'은 그 어느 것도 아닌 어느 것이라는 난문難問을 가지고 있었다.

한편으로는 그의 이러한 사고는 아낙시만드로스가 감각적 인식을 넘어서서 이성적이고 합리적으로 사고하기 시작했다는 것을 의미한다고도 할 수 있다.

이러한 아낙시만드로스의 주장은 최초의 철학적 저술인 그의 산문적 논문 『자연론』을 통해 단편적으로나마 전해지고 있다.

탈레스의 우주론을 토대로 이오니아 자연철학자들의 철학 체계를 완성한 아낙시만드로스는 세계의 지도를 그리고자 한 최초의 사람이라고 알려지고 있다. 그는 또 우주를 계획된 체계적 전체로 이해하여 천구天球의 중심에는 지주가 없고, 정지해 있는 원통형의 지구 주위를 해와 달과 별이 돌고 있다고 생각했다. 이밖에도 유기체의 생명의 원인을 유체의 작용, 즉 유체가 건조되면 어류와 같은 생물이 생기고 이 어류는 뭍에서 생활에 적응하는 과정을 통해 동물로 전개되며 이러한 적응 과정의 최종 산물이 인류라고 하는 그의 주장에 의해서 다윈의 가설과 비슷한 진화론을 제시했다.

아낙시만드로스보다 젊은 세대이자 그의 제자이면서 이 밀레토스 학파의 마지막 구성원은 아낙시메네스(Anaximenes, BC 586년경~BC528년경)였다. 그러나 아낙시메네스는 탈레스와 아낙시만드로스와는 견해를 달리했다. 그는 모든 구성 요소 중에서 가장 유동적이고, 무한정자만큼이나 풍부할 뿐만 아니라 모든 자연물의 성장과 생명 그 자체에 본질적 요소이기 때문에 공기를 근본적인 실체로 삼았다. 그는 만물의 근원을 '아에르공기' 또는 '푸뉴마호흡'라고 부르고, 공기밀도의 농도 차이에 만물의 변화 원리가 있다고 생각했다. 탈레스가 구체적이고 감각적인 '물'을 자연세계의 근원으로, 아낙시만드로스가 물보다 더 근원적이고 추상적인 어떤 것, 즉 '무한정자아페이론'를 근본이라고 본 것과는 다른 견해였던 것이다. 그는 탈레스의 '물'이 너무 구체적인 것이어서 그것으로부터 불이나 바위 등이 생길 수 없으며, 아낙시만드로스의 '아페이론'은 너무 추상적이어서 구체적인 불이 생길 수 없다고 생각했던 것이다. 따라서 물보다 추상적이고 무한정자보다 구체적인 것, 즉 공기를 만물의 근원이라고 본 것이다.

이러한 견해를 토대로 아낙시메네스는 '농축'과 '희박' 이 두 가지를 사물을 생기게 하는 기본 원리로서 제시했다. 즉, 공기의 입자가 팽팽히 농축되면 액체라는 결과가 얻어지고, 이보다 더 농축되면 여러 가지 형태의 흙과 결정화結晶化된 고체, 즉 암석류를 얻게 된다는 것이다. 반면, 공기가 희박해지고 분리되면 고체는 액체로, 액체는 다시 증기(공기)로, 증기는 불로 돌아가는 것이다. 농축은 냉冷과 동일한 것이고, 희박화稀薄化는 열과 동일한 것이다. 이와 같은 순환의 리듬에 맞추어 우주의 모든 구성 요소들은 새롭게 창조되고 또 소멸되는 과정을 끊임없이 반복하게 되는 것이다.

위와 같은 하나의 근본적인 실체가 다른 실체로 전화되는 과정에 대한 아낙시메네스의 설명은 그 이전의 아낙시만드로스나 탈레스의 설명보다 앞서는 것이기는 하지만, 그들과 마찬가지로 그의 총체적인 견해도 만물이 인간적 특성인 영혼과 생명을 가지고 있다는 생각에서 완전히 벗어나지는 못했다. 왜냐하면 그가 생각한 가장 근본적인 요소인 공기 또한 영혼을 가지고 있어 이 세계를 감싸듯 끌어안고 있다고 생각했기 때문이다.

탈레스, 아낙시만드로스, 아낙시메네스는 철학사에 있어서 그들이 살고 있던 도시의 이름을 따서 밀레토스학파라고 부른다. 이때는 법이 막 제정되고, 이솝우화가 나오고, 여류시인 사포가 처녀들에게 하프를 가르치던 시대였다.

여기서 밀레토스학파 세 사람에 관한 우화를 하나 소개한다.

이들 세 철학자가 살고 있던 밀레토스란 도시에는 아름다운 세 미녀가 살고 있는 것으로 유명했다. 그런데 하루는 탈레스가 밀레토스의 어느 술집에 들어갔다가 혼이 난 적이 있다고 제자인 아낙시만드로스와 아낙시메네스에게 고백을 했다.

"내가 그 술집에 들어가 자리에 앉자 '미스 탈'이라고 자신을 소개하는 아가씨가 핫팬티 차림으로 물을 들고 왔지. 그 물을 마시고 나니 뒤이어 자신을 '미스 시만드로스'라고 소개하는 아가씨가 무엇인지 알 수 없는 혼합물(칵테일)을 갖다 놓고는 내 무릎 위에 앉아 그걸 마구 마시게 하지 않겠어. 자네 집안의 체면을 봐서라도 내가 어떻게 그걸 거절할 수 있었겠어. 그러고 나니 또 이번에는 자신을 '미스 시메네스'라고 소개하는 아가씨가 아, 글쎄 손바닥만 한 천으로 겨우 가릴 곳만 가리고 들어오지 않겠어. 그것도 빈 컵을 하나 들고서 말이야. 나는 눈을 휘둥그레 뜨고 그 여인을 쳐다봤지. 그런데 대뜸 그녀는 내 등 뒤쪽으로 와서는 내 목을 조르지 않겠어. 그러면서 하는 말이 그 컵에 공기를 잔뜩 담아 가지고 왔다는 거야. 그리고 그걸 나에게 먹이기 위해서 그렇게 했다는 거지. 그리고 곧 내 주머니는 모두 털렸지 뭐야."

그 말을 듣고 있던 두 제자들은 물었다.

"어쩌자고 그런 델 가셨어요?"

"그건 말이야, 그 집 간판에 분명히 '우리의 가장 소중한 것을 드립니다.'라고 쓰여 있었기 때문이었네."

아낙시메네스와 더불어 밀레토스학파는 그 막을 내리게 되었다. 서구문화의 시초를 특징지은 과학의 시초와 함께 이 밀레토스학파의 사색은 동쪽의 대 페르시아제국이 발흥함에 따라 어둠 속에서만 명맥을 잇게 되었다. 그렇지만 이들의 이 미약한 시작으로부터 서구세계에 철학이 도입되게 된 것이라고 할 수 있다.

헤라클레이토스 교수와의 만남

삶은 곧 죽음, 젊음은 곧 늙음, 깨임은 곧 잠, 타오름은 곧 꺼짐이다. 그러므로 그 근원은 변화에 있고, 변화하는 움직임은 곧 투쟁이므로 투쟁은 만물의 아버지이다.

탈레스, 아낙시만드로스, 아낙시메네스 등의 초기 사상가들에 의해 제기된 최초의 문제인 '존재론적으로 실재적인 것'은 그 궁극적인 실재가 무엇인가 하는 문제를 남겨 놓게 되었다. 즉, 본질적으로 '끊임없이 변화하고 생성하는 것은 무엇인가?' 하는 그들의 물음이 세계를 구성하고 있는 기본적인 실체의 본성이 무엇인지를 확증하는 문제와 우주의 궁극적인 질료가 하나로 되어 있느냐 혹은 여럿으로 되어 있느냐 하는 두 가지 문제를 일으킨 것이다.

초기 철학자, 즉 이오니아 철학자들이 남겨 놓은 '궁극적 실재의 본성'에 관한 문제는 곧 엘레아학파의 창시자 크세노파네스가 제기한 '존재'와 '생성', '정지'와 '운동'이라는 두 가지 문제를 포함하게 되었다. 즉, 우주 만물이 완전히 전개되어 불변의 것으로 존재하느냐, 아니면 모든 것이 현실 속에서 완성되어 가는 일시적 상태에 머물러 있느냐 하는 것이고, 이 문제가 해결되면 자연의 힘이 어떻게 해서 유효한 것이 될 수 있는가 하는 문제를 포함하는 것이다.

크세노파네스(Xenophanes of Colophon, BC 570년경~BC 480년경)는 신에 대한 그 자신의 믿음을 바탕으로 이 같은 형이상학적 물음들에 대한 해결책을 정식화하였다. 그는 그리스인들의 관습과 믿음을 비판했으며 신들이 인간의 특징을 갖추고 있다는 당시의 의인신론擬人神論을 공격함으로써 범신론의 입장을 대변했다. 또한 그는 신과 우주는 하나의 동일한 실재이며, 모든 만유의 '본질'을 내포하고 있는 유일무이하며 불변하는 보편적 존재라고 보았다. 이것은 우주적 신성神性 그 자체로서, 시작도 없고 영원하며 불변하는 것이다.

크세노파네스는 그의 범신론을 통해 자연을 늘 변화하는 사물들의 진용으로 보는 해석과 결코 변화하지 않는 무한한 실체로 보는 해석 사이의 대립을 화해시키고자 하였다. 크세노파네스 이후의 철학자들은 이 두 가지 상반되는 관점에서 자기의 입장을 정하게 되었는데, 파르메니데스Parmenides는 변화가 실제로 불가능하다고 주장하는 입장에 서게 되고, 이와 반대로 헤라클레이토스는 우주 만물은 끊임없는 변화의 과정이라는 주장을 견지하게 된다.

변화의 보편성

이오니아계 밀레토스학파인 탈레스는 만물이 물로, 아낙시만드로스는 모든 원소의 혼합물인 무한정자로, 아낙시메네스는 공기로 이루어졌다고 하는 각기 다른 주장 내에서도 우리는 공통점을 발견할 수 있다. 그것은 그들의 엇갈린 주장 가운데에서도 변화하지 않는 동일한 원리가 있다고 하는 점이다.

그러나 그들의 근원론에는 그들 자신들도 해명하기 힘든 어려운 난제들이 내포되어 있었다는 것이다. 즉, 근원이 되는 것 자체가 변화한다면 우리는 그것을 근원이라고 말할 수 없다는 점이다. 예컨대, 고체가 액체로 변화하고 또 다시 기체로 변화할 때 고체 상태인 얼음을 액체 상태인 무의 근원이라고 할 수 있겠는가. 액체 상태인 물을 기체 상태인 수증기의 근원이라고 말할 수 있겠는가.

여기에 헤라클레이토스(Heraclitus of Ephesus, BC 540년경~BC 480년경)는 실재를 강에 비유할 정도로 변화의 보편성에 의해 단단히 깊은 인상을 받았다. '누구도 같은 강물에 두 번 들어갈 수 없다.'는 주장을 내세워 같은 것이라고 생각한 것이 결국 같은 것이 아니며, 또한 전혀 다른 것으로 생각한 것이 같은 범주 내에 있다고 하였던 것이다. 예컨대 오르막길도 내리막길도 동일한 길 내에 있는 것이요, 삶과 죽음, 깨어 있음과 잠들어 있음, 젊음과 늙음, 이 모두가 우리 내부에서는 언제나 동일한 범주 내에 있는 것이라 하였다. 끊임없이 저 밑바탕에 놓여 있는 실체의 본성과 관련해서 헤라클레이토스는 그것이 불이라고 생각했다.

그 과정에서 헤라클레이토스는 그의 선행자들보다 이 물질에 관한 우리의 현대적 이해에 더욱 가까이 접근하고 있다. 이렇게 헤라클레이토스가 상식을 뒤엎어 놓음으로써 사람들은 그를 어리석은 자라고 조롱하며 따돌렸으나 그에겐 그러한 조롱도 기쁨이라는 범주 내에 함께 있는 것이라고 하였다.

헤라클레이토스는 에페소스 왕가 출신이었으나, 가독상속家督相續을 싫어하여 자기 집도 아우에게 줄 정도로 고매한 지조를 지닌 인물이었다. 그러나 때로는 오만불손하기도 하여 당시의 에페소스 시민들은 물론이고 호메로스나 피타고라스 등 시인, 철학자들까지도 통렬하게 비방하였다.

그가 '만물은 유전한다.'고 말한 것은 우주에는 서로 상반하는 것의 다툼이 있다는 것이고, 만물은 이와 같은 다툼에서 생겨나는 것이라는 뜻이었다. 삶은 곧 죽음, 젊음은 곧 늙음, 깨임은 곧 잠, 타오름은 곧 꺼짐이다. 그러므로 그 근원은 변화에 있고, 변화하는 움직임은 곧 투쟁이므로 투쟁은 만물의 아버지이다. 균형이라는 이성 Logos은 대립이라는 존재의 배후에 숨어 있는 것이며, 드러난 조화보다 숨어 있는 조화가 더 훌륭하다. 숨겨져 있으면 하나의 꽃이지만, 피고 나면 이내 지고 마는 법인 것이다. 그러나 그러한 투쟁 속에서도 그는 그 속에 숨겨져 있는 조화를 발견하였고, 그것을 '반발조화反撥調和'라 하였다. 이것이 세계를 지배하는 로고스理法라 하였는데, 그는 이러한 이법의 상징으로서 불을 내세웠다.

그의 주장에 따르면 불은 전화轉化하여 물이 되고, 물은 흙이 된다(내리막길). 흙은 물이 되고 물은 또 다시 불로 환원되는데(오르막길), '내리막길이나 오르막길을 모두가 하나이며 동일한 것이다.' 즉, 운동의 원리가 곧 부동不動에서 오는 것이라는 부조리를 피해서 근원이라는 개념을 운동에 적용하면 물→불→공기라는 오르막길과 공기→불→물이라는 내리막길이 균형을 유지하고 있다고 생각할 수밖에 없다. 이렇듯 세계는 항상 살아 있는 불이며, 적당히 타고 적당히 꺼지면서 존속하고 있는 것이다. 이 하나하나의 전화 과정은 항쟁이지만 전체적으로는 조화를 찾을 수 있다.

그는 이와 같은 사상을 잠언풍의 문체로 기술하였는데, 너무 난해하였기 때문에 '어두운 사람'이라는 별명이 붙었다.

헤라클레이토스대학 철학과에 다니는 남녀 두 학생이 토론에 들어갔다.

A양: 헤라클레이토스 교수님이 나를 칭찬해 주셨지.

B씨: 그것 참 신기하군. 교수님이 여자에게 칭찬을 다 해 주다니 역사에 남을 일이야. 교수님에게도 심경의 변화가 왔나 보다. 그런데 너에게 뭐라고 칭찬하셨지?

A양: 응, 교수님이 말씀하시길 '내가 생각한 것보다 더 아름답군.' 하고 칭찬해 주셨지.

B씨: 그래, 그런 말이었군. 그건 네가 이해를 잘못한 것이야. 어리석긴. 그 말은 네가 아름답다고 하는 것이 아니라 추하다고 하는 얘기야. 교수님 지론에 의하면 아름다운 것과 추한 것은 동일한 것이니까.

헤라클레이토스의 철학은 '만물유전'이라는 말로 요약되는데, 이 말은 후세 사람에 의해 만들어진 것이다. 가벼운 예를 들어 보자.

일주일이 멀다하고 홍등가를 출입하던 한 사나이가 한 번은 멋진 아가씨와 뜨거운 사랑을 한 끝에 결혼을 하였다. 그런데 얼마 후 그는 철학자에게,

"부처님 얼굴도 세 번을 보게 되면 물리는데 매일같이 같은 얼굴을 보고 살자니 싫증이 납니다."

하고 말하자 철학자는 그를 타이르며 말했다.

"헤라클레이토스의 철학을 모르는군. 아무리 부부라고 해도 같은 얼굴은 두 번 다시 만나지 못하는 법이지. 매일매일 조금씩은 변하는 법이야."

그러자 그 사나이가 대답했다.

"하지만 제 쪽도 변하기 때문에 늘 같게 보인답니다."

이처럼 영원하고 변화하지 않는 것은 아무것도 없다는 헤라클레이토스의 견해는 사물들의 변화를 인지하는 우리의 경험 감각에 파르메니데스보다 더욱 일치하고 있다.

그러나 불변하는 것이 존재하지 않는다면 변화에 대해서도 말할 수 없다는 점을 인식해야 한다. 요컨대 변화가 상존하는 것을 포함하고 있는 것은 분명한데, 그것들이 어떤 연관성을 가지고 있는지 파악하는 것이 난제이다. 파르메니데스의 경우는 상존적인 것을 선택함으로써 변화를 배제했고, 헤라클레이토스는 그 반대의 것을 선택했지만 그 역시 실패한 것 같다.

"모든 짐승은 때려서 목초지로 데려가야 한다."

"한 인간의 성격은 그의 운명이다."

"올라가는 길과 내려가는 길은 똑같다."

이것들은 헤라클레이토스가 한 말인데, 그가 탁월한 사상가라는 점 말고도 문장가이고, 경구를 많이 남겼다는 것을 보여 주고 있다. 그러나 그의 이러한 난해한 말들로 말미암아 사람들로부터 '어두운 사람'이라고 불리게 되었던 것 같다.

그리스사상에는 이오니아 계통의 밀레토스학파와 이탈리아 계통인 피타고라스학파와는 서로 다른 원천이 있었다. 피타고라스학파의 근원은 오르페우스라고 하는 신비적인 신앙에 있었는데, 철학사에서는 피타고라스학파가 그것을 대표하고 있는 것이다.

피타고라스대학교의 총장 피타고라스

수학의 원리가 모든 존재하는 것의 원리이며,
천체 전체는 수의 비례로 이루어진 음계이며, 육체는 영혼의 무덤이다.

　'직각삼각형의 가장 긴 쪽 변으로 이루어진 정사각형의 면적의
합은 나머지 두 변으로 이루어진 정사각형 면적의 합과 일치한다.'
　이것을 '피타고라스의 정리'라고 하며 삼각관계를 말한다.
　지금은 중학교에서 가르치는 정도의 정리이지만, 그 당시에는 대
학원 수준의 고등수학이었다. 근대의 대철학자 헤겔도 이 정리의
증명을 아주 힘들게 설명하고 있다. 도형 기하학의 도형이나 기호
를 사용하지 않고 증명하려고 하면 누구나가 어려움을 느끼는 것처
럼 대철학자 헤겔도 쉽게 이해할 수 있는 보조선의 필연성을 알지
못했던 것이다. 그래서인지 훗날 헤겔은 '기하학도 필연적인 지식이
다.'라고 말하고 있다. 대철학자에게도 기하학의 손쉬운 증명이 마
치 요술처럼 보였던 모양이다.
　우리는 이러한 정의를 정말 피타고라스(Pythagoras, BC582년경~
BC497년경) 그 자신이 발견했는지의 여부는 확인할 수 없지만, 그가
아낙시메네스와 동시대의 인물이며, 피타고라스대학의 총장으로서
추앙 받은 거의 전설적인 인물이었음에는 틀림이 없다.
　피타고라스는 밀레토스에서 바라다 보이는 사모스 섬에서 태어났
으나 BC 529년에 독재자 폴리크라테스에 반대하여 고향을 등지고

남부 이탈리아로 갔으며, 거기서 정착해 종교 및 정치적 목적을 가지고 피타고라스대학을 세웠다. 그리고 이탈리아에 있으면서 비밀교단을 결성하여 당시 밀의종교密議宗教의 형식에 따라 절제, 질박, 정신의 단련을 목표로 하고 신들과 양친, 친구, 계율에 대하여 절대적 신실信實과 자제, 복종을 설파하였다. 그의 종교적 교의는 윤회와 사후의 응보로서 동시에 인간과 동물과의 유사성을 강조하고 육식을 금하였다. 이것은 자신을 추종하는 사람들이 정치적 덕을 발달시키며 국가의 선을 위해서 행동하도록 가르치는 것을 목적으로 하고 있다.

회원들은 음악이나 의학, 수학 등의 연구에 몰두하면서 자급자족하는 삶을 터득하였으며, 비밀예배를 이끌어갔다. 그러나 이 비밀교단의 성격은 당시 다른 도시국가들의 정치적 권위에 배치되는 것이었기 때문에 박해를 받게 되었고, 결국 피타고라스도 메타폰툼으로 피신해 있다가 그곳에서 생애를 마쳤다.

육체가 아니라 영혼, 불이나 공기나 물이 아니라 수數, 이 세상이 아니라 저 세상, 이처럼 감각을 초월한 것이 그의 원리였다. 수학의 원리가 모든 존재하는 것의 원리이며, 천체 전체는 수의 비례로 이루어진 음계이며, 육체는 영혼의 무덤이라는 것이 피타고라스대학의 주된 학칙이었다. 영혼은 육체와는 다른 곳에 참된 집이 있으므로 영靈이 육肉을 떠나서 다른 육에 사는 경우도 있다고 하였다.

하루는 피타고라스가 길을 지나다가 강아지를 때리는 사람을 보고는,

"때리지 말게. 이 강아지는 틀림없이 당신 친구의 영혼일세. 그 울음소리만 들어도 알 수 있지."

라고 말했다고 한다. 불사전생不死轉生을 교리로 하고 채식을 고집하는 그의 학교에서는 콩을 먹는 것도 금지했기 때문에 피타고라스 교도들은 콩밭을 가꾸는 것보다는 차라리 잡초 밭을 택했다고 한다.

피타고라스대학의 규율은 원시적인 금기로 이루어져 있었다. 좀 더 확실히 말하자면 금기와 예의의 중간이라고도 할 수 있겠다. 다음의 15가지 엄격한 규칙을 보자.

① 콩을 먹지 말 것.
② 떨어진 물건을 줍지 말 것.
③ 하얀 수컷 새에는 손을 대지 말 것.
④ 빵을 비틀어 먹지 말 것.
⑤ 문지방을 타고 넘지 말 것.
⑥ 갈고리로 불을 들추지 말 것.
⑦ 손가락으로 음식을 집어 먹지 말 것.
⑧ 꽃 장식을 뜯지 말 것.
⑨ 되升 위에 앉지 말 것.
⑩ 모든 동물의 염통은 먹지 말 것.
⑪ 대로를 걷지 말 것.
⑫ 제비에게 툇마루를 빌려 주지 말 것.
⑬ 오지그릇을 불 위에서 들어낼 땐 그을린 자국을 깨끗이 닦아 낼 것.
⑭ 불 옆에서 거울을 보지 말 것.
⑮ 잠자리에서 일어났을 땐 시트를 갤 것.

만물의 근원은 수數

피타고라스는 만물의 근원을 수數로 보았다. 그 수는 자연수를 말하는 것으로, 이들 수와 기하학에서의 점點을 대응시켰다. 예컨대 자연수 계열에서 1부터 10까지의 합은 삼각형수이고, 마찬가지로 기수(홀수) 계열의 합은 정사각형수, 우수(짝수) 계열의 합은 직사각형수라는 방법으로 정의하였다. 또 완전수, 인수의 합, 비례와 평균의 연구, 상술평균, 조화평균 등도 분류하였다.

피타고라스가 수학에 기여한 공적은 매우 크며, 그의 영향은 플라톤, 유클리드를 거쳐 근대에까지 미치고 있다.

천문학 연구에도 몰두한 피타고라스는 지구가 구형임을 확신하였고, 또 중심화의 주위에 지구와 태양 및 기타 행성이 타원 궤도로 회전한다는 일종의 지동설을 제창하였으나, 다른 학자들의 인정을 받지는 못하였다.

피타고라스학파의 윤리적 목표는 '덕'인데, 이들은 엄격한 규율과 자기성찰, 금욕적인 생활을 통해서 그 '덕'에 이르고자 했다. 또한 이들의 수數이론은 후에 플라톤의 이데아이론에 커다란 영향을 미쳤다.

'없는 것은 없다.'고 하는 파르메니데스

'진리는 오직 있는 것만이 있다.
없는 것이란 존재하지 않을 뿐만 아니라 생각할 수도 없는 것이다.'

파르메니데스(Parmenides, BC 515년경~BC 445년경)는 BC 515년경에 남부 이탈리아로 피신한 이오니아인들에 의해 건설된 도시인 엘레아에서 태어났으며, 크세노파네스의 제자이며 제논의 스승이다. 그는 당시 정치적인 힘을 소유했고, 고귀한 품성을 지닌 철학자였다. 그의 철학 시 『자연에 대하여』가 약 160행 정도 남아 있으며, 『진리와 의견』은 현재 단편들만 전해지고 있다.

헤라클레이토스가 '만물은 물과 같이 흐름, 운동이야말로 만물의 참모습이다.'라고 주장한 반면, 피타고라스학파는 수數야말로 만물의 참모습이라고 하였다. 그러나 파르메니데스는 운동도 수도 '없는 것을 있다.'고 하는 것 같은 허위를 안고 있다는 것이다. 그는 '진리는 오직 있는 것만이 있다. 없는 것이란 존재하지 않을 뿐만 아니라 생각할 수도 없는 것이다.'라고 설파하였다.

이처럼 파르메니데스의 사상의 중심은 '존재하지 않는 것'에 대립하는 '존재하는 것'이다. '존재하는 것'만이 있으며 '존재하지 않는 것'은 없다고 하는 근본사상으로부터 '존재하는 것'의 성질을 논리적으로 연역하였다. 그것은 불생불멸이고 불가분인 것이며, 불변부동의 것으로서 완결된 둥근 구球처럼 이루어졌다는 것이다. 이 '존재하는 것'을 나타내는 사유思惟, 즉 이성만이 진리이며, 이에 반하여 다수多數, 생성, 소멸, 변화를 믿게 하는 감각은 모두가 오류의 근원이라는 주장이다.

예컨대 'A점에서 B점으로 돌이 운동을 하는 데 있어서 반드시 텅 빈 공간이 있어야만 한다. 그 텅 빈 공간은 무無의 상태인 것이다. 그러므로 운동도 수도 모두 허망한 것이다.'라고 예를 들었다. 또한 파르메니데스의 논법으로 존재에 부정적인 것은 일체 인정되지 않는다. 존재는 불생不生, 불멸不滅, 무결無缺, 무종無終, 부동不動이다. 이 우주에는 편편한 구체球體가 있을 뿐이라는 것이다.

물론 파르메니데스의 유한한 구체설球體說에는 그 구체 외부에는 무無가 존재하는 것이 아닌가 하는 반론을 제기하고 싶겠으나, 이는 '완전한 것은 둥글다.'라는 그리스적인 고정관념에서 완전히 탈피하지 못한 것이다. 또한 존재에 대해서는 어떤 규정도 지을 수 없으며, 파르메니데스 그 자신도 그것을 단지 '그것'이라고 말했을 뿐이다.

"우리가 그것에 대해 말할 수 있는 것은 오직 한길만이, 즉 그것이 있다는 것이다. 이 길에는 존재하는 것이 완전하고 움직이지 않고 끝이 없기 때문에 창조되지 않고 소멸하지도 않는다는 극히 많은 증거가 있다."

그리고 그가 말한 감각의 세계는 '존재하는 것(빛)'과 '존재하지 않는 것(어둠)'을 병치竝置하고 있으며, 이 두 요소로부터 모든 것을 합성하는 데서 발생한다고 하였다.

헤라클레이토스가 실재 전체의 변화를 파악한 것에 대해 파르메니데스는 우주를 단일한 상존적인 실체로 그림으로써 극단적으로 대립되는 견해를 보였다. 이들의 대립되는 견해는 후에 형이상학적 다원론자들에 의해 합류점이나 접합점을 모색하게 함으로써 존재와 비존재, 존재와 사유라는 철학의 중대 문제를 시사하고 후에 대두되는 존재론 및 인식론에 커다란 영향을 끼쳤다.

파르메니데스적 대화?

자신의 우표수집 책을 굉장한 자랑거리로 여기고 있는 간부급 중역에게 한 아첨꾼 부하직원이,

"굉장한 수집이군요. 없는 것이 없습니다."

라고 말하고는 또 라이벌 관계인 다른 중역에게는,

"그리 대단한 수집은 아닙니다. 제가 보니까 없는 것은 없더군요."

패러독스의 챔피언 제논

시간을 각 시점으로 분해한다는 것은 고유한 시간의 특성과는 전혀
다른 것이다. 그것은 단순히 인간의 사유에서 빚어진 오류일 뿐이다.

파르메니데스의 제자이자 양자였던 제논(Zenon ho Elea, BC495년
경~BC430년경)은 파르메니데스보다 약 40년 아래라는 정도만 알려
져 있지 자세한 출생년도는 전하지 않는다.

스토아학파의 개조開祖인 제논은 키프로스 섬의 키티온에서 태어
났다. 그리고 서른 살쯤에 아테네로 가서 각 학파의 여러 스승에게
배운 뒤 독자적인 학파를 열어 아고라(agora: 집회장, 중앙광장)에 있는
공회당에서 철학을 강의하였다. 그의 철학은 절욕節慾과 견인堅忍을
가르치는 것이었으며, 사람이 자기 힘으로 살며 다른 누구에게도
어떤 일에도 빼앗기지 않는 행복을 얻는 데 힘을 부여하는 철학이
었다. '자연과 일치된 삶'이 그 목표였다.

그의 철학은 윤리학이 중심이며, 인생의 목표인 행복은 우주를
지배하는 신의 이성, 즉 로고스를 따르는 일이며, 이로써 부동심不動
心의 경지에 이르는 것이라고 풀이하였다. 논리학, 자연학, 윤리학,
수사학에 대해 많은 논문을 썼으나, 현재는 인용에 의한 그 단편만
이 알려지고 있을 뿐이다.

제논은 정교한 변증법적 기술을 사용하여 스승인 파르메니데스의
실재의 상존성을 옹호하였다. 그의 '아킬레스와 거북이'라는 패러독

스는 그를 유명하게 만들었을 뿐만 아니라 한편으로는 비난의 표적이 되게도 하였다. 물론 제논이 스승인 파르메니데스를 이론적으로 옹호하기 위한 궤변이었지만, 훗날 사람들은 그의 철저한 논리적 증명 방법을 인정하여 아리스토텔레스는 그에게 변증법의 창시자란 칭호를 붙여 주었던 것이다. 또한 사람들은 그가 살고 있던 지명을 따서 그를 엘레아학파라고 칭하였다.

아킬레스와 거북이

아킬레스와 거북이가 서로 달리기 경주를 하였다. 하지만 거북이가 더 느리다는 자명한 사실 때문에 아킬레스는 거북이를 먼저 출발시킬 수 있었다. 하지만 거북이를 먼저 출발시켰다는 사실만으로 제논은 '아킬레스는 영원히 거북이를 앞지를 수 없다.'고 단정하였던 것이다. 왜냐하면 아킬레스가 힘껏 달려 거북이가 있던 자리에 다다르면 거북이는 조금이라도 더 나아가 있을 것이고, 또 다시 아킬레스가 그 자리로 쫓아가면 거북이 역시 조금 더 나아갔을 것이기 때문이다. 이러한 현상이 계속 되다 보면 영원히 아킬레스는 거북이를 앞서지 못한다고 하였던 것이다.

날아가는 화살의 부동不動

날아가는 화살도 순간순간마다 하나하나 떼어서 본다면 공간 내각 순간마다 정지해 있는 것이다. 그리하여 이와 같이 매순간 정지하고 있는 화살은 곧 화살 그 자체가 전혀 움직이지 않는 것과 다를 바가 없는 것이다. 결국 날아가는 화살도 운동을 하지 않는 것이 되므로 운동이 만물의 근원이라는 주장은 타당성이 없다는 것이다.

물론 제논이 진심으로 아킬레스가 영원히 거북이를 앞지를 수 없다고 생각했을 리는 만무하다. 하지만 그의 이 같은 논증 방식은 고대 희랍사람들에게는 상당한 각광을 받았던 것이다. 그러나 아무리 날카로운 논증법을 구사했다고 할지라도 그의 논증 방식에 담긴 약점을 간과해서는 안 되겠다.

날아가는 화살의 매순간을 하나하나 떼어 놓고 보면 화살은 마치 정지하고 있는 것처럼 생각될지 모르지만 실체에 있어서 시간이란 결코 한낱 점點으로 엮어진 복수적인 것이 아니고, 오히려 각 시점마다를 통과하는 지속적인 흐름에 의해서 이루어진 것이다. 그러므로 시간을 각 시점으로 분해한다는 것은 고유한 시간의 특성과는 전혀 다른 것이다. 그것은 단순히 인간의 사유에서 빚어진 오류일 뿐이다.

하지만 훗날 제논은 폭군에게 저항하다가 반역이란 죄명으로 붙잡혔으나 끝까지 자기 뜻을 굽히지 않은 꿋꿋한 정치가였다. 그때 체포된 제논에게 폭군이 잘못을 고백할 것을 강요하며 귀를 가까이 대자 제논은 고백하는 척하다가 폭군의 귀를 물어뜯었다고 한다. 그러다 결국은 처형되었는데, 일설에 의하면 그는 절구에 짓이겨지는 참형을 당했다고도 한다.

제논의 죽음에 대한 해명

  제논의 죽음은 역사적인 것임에도 불구하고 그의 죽음에 관한 여러 가지 구설이 있었다. 왜 제논의 죽음은 불분명한 것인가. 어떤 학자가 결국 제논식 패러독스로 그 수수께끼를 풀었다.

  결박당한 채 제논이 절구 위에 놓여졌다. 그리고는 절굿공이를 내려치려고 했다. 그러자 바로 그 순간 절굿공이에 붙어 있던 한 마리의 파리가 제논의 몸으로 날아왔다. 절굿공이가 파리가 날아왔던 지점에 이를 때 파리는 다시 얼마큼 더 제논 쪽으로 날아왔고, 다시 절굿공이가 파리의 제2의 지점으로 떨어질 때까지 제3의 지점으로 옮겨간다. 이렇게 해서 절굿공이가 파리와 제논을 내려치는 시간까지는 무한한 순간이 경과하지 않으면 안 된다. 그러므로 그의 죽음에 관한 구설은 그의 패러독스와 함께 영원한 의문부호가 붙은 것이다.

사랑과 미움의 원저자 엠페도클레스

결합과 분리라는 변화의 원리를 사랑과 미움이라 말한다면,
'사랑은 모든 것을 결합시키고 미움은 모든 것을 분리시키는 그 어떤
보이지 않는 원소'이다.

파르메니데스와 제논의 철저한 논증 방식을 고대 희랍사람들은 좀처럼 쉽게 반론할 수는 없었을 것이다. 그렇다고 해서 '있는 것을 없다.'고 주장할 만한 근거도 없다. 실제로 이 세계에는 다양함과 변화가 있다. 그러므로 그들이 피할 수 있는 유일한 길은 이러했다. 만물의 근본이 되는 그 어떤 존재의 불생不生과 불멸不滅은 인정하자. 그러나 공허가 즉 무無라고 하는 전제는 포기하고 공허를 원소의 이원집산으로 설명하자. 이것이 다원론多元論에서 원자론原子論으로 이르는 길이다.

시칠리아 섬의 한 도시 아그리젠토에서 태어난 엠페도클레스(Empedokles, BC 490년경~BC 430년경)는 한편으로 피타고라스식의 신비주의자이며 윤회전생輪廻轉生을 주장했고, 다른 한편으로는 합리적인 자연철학자로서 다원론을 내세우고 있기도 했다. 그는 의사인 동시에 민주주의를 신봉하는 정치가이자 변론가였고, 당대의 시인이자 철학자였다. 철학사적으로 볼 때 그는 독창적 사상가라기보다 오히려 여러 학설을 모아 새로운 하나의 학설로 조화시키려 했던 절충주의자라고 할 수 있다.

일설에 의하면, 그는 스스로 신이 되고자 에트나 화산에 몸을 던졌다고 한다. 그는 사람들이 자신이 신이 되었다는 것을 믿어 주길 원했으나, 그만 그의 신발 하나가 분화구에서 다시 분출되었던 탓으로 신이 되고자 했던 의도는 수포로 돌아갔다. 그러나 어쨌든 증발한 것만은 확실하다.

그는 이 광활한 우주는 '불과 물, 흙, 무한한 공기의 네 가지의 근원으로 이루어져 있다.'고 주장하고, '죽어야 하는 어떤 것에도 탄생이란 존재하지 않으며, 또한 우리가 주저하는 죽음이란 종말이 아닌 것이다. 있는 것이라고는 오직 결합과 분리일 뿐, 탄생이란 다만 인간이 이들에게 붙인 이름일 뿐이다.'라고 말했다. 그의 이러한 생각은 고대 중국의 오행(물, 불, 나무, 흙, 쇠)원리와 비슷하다. 어쨌든 그는 만유를 네 가지 기본적인 원소들, 즉 불, 공기, 물, 흙이 여러 가지 비율로 뒤섞여 존재하게 된다고 보았다. 그래서 그는 일정한 수의 궁극적인 원소들을 설정하고 나서 확정된 수학적 비율에 따른 그것들의 결합에 주목함으로써 화학의 기초를 이루게 되었다고 한다. 실제로 그의 이러한 이론은 18세기 초엽까지 타당한 것으로 여겨졌다.

엠페도클레스는 영원하며 상존적인 실체를 주장한 파르메니데스와 생성의 이념인 변화와 운동, 변이를 주장한 헤라클레이토스의 견해를 결합시켰다. 즉, 불변의 존재인 네 가지 원소들은 결합과 분리를 통해 재배열되는데, 이때 '동력'은 결합과 분리의 운동을 일으키게 된다는 것이다.

엠페도클레스는 결합과 불리라는 변화의 원리를 사랑과 미움이라고 말하며, '사랑은 모든 것을 결합시키고 미움은 모든 것을 분리시키는 그 어떤 보이지 않는 원소'라고 주장했다. 자연과 인간은 결국 동질同質의 것에 의하여 통하고 있는 것이다. 우리는 흙으로 흙을 보고, 물로 물을 보고, 공기로 공기를 보고, 불로 타오르는 불을 보고, 사랑으로 사랑을 보고 미움으로 미움을 보는 것이다.

훗날 아리스토텔레스 '유사한 것은 유사한 것에 의하여 알려진다.'고 공식화했다. 엠페도클레스의 주장과 유사성이 보인다. 이러한 생각은 그리스철학 전체를 특징짓는 것이었다.

흙으로 흙을 본다.

흙으로 흙을 본다는 원리를 기독교식 해석으로 풀이하자면 어떻게 될까. 철학자 헤겔의 말을 빌리면 '산과 산을 바라보는 사람과의 사이는 객체와 주체의 관계이나 인간과 신, 정신과 육체 사이에는 이러한 주객체성의 여지가 없다.'고 했다. 이것은 신과 인간의 동일시라는 비기독교적인 발상인 것 같으나 어떻게 보면 가장 기독교적인 것을 의미하는 것이다.

세계 최초로 '어린이의 달'을 만든 아낙사고라스

원소의 결합과 분리 속에서 생성과 소멸이 이루어지며,
모든 만물 안에는 등질성等質性이 있다. 단 이성Nous만은 예외로,
이것은 가장 순수한 것인 동시에 모든 것을 지배한다.

엠페도클레스와 같은 다원론자로서 엠페도클레스의 사상을 한층
더 발전시킨 아낙사고라스(Anaxagoras, BC 500년경~BC 428년경)는 이
오니아 지방, 밀레토스 북부의 클라조메네 사람이다. 그는 처음으로
아테네에 철학을 이식하여 엘레아학파의 출현에 의한 이오니아 자
연철학의 위기를 구하려고 하였다.

그는 엠페도클레스와는 다른 계보에 속하지만, 그러나 그들의 자
연관은 구조적으로 서로 비슷하다. 아낙사고라스 역시 원소의 결합
과 분리 속에서 생성과 소멸을 이루어 나간다고 설명하고 있다. 그
리고 모든 만물 안에는 등질성等質性이 있다고 주장하며, 모든 것에
는 모두 씨가 들어 있는데 그것은 혼합의 비율에 따라 모든 물건의
성질 차이가 생긴다고 하였다. 단 이성Nous만은 예외로, 이것은 가
장 순수한 것인 동시에 모든 것을 지배한다고 하였다.

아낙사고라스는 아마도 입버릇처럼 이성에 관하여 말했을 것이
다. 그의 별명이 누스(Nous: 이성)였다고 하니. 그는 고향을 떠나 아
테네에서 살면서 소크라테스 등에게 자신의 학설을 전파했다. 그러
다가 '태양은 불타는 돌이다.'라고 주장함으로써 페리클레스(Perikles,

BC 495~BC 429: 철학자. 아낙사고라스와 예술가 소포클레스 등과 교분이 두터웠으며, 아테네에 최초로 민주정치를 실시한 정치가)의 정적政敵에 의하여 독신죄瀆神罪로 고발당해 망명했다.

망명간 도시의 관리가,

"소원을 말해 보시오."

라고 말하자 그는,

"내가 죽은 달에는 매년 어린이들을 즐겁게 해 주고 싶소."

라고 대답했다. 그래서 이 도시에서는 '어린이의 날'이 아닌 '어린이의 달'이 오랫동안 계속되었다고 한다. 이것은 중국에서 굴원屈原이 멱나 강에 몸을 던지기 150년이나 전의 일이다.

헤겔의 『철학사』 중 '회의론懷疑論' 장에는 아낙사고라스의 주장인 '눈雪은 검다.'라는 증명이 소개되어 있다.

"눈雪은 육안으로 희게 보이나 사유적思惟的인 이유에 의한다면 검다. 눈은 언 물이다. 물은 색깔이 없다. 그러므로 검다. 따라서 눈도 검은 것이 틀림없다."

바로 이 주장이 문제시되어 아낙사고라스는 고발당했다. 그는 '눈이 희냐? 검으냐?'라고 심문당했다. 아낙사고라스는 '누스이성이다.'라고 대답했다. 그리고는 '이성은 순수하다. 순수한 것은 색깔이 없다. 그러므로 검다.'라고 설명을 했다고 한다.

백마白馬는 말이 아니다.

중국의 춘추전국시대 때 공손용(公孫龍 BC 320년경~BC 250년경)이란 학자가 있었다. 그의 주장에 의하면 백마는 말이 아니라는 것이다. 왜냐하면 말이란 원래 말의 형체를 두고 붙인 이름이다. 그리고 희다고 하는 것은 그 빛깔을 나타내는 말이다. 그러므로 형체를 말할 때는 빛깔은 어떤 것이라도 좋다.

그런데 백마란 형체와 빛깔의 두 가지를 합친 것이다. 그러므로 백마라는 개념은 단순히 말이라는 개념과는 다르다는 것이다. 이에 어떤 사람이 공손용에게 물었다.

"백마가 있는 곳에 말이 없다고 할 수 있겠는가?"

공손용이 대답하기를,

"물론 그렇습니다. 그러나 말이 필요하다고 하면 백마건 흑마건 상관이 없지만 만약 백마가 필요하다고 한다면 흑마는 소용이 없지요. 그런 점에서 볼 때 말의 개념은 색깔과는 관계없을 뿐이지 백마니 흑마니 하는 것은 아닙니다. 그러니 결국 백마는 말과는 개념상 다른 것입니다."

등질성과 이화異化

같은 것에서 다른 것이 만들어진다. 즉, 식물성을 먹고도 동물성이 만들어지는 것은 등질성의 원리 때문이라는 것이 아낙사고라스의 이론이다. 섭취는 동화同化이며, 배설은 이화異化이다. 남녀 간에 의한 이화를 20세기에 와서는 사회문제라 부르고 있다. 즉, 청소년 문제, 부부간의 문제 등이 아낙사고라스의 이론에 의하면 이성異性에서 비롯된 이화현상이라는 것이다.

이 점은 결국 유有에서 유有가 창출되는 것이지, 무無에서 유有가 생겨날 수 없다고 하는 것과 같다. 그런데 기독교에서는 신神이 무無에서 유有의 세계를 창조했다고 주장하고 있다. 이러한 유와 무를 둘러싼 문제가 훗날 그리스 철학사상과 기독교 간의 최대 대립을 형성하게 된다.

2400년 전에 이미 우주시대의 문을 연 데모크리토스

인간의 정신은 가장 정묘한 원자로 이루어져 있다고 한 그의 주장은 유물론의 출발점이며, 그 후 에피쿠로스, 루크레티우스에 의해 계승되어 후세의 과학사상에 영향을 끼쳤다.

공空에 있어서의 존재를 인정하고, 제논식의 무한 분할에 제동을 걸어 만물의 근원을 원자, 즉 '아톰atom'이라고 주장했던 사람이 데모크리토스(Demokritos, BC 460년경~BC 370년경)라는 철학자이다.

원자론을 중심으로 하는 데모크리토스의 학설은 그때까지의 존재와 생성이라는 두 문제에 대한 뛰어난 해결책이었을 뿐만 아니라, 고대 그리스에 있어서 초기 유물론의 완성인 동시에 나중에 다른 고대 그리스인인 사모스의 에피쿠로스에 의해 그의 유명한 도덕철학의 토대로 사용되었다.

오늘날 원자론原子論에서 말하는 아톰도 소립자素粒子라는 요소로 다시 분할되기 때문에 역시 데모크리토스의 주장과 완전히 일치하는 것은 아니지만, 현대 물리학에서는 이 데모크리토스를 물리학의 아버지로 일컫는다. 그의 아톰론은 어떤 일정한 공간 속의 소우주小宇宙라고 하는 마이크로론적인 것이었으며, 이 마이크로라는 개념 또한 데모크리토스에 의하여 확립되었다. 그러므로 그는 인간에게 소우주라는 개념을 준 최초의 철학자였다.

데모크리토스는 고대 그리스 최대의 자연철학자로 트라키아 지방의 압데라에서 태어났다. 『거대한 세계체제(The Great World System)』라는 책에서 스승 레우키포스(Leucippus, BC 490년경~430년경)가 제창한 원자론을 이어받아 대성하게 된 것이다. 그리하여 그 전세대인 헤라클레이토스나 파르메니데스의 극단적인 입장에 호소하지 않으면서 변화를 연역하려는 시도가 이루어진 것이다.

낙천적인 기질 때문에 '웃는 철학자Gelasinos'라는 별명이 있었다. 부유한 시민의 아들이었던 그는 부모의 막대한 유산으로 일찍이 이집트를 비롯한 그리스 주변 각지를 편력하기도 했다. 스승 레우키포스와 함께 고대 원자론을 확립, 거기서 충만함과 공허, 즉 진공眞空을 구별하였다.

그는 인간의 정신은 가장 정묘한 원자로 이루어져 있다고 주장하였다. 이 원자론을 중심으로 한 그의 학설은 유물론의 출발점이며, 그 후 에피쿠로스, 루크레티우스에 의해 계승되어 후세의 과학사상에 영향을 끼쳤다. 그의 공헌은 수학에까지 미쳤는데, 수학적인 무한無限에 관한 연구가 있고, 4면체와 원뿔의 부피는 각각 같은 밑바닥과 높이를 가지는 각기둥과 원기둥의 부피의 3분의 1임을 발견하였다. 이밖에 천문학, 생물학, 음악, 시학, 윤리학 등에도 능통하여 그 박식 때문에 '지혜Sophia'라고도 불렸다. 그가 저작한 책명은 많이 전해지고 있으나 현존하는 것은 단편적인 내용뿐이다.

그의 '비유非有는 유有와 마찬가지로 존재한다.'는 파르메니데스의 논법 '오직 있는 것만이 있는 것이지 없는 것이란 존재하지 않는다.'에 대한 대담한 도전이었다. 그의 주장도 색다른 것이어서 부정否定이란 두 글자에서 '없다.'를 나타내는 부否자를 제거하면 남는 자는 정定자이다. 그런데 이 정定자란 '실존한다.'라는 의미라고 한다. 독일어에서도 'Nichts(無)'라는 단어에서 N을 제거한 Ichts(有)를 '실존'이란 뜻으로 사용하고 있는 것과 마찬가지 주장이다. 즉, 비유非有와 유有는 같은 범주 내에 존재한다는 주장인 것이다.

그의 원자론에서는 원자의 형태를 글자로 예를 들어 A와 N의 배열(A와 N, N과 A)에서 그 배열을 변경(A와 A, N과 N)함으로써 만물의 변화가 설명되고, 새로운 결합이 생성되며 소멸이 이루어진다고 하였다. 관념적인 표현으로 말하자면 단맛의 느낌과 쓴맛의 느낌은 각각 다르다. 그러나 사실에는 원자 배열의 변화만 있을 뿐 맛 자체는 같은 것이라는 것이다.

우주 공간에는 소리도 없이 무수한 원자가 기하학적인 궤도를 그리고 있다. 언제까지나 침묵의 필연을 찬양하면서.

'이 무한한 우주의 영원한 침묵이 나를 공포에 떨게 한다.'

이 말은 파스칼이 공기의 존재를 깨닫고 한 말이다. 예컨대 우리가 주사기의 바늘 쪽 구멍을 손가락으로 막고 주사기를 눌러 보면 그때 공기가 주사기의 진입을 막는다. 그것은 주사기 속이 무無가 아니라는 것을 증명하고 있다.

파스칼이 진공의 존재를 확인한 것도 '토리첼리의 진공(대기의 압력과 진공의 존재를 나타내는 실험)'이란 실험을 통해서였다. 그 후에도 파스칼은 이 우주 공간에는 무엇인가 미지의 원소, 즉 '에테르'가 가득 차 있는 것이 아닌가 하는 의심을 버릴 수가 없었다. 이러한 고전적인 발상에 의한 마지막 실험은 1887년의 마이켈슨(Albert Abraham Michelson 1852~1931: 미국의 물리학자)에 의해 이루어졌다. 그러므로 데모크리토스의 주장은 대략 2260년 동안이나 지속되었던 것이다.

또한 데모크리토스는 '혼魂' 그 자체도 원자의 일종이라고 하였다. 즉, 우리 생활 속에서 신체 균형의 결여는 곧바로 영혼 속으로 이어져 영혼의 불규칙한 운동을 일으켜 불쾌감을 불러일으킨다는 것이다.

그는 원자의 고동鼓動을 아는 인간이었다. 그는 인생의 목적은 '쾌락'과 '행복'에 있다고 하며 그것들을 보장해 주는 것은 '절제'라고 하였다. 마치 원자로의 주된 역할이 에너지의 억제에 있는 것과 마찬가지로 가정이라는 원자로의 주된 역할도 조금씩 양보하고 이해하는 데 있다고 하였다.

천국에서 데모크리토스와 야스퍼스가 대화를 나누고 있다.

야스퍼스: 선배님, 사랑이라고 하는 것이 원자와 같은 물질의 운동으로 설명될 수는 없지 않습니까?

데모크리토스: 그건 자네가 영혼과 물질을 분리했기 때문이야. 어떻게 원자의 구조가 단지 물질적인 것으로만 이루어졌다고 할 수 있겠는가. 그것은 단지 데카르트학파 이후의 자네들의 편견일 뿐이네. 사랑이란 마음의 변화에서 이루어지는 것이지. 그것은 자네도 인정하겠지?

야스퍼스: 하지만 사랑 속에는 싸움도 포함되어 있습니다.

데모크리토스: 자네가 그렇게 말하니까, '싸움은 만물의 아버지'라고 말한 헤라클레이토스 선생이 생각나는군.

야스퍼스: 사랑싸움에서 이기는 것이 진정한 승리입니까?

데모크리토스: 글쎄, 하지만 양보와 이해로써 절제해 온 부부 사이에는 싸움이란 것이 존재하지 않는다고 말하는 편이 옳겠지. 자

네 같으면 싸움을 끝낸 부부관계를 어떻게 보는가.

야스퍼스: 칼로 물 베기라고나 할까요.

▶ 철학의 우이독경

● 황하의 물을 우왕이 치수한 지(BC 1750년경) 1000년이 지나서 탈레스가 '물은 만물의 근원이다.'라고 설파했으니, 차 떠난 후에 손 흔든 격이 아닌가.

● '생성과 소멸은 시간이란 필연적 보상으로 생기는 질서이다.' 라고 아낙시만드로스가 말한 때는 중국의 춘추시대로서 당시는 황후의 교체가 심했다.

● 공자가 16세(BC 540년) 때 헤라클레이토스가 태어났다.

● 공자가 오경(五經: 역易, 서書, 시詩, 예기禮記, 춘추春秋)을 수정하고 있던 시기(BC 479년)에 피타고라스는 그때야 성인成人이 되었으니 『주역周易』을 읽지 못하고 죽은 것이 확실하다.

● 파르메니데스는 공자의 제자인 안회顔回보다 한 살 위이나 안 회보다 30년을 더 살았다.

● 하늘은 비록 궤변이라도 헛되이 하지는 않는다. 때에 따라서는 그 속에 진리眞理가 있기 때문이다. 하지만 제논은 원통한 눈물을 흘리며 죽어갔으며, 그 후 중국은 제자백가諸子百家시대가 되었다.

● 헤라클레이토스가 시詩도 철학도 아닌 괴상한 글을 쓰고 있을 때 공자의 제자 증자曾子와 손자인 자사子思는 『대학(大學: BC 431 년)』을 정리하고 있었다.

● 아낙사고라스가 어렸을 때 석가는 처자란 해탈에 이르는 데 방해가 된다고 생각하여 출가했다. 그러나 아낙사고라스는 어른이 되어서도 어린이를 좋아하는 사람이 되었다.

● 데모크리토스, 소크라테스, 플라톤, 술통의 디오게네스, 상앙商鞅, 묵적墨翟, 오기吳起 등 동서양 철학자가 함께 모일 가능성은 디오게네스가 태어난 BC 400년과 소크라테스가 죽은 BC 399년 사이에 있었다.

● 아리스토텔레스는 알렉산더대왕의 동정東征을 찬성하지 않았으나, 합종合從을 주장한 소진(蘇秦: BC 309년)도 연횡連衡을 권고한 장의(張儀: BC 309년)도 이 동정東征에는 틀림없이 놀랐을 것이다.

● 에피쿠로스학파가 '달은 1피트의 크기이다.'라고 말한 날 공손용公孫龍은 '백마白馬는 말이 아니다.'라고 했을 가능성도 없지 않다.

● 만약 스토아철학 파들이 중국에 있었다면 진시황의 분서갱유(焚書坑儒, BC 212년)에서 장서해금(藏書解禁, BC 191년)에 이르는 철학자들의 탄압을 목격하였을 것이다.

● 도연명陶淵明의 죽음(AD 427년) 후에도 3년을 더 산 아우구스티누스는 그 사이에 고생이 이루 말할 수 없었다.

2장

아테네로의 철학 여행

재수생의 옹호자 소크라테스

소크라테스의 질문의 참뜻은 모든 사람이 자기의 존재의 의미로 부여받고 있는 궁극의 근거에 대한 무지를 깨닫고, 그것을 물어보는 것이 무엇보다도 귀중하다는 사실을 깨닫도록 촉구하는 데 있다.

소크라테스(Socrates, BC 469~BC 399)의 언행의 대부분은 그의 제자인 플라톤에 의하여 전해진 것이다. 플라톤(Platon, BC 428/427~BC 348/347)은 젊은 시절에 극작가가 되려고 했을 정도로 글재주를 타고난 사람이었다. 모방과 묘사하는 재주에 있어서 그를 능가하는 철학자는 서양철학사에는 없었다. 그의 논적論敵들조차도 그의 논리적 묘사에는 극찬을 아끼지 않았을 정도였다.

그러한 플라톤이 자신의 학문적 견해를 거의 스승 소크라테스의 행적이라고 기록했던 것이다. 소크라테스는 평생을 거리의 철학자로 지냈으며, 단 한 권의 책도 남기지 않은 사람이다. 하여 실제의 소크라테스인지 플라톤의 창작인지는 실로 구별하기가 어렵다.

소크라테스는 아테네의 중산층 가정에서 태어났다. 그의 아버지는 벽돌공이었으며, 그의 어머니는 산파였다. 소크라테스 자신은 그의 아버지의 직업에 많은 영향을 받았던 것으로 추측된다. 그는 키가 작고 추물이었으며, 퉁방울눈에다 코는 찌부러진 사자코이고 불뚝 튀어나온 배를 뒤뚱거리며 걸어 다니는 괴상한 외모를 지니고 있었다. 그러나 이런 외모의 콤플렉스에도 불구하고 그는 대단한 용기와 활력을 지닌 사람이었으며, 중장보병重裝步兵에 편입되어 세 번의 전투에 참가하여 용맹을 떨쳤다고 한다. 뿐만 아니라 지적知的으로는 말할 것도 없이 빼어난 사람이었다. BC 406년에 500명 공회의 일원이 되어 1년간 정치에 참여한 일이 있고, 40세 이후에는 교육자로서 청년들의 교화에 힘을 쓰게 되었다.

그는 자기 자신의 '혼(魂: psyche)'을 소중히 할 필요성을 역설하였으며, 자신에게 있어서 가장 소중한 것이 무엇인가를 물어 날마다 아테네의 거리나 체육장에서 아름다운 청소년들을 상대로, 혹은 마을의 유력한 사람들을 상대로 하여 철학적 대화를 나누는 것을 일과로 삼았다. 그의 대화는 주로 사람을 행복하게 하는 것은 무엇인가, 착하다는 것은 무엇인가, 용기란 무엇인가에 관한 것들로서, 그 주제는 대부분 실천에 관한 것들이었다. 그리고 그 문답은 항상 '아직도 그것은 모른다.'라고 하는 무지無知의 고백을 서로가 인정하는 것으로 끝났다. 이때 상대방은 소크라테스가 그렇게 말은 하지만 사실은 자기는 알고 있는 듯한 인상을 받는 경우가 많아(소크라테스의 아이러니) 여기에서 자기의 무지를 폭로당한 사람들은 때로는 소크라테스의 음흉한 수법에 분노하였다. 그러나 소크라테스의 참뜻은 모든 사람이 자기의 존재의 의미로 부여받고 있는 궁극의 근거에 대한 무지를 깨닫고, 그것을 물어 보는 것이 무엇보다도 귀중하다는 사실을 깨닫도록 촉구하는 데 있다. 물론 소크라테스가 그 근거를 안다는 것은 아니다. 오히려 궁극적인 근거에 대한 무지를 깨닫고, 그것에 대한 물음을 통하여 '막다른 벽' 속에 머무는 데에 소크라테스의 애지(愛知: 철학)가 있다. 그것은 내 자신을 근원부터 질문당하는 곳에 놓아두는 것이며, 이러한 방법으로 내 자신이 온통 근원에서부터 조명照明당하는 것이다.

　그의 재판 모습과 옥중생활, 임종장면은 제자 플라톤이 쓴 철학적 희곡, 전기 대화편의 『소크라테스의 변명』, 『크리톤』, 중기 대화편의 『파이돈』 등 여러 작품에 자세히 그려져 있다. 그러나 그는 그의 직업에서 그다지 열심히 일을 한 것 같지는 않았으며, 또한 철학이라는 그의 직업―사람들로 하여금 그들의 믿음과 생활방식에 관해 질문을 던지는 형식을 띠었던―을 추구하는 데 많은 시간을 보낸 탓으로 가족과는 별로 시간을 보낸 것 같지 않다.

그 스승에 그 제자

　천국에서 스승 소크라테스를 만난 플라톤은 스승에게 불평을 늘어놓았다.

　"저의 제자 아리스토텔레스는 곤란한 녀석입니다. 스승의 이데아 학설을 거의 논박論駁하면서 공격하고 있습니다. 게다가 그 논박이란 것도 대개 저에게서 훔친 것들입니다."

　소크라테스는 그의 주먹코 같은 콧등을 찡그리면서 말했다.

　"너도 내게 심한 짓을 했어. 내가 하지도 않은 말, 있지도 않은 일을 내 이름으로 써댔으니 내 마누라 크산티페는 있지도 않은 애인 문제를 들먹이면서 이곳에서까지 바가지를 긁는단 말이야. 그러니 천국에 와서도 심기가 편치를 않아. 그건 또 그렇고 자네는 끝까지 독신으로 버텼다고 하는데, 무슨 까닭이라도 있었나?"

　플라톤이 대답했다.

"저는 젊었을 때부터 스승님의 결혼생활을 주시하였고, 영혼불멸을 진심으로 믿고 있었기 때문입니다."

소에게 덤벼드는 하루살이

소크라테스가 철학사에서 차지하는 위치는 소크라테스 이전의 자연철학에서 관념철학의 방향으로 전환시켰다는 점에 있다. 그러나 소크라테스도 젊은 시절에는 자연에 관한 연구에 열중했었다. 그후 그가 아낙사고라스의 영향을 받아 '이성이 질서를 잡고 있는 이상 어떻게 살아가는 것이 최선인가?'하는 문제에 몰두하다 보니 물이니, 불이니, 공기니 하는 그런 어울리지도 않는 것을 내세워 만물의 근원이라고 하는 자연철학에 회의를 느끼고 말았다.

소크라테스를 고발한 자들은 그의 사상이 전통적인 신神관념에서 벗어나 있다는 단 한 가지 이유만으로 그를 아낙사고라스와 동일시했다. 그러나 오히려 이것은 고대 그리스의 전통 신神관념을 흔들었고, 신구세대의 대립에 떠돌이 소피스트(궤변론자)들이 끼어들게 한 꼴이 되었다.

왜냐하면 영혼의 밑바탕이 무엇인가를 묻고, 현명한 지혜를 가지고 정연한 질서를 추구하는 그의 새로운 사상은 그들 소피스트들에게 하나의 위협이 되었기 때문이었다. 그러나 소크라테스는 자신을 소에게 덤벼드는 한 마리의 하루살이로 비유했다.

"여기 한 마리의 크고 온순한 소가 있습니다. 그 소는 자신의 덩치 때문에 좀 둔한 데가 있어 항시 깨어 있기 위해서는 하루살이가 꼭 필요합니다. 신神은 나를 그런 하루살이로서의 사명으로 둔한 소와 같은 폴리스(도시국가)에 덤벼들게 한 것입니다." ㅡ『변명』 중에서

그는 또한 때때로 자신을 '독이 있는 가오리'라고 하고 '독사'라고도 하였다.

사랑에 관한 철학적 문답

소크라테스의 고발의 배경에는 그의 절친한 친구인 아르키비아데스Alkibiades가 정치, 군사적 면에서 너무 과격한 행동을 한 결과, 한 폴리스가 위기에 봉착한 사건이 있었다.

아르키비아데스는 당대의 유명한 정치가였지만, 언제나 맨발로 허름한 옷차림을 한 뚱뚱보 소크라테스에게 우정을 바치고 있었다. 이에 대해 소크라테스는 이렇게 말하고 있다.

"나에게 있어서 철학은 가장 큰 애인이다. 그러나 아르키비아데스 역시 그에 못하지 않다. 그의 과격한 행동은 단지 그때뿐이었던 것이다. 그러므로 나는 애지愛知와 애인愛人을 다 같이 진리로 가는 문답의 길dialektike로 이끌고 있다."

소크라테스는 묻는다.

"정의正義란 무엇인가?"

"용기란 무엇인가?"

이 물음을 받은 젊은이는 대답하고 다시 그 대답에 답변함으로써 참된 지혜를 얻게 한다. 소크라테스는 결코 귀결적인 답을 가르치지는 않았다. 다만 문답을 통함으로써 젊은이가 스스로 진리를 깨

닫게 하는 것이다. 거기서 소크라테스는 단지 산파역만을 할 뿐이었다.

고대 그리스시대의 동성애라는 개념은 오늘날과 같은 의미와는 다르며, 단지 우정의 일종으로 생각하였다. 그리고 그들이 가정을 갖는다는 것은 단지 남자의 사회적 의무이지 사랑의 문제는 아니라고 여겼다. 그 당시 여성은 아직 노예에 지나지 않았고, 영혼을 주고받는 대화의 상대는 아니었던 것이다.

그러나 소크라테스에게 있어서는 애愛와 지知라는 형태를 동일시하여 사랑의 성립과 지혜의 성립은 서로 뿌리 깊게 연관되어 있었음이 분명하였다. 오늘날에 있어서의 동성애란 이성애異性愛에서 도피하는 자기애自己愛가 변형된 것이리라.

너 자신을 알라.

'선善이란 무엇인가?'를 아는 것은 사랑을 자신의 것으로 하는 것이다. 이러한 입장에서 '덕德은 지혜이다.'라고 요약할 수 있다.

"좋은 말馬을 만들 수 있는 사람은 말을 다룰 줄 아는 사람이며, 그렇지 못한 사람은 말을 나쁘게 만들고 있다." - 『변명』 중에서

"의학을 배운 사람은 의사가 된다. 바른 것을 배운 사람은 바른 사람이 된다." - 『골기아스』 중에서

오늘날 정치, 철학, 예술의 모든 분야를 총망라해서 지혜야말로 선하게 하는 것이다. 즉 '지혜는 힘이다.'라는 의미가 강조되고 있어 소수 전문가의 출현이 대두되었다. 소크라테스 자신의 주장은 대단

히 단순하다.

"영혼은 되도록 훌륭한 것이 되도록 애쓰지 않으면 안 된다. 결코 신체나 금전을 생각해서는 안 된다."— 『변명』 중에서

그것을 위해서는 끊임없는 문답을 통하여 스스로 음미하고 자신의 무지를 알아야 한다고 했다.

델포이 신전에는 '너 자신을 알라.'라는 글이 적혀 있는데, 그것은 '네 분수를 알아라.', '자신이 죽을 곳을 알아라.' 하는 뜻이라고 한다. 소크라테스는 일상적인 자기와는 다른 '진실한 자기'에 눈을 뜬 사람이었다. 그것이 그가 '자신을 아는 것'이기도 하였다. '너 자신을 알라.'를 주창하면서 그 방법으로 그는 제논의 변증법을 활용하여 논변을 진행시키는 사이에 잘못된 판단의 모순을 깨우치고 다시금 옳은 판단으로 유도시켰는데, 이것이 유명한 산파술産婆術이었다.

이처럼 소크라테스는 지혜를 사랑하는 마음으로 정의, 절제, 용기, 경건 등을 청년들에게 가르침으로써 많은 청년들에게 큰 감화를 시켰으나 공포정치의 참주였던 크리티아스 등의 출현이 그의 영향 때문이라는 오해를 받게 되어 '청년들을 부패시키고 국가의 제신諸神을 믿지 않는 자'라는 죄명으로 고소되고 배심원들의 투표결과 40표로 사형이 선고되었다.

소크라테스가 죽음을 앞두고 있을 때 그의 제자들과 친구들은 그에게 탈출을 권했지만, 그는 투철한 준법정신에 의해서 제자들과 친구들의 탈출 권유를 이렇게 거절했다고 한다.

"자네들이 날 탈출시켜 주려는 뜻에는 감사할 일이네. 그러나 우리가 여기서 탈출을 하거나 혹은 탈출을 모의하는 일이 옳은 일이

겠는가, 아니면 그릇된 일이겠는가? 크리톤, 신이 그 길을 가르쳐 주었으므로 이 길을 따라가 보세."

그의 준법정신은 자신에게 내려진 판결은 부당한 것이지만, 그것이 아테네의 법의 이름으로 이루어진 이상 자신은 거기에 복종하는 것이 의무라고 생각하게 했다. 즉, 그것은 어떤 사람이 그가 하지 않은 범죄로 인해 잘못된 유죄판결을 받았을 때 그 잘못은 법에 의해서가 아니라 법을 오용한 사람에 의해 내려진 것이며, 만일 잘못됐든 그렇지 않든 간에 판결에 대한 것이 아니라 법 자체의 권위에 대한 직접적인 도전인 것이다.

죽음 직전에 절친한 친구였던 크리톤이 그에게 마지막 소원을 묻자 그는 치료의 신神인 아스클레피오스Asklepios에게 닭 한 마리를 제물로 바쳐 달라고 대답했다. 아스클레피오스 신에게 제물을 바침으로써 치료의 신에게 감사하고자 한 것이었다.

소크라테스의 사상은 그의 제자들에게 전수되어 메가라Megara학파, 키니코스Cynicos학파, 키레네Cyrene학파 등을 이루고 특히 수제자인 플라톤의 관념주의로 피어나 그 뒤의 서양철학에 심대한 영향을 끼쳤다. 플라톤은 그에 대하여 이렇게 말했다.

"우리가 만나 본 사람들 가운데서 가장 고상하고 가장 현명하고 가장 정의로운 사람이다."

플라토닉 러브의 창시자 플라톤

'서양철학의 전통은 플라톤의 저작에 대한 일련의 각주脚註다.'라는 평처럼 플라톤의 철학은 서양 관념론적 이상론의 시조始祖로서, 아카데미학파와 신플라톤주의를 거쳐 철학사에 결정적 영향을 주고 있다.

소크라테스를 불멸화했던 사람은 그의 젊은 제자인 플라톤이었다. 플라톤(Plato, BC 428/427~BC 348/347)은 펠로폰네소스전쟁 초기인 BC 427년경에 태어났다. 그는 아테네가 마침내 스파르타에 패배했을 때 혈기 방장한 청년이었으며, 그 전쟁에 참가했던 것으로 추측된다.

플라톤은 위대한 교육자이자 사업가였다. 아테네의 귀족 집안에서 태어난 그는 모든 사람으로 하여금 정치가가 되리라고 기대하였다. 정치와 철학이란 것은 원래가 교육으로 결실을 맺는 법이다. 플라톤은 아테네에서도 가장 훌륭한 가문들 중의 하나이자 부유하고 정치적으로도 영향력이 있는 가문 출신이었다. 어머니 쪽으로는 가장 위대한 아테네의 정치가이자 개혁가인 솔론의 가계였고, 아버지 쪽으로는 아테네의 마지막 왕의 가계였다.

플라톤에게 있어 정상적인 경력이란 정치에 입문하는 것이었을 것이다. 그러나 5세기의 마지막 30년 동안 아테네의 정치생활은 극도로 타락했고, 펠로폰네소스전쟁은 도시의 자원을 고갈시켰다. 그리하여 플라톤은 군복무를 마친 후에 정치에 전혀 관계하지 않는 대신 건전한 정치철학을 발전시키기로 결심하게 되었다.

그는 자신의 스승이자 선배인 소크라테스에 대한 기억을 기념하기 위해 대화편들을 쓰기 시작했다. 소크라테스가 사약을 마시고 죽었을 때 플라톤의 나이는 28세로, 10여 년을 스승과 함께 보낸 셈이었다.

사랑하는 스승이 겪었던 부당하고 비극적인 죽음 때문에 그는 정치가로서의 꿈을 버리고 부정의가 자리 잡을 수 없는 국가관에 도달하기 위해 필생의 열정을 바쳤다. 『국가론』을 포함한 그의 책들 대부분의 주제가 정의로운 국가에 관한 것들이다.

『국가론』에서 그는 선한 국가는 정의의 이데아가 실현되어 있는 국가이며, 그와 반대로 부패한 국가는 정의가 결핍된 국가라 하였다. 또한 국가를 개인의 확대로 생각하여 개인에 있어서의 정욕의 부분이 농·공·상업의 서민이며, 기개의 부분은 군인·관리, 이성의 부분은 통치자라고 하고, 이는 당연히 선의 이데아를 인식해야 하므로 '철학자가 왕이 되거나 왕이 철학을 해야 한다.'고 하는 유명한 철인정치론을 전개한다. 이러한 통치자의 사유재산의 금지, 처자妻子의 공유 등을 주장하고 전제정치·과두정치·민주정치 등의 정체의 성립과 발전·결합 등이 날카롭게 지적되는데, 여기에는 오늘날까지도 주목할 만한 탁견이 담겨 있다.

'서양철학의 전통은 플라톤의 저작에 대한 일련의 각주脚註다(화이트헤드).'라는 평만으로도 짐작할 수 있는 것처럼 그의 철학은 서양 관념론적 이상론의 시조始祖로서, 그 제자인 아리스토텔레스의 현실주의와 함께 철학사에 쌍벽을 이루며, 아카데미학파와 신플라톤주의를 거쳐 철학사에 결정적 영향을 주고 있는 것이다.

플라톤은 소크라테스식 문답의 길을 통하여 젊은이들이 스스로 진리에 도달할 수 있게 된다고 하였다.

"전혀 교육을 받지 못한 젊은이에게 기하학 문제인 '주어진 사각형의 두 배의 면적을 가진 사각형을 그려라.'라고 했다면 그 젊은이는 질문을 받음으로써 그 질문에 대한 답에 접근하기 위하여 질문자에게 또 다른 질문을 할 테고 종국에 가서는 그 젊은이도 올바른 답을 구할 수가 있게 된다." - 『파이돈』 중에서

이런 점에서 볼 때 인간은 모두 일단 질문을 받게 되면 그 질문은 이미 그의 암묵 속에서 바깥 세계로 내동댕이쳐진 것이다. 답이 없는 것이라면 질문 그 자체가 잘못된 것이다. 그러므로 인간은 그 스스로 알고 있지 않았던 것은 답변할 수가 없다. 즉, 인간의 본유 관념 속에서 알고 있었던 것을 단지 문답을 통하여 자신 앞에 내놓는다는 것이다. 다시 말하자면 인간은 모두 이미 지식이나 바른 답을 자기 내부에 가지고 있다는 것이다. 그러므로 아무런 교육을 받지 않은 젊은이라도 기하학의 증명을 할 수 있다는 것이다. 물론 거기에는 단지 많은 문답이 전제되어야 하는 것이다.

이것은 우리의 영혼이 인간의 형태를 가지고 태어나기 전부터 어디엔가 존재해 있던 것이 아니면 불가능하다고 하여 플라톤은 영혼 불사설을 주장하였던 것이다. 즉, 육체와 정신의 이원성二元性, 영혼의 불사와 전생轉生이라고 하는 다분히 신화적인 설정으로 플라톤은 선천적인 지혜를 생각하고 있었던 것이다.

일반적으로 플라톤의 저작은 세 시기로 구분될 수 있다. 초기에는 『에우튀프론Euthyphron』, 『변명Apology』 등을 포함한 12개 정도

의 대화편을 들 수 있다. 이러한 대화편들은 주로 덕德에 관한 것들로, 제시된 물음에 대한 답변이 소크라테스적 아이러니에 의해 실질적이며 분명하게 나타내고 있다.

플라톤의 능력이 절정에 달하는 시기는 바로 중기라고 할 수 있는데, 이 시기에는 다소 긴 작품이 주를 이루고 있다. 『국가론』, 『파이돈Phaidon』 등이 이 시기 작품 중 대표적인 것들이다. 그리고 마지막으로 후기 작품에는 『테아이테토스Theaitetos』, 『티마이오스Timaeus』 등이 있는데, 이 시기의 작품들은 초기나 중기에 비해 문체에 많은 기교를 부리고 있는 것이 특징이다. 그리고 그의 최후의 작품인 『법률Laws』에서 그는 이상 국가를 건설하는 문제에 관심을 기울이고 있다. 이 작품에서 그가 취한 극단적인 보수주의는 때로 그를 서구 전체주의의 제창자로 보게 하고 있다.

그림자와 본체

소크라테스가 죽고 나서 약 11년 후에 플라톤은 그의 이론들을 실천할 수 있는 기회를 가지게 되었다. 시라쿠사의 전제군주인 디오니시우스 1세에게 궁정을 방문해 달라는 초대를 받은 것이다. 궁중에 머무는 동안 플라톤은 궁중의 방탕한 생활을 싫어했으며, 디오니시우스 1세도 플라톤을 별로 신경 쓰지 않았다. 결국 둘의 이러한 불협화음은 끝내 플라톤이 노예로 팔려가는 결과를 가져왔다.

그의 친구들은 비싼 몸값을 치르고 플라톤을 구해 아테네로 돌아올 수 있게 해 주었다. 플라톤은 친구들이 치른 몸값을 갚고자 했으나, 그의 친구들이 그것을 거절함으로써 그 돈은 아카데미를 세우는 데 쓰이게 되었다. 이때가 그의 나이 40세였다.

아카데미는 아테네 교외의 '아카데미아'라고 불리는 아름다운 공원에 세워졌으며, 플라톤이 죽을 때까지 지도자로 남았던 이 학교는 실제로 서구세계에서 최초의 대학이 되었다. 이 플라톤의 학교는 그리스 각지의 청년들을 모아 그 후 AD 529년에 로마의 황제 유스티니아누스에 의해 마침내 폐쇄될 때까지 약 900년 동안이나 명실상부한 최고의 교육기관으로 존속했으며, 유럽문화에 커다란 자취를 남겼다. 피타고라스학파가 수학을 몹시도 중시했다는 것은 그 입구에 게시된 '기하학을 모르는 자는 이 문을 들어서지 말라.'는 말로 충분히 알 수 있듯이, 플라톤의 대학 입구에도 '변천해 가는 생성의 세계에서 영원한 참실재의 세계로 영혼을 눈뜨게 하는 곳'이라는 팻말이 붙어 있었다고 한다. 그는 감각에 현혹되어 참실재인 이데아에 눈뜨지 못하는 인간을 동굴 속에 갇혀 사는 사람들로 비유하고 있다.

동굴의 비유

"동굴 속에 갇혀 살고 있는 사람들이 있다. 그 동굴에는 긴 입구가 하늘 쪽으로 나 있는데, 그 속에서 사람들은 어려서부터 안쪽 벽면만을 쳐다보고 살았기 때문에 동굴 입구 쪽인 위쪽은 쳐다볼 생각을 하지 않았다. 그러므로 동굴 바깥세상에서 움직이는 사람이나 동물들의 그림자만이 동굴 안쪽 벽면에 비치고 있었다. 그래서 그들은 동굴 밖의 동물이나 인간 본래의 존재는 알지 못하고 벽면에 비친 그림자가 사물의 본체인 것으로 잘못 알고 있는 것이다. 만약 우리가 그 동굴 속에 갇혀 살고 있는 사람들을 해방시켜 바깥세상에 있는 사물의 본체를 보여 준다 하더라도 그들은 너무도 강렬한 빛 때문에 눈이 부셔 자꾸만 과거의 그 그림자가 진실이라고 생각하고는 바깥세상을 오히려 외면할 것이다." —플라톤의 『국가』 중에서

사랑은 아름다움의 참실재(이데아)이다.

이데아(참실재)란 기하학자의 머릿속에 들어 있는 삼각형과 같은 것이다. 종이 위에 그려 놓은 삼각형은 단지 이상적인 삼각형의 그림자에 불과하다.

기하학에서는 현실적으로 눈에 보이는 형태를 이용하여 논증하지만, 이데아라는 것은 현실적인 형태에 관해서가 아니라 형태를 그림자로 나타내고 있는 그 참형태에 관해서이다. 즉, 삼각형 물자체 物自體를 말하는 것이다. 예컨대, 아름다운 것은 아름다움 그 자체에 이데아를 내포하기 때문에 아름답다고 하는 것이다. 즉, 영구불변의 아름다움이란 이데아가 내재한 아름다움이라는 것이다. 표면적인 아름다움이란 어떤 사람의 눈에는 추하게 보일 수도 있다. 그러나 이데아가 내재한 아름다움은 그러한 상대성이 없다.

"올바른 젊은이는 사랑의 힘으로 지상에 있는 피상적인 아름다운 것에서부터 상승하여 아름다움 자체를 보게 될 때 아름다움에 대한 궁극에 도달하는 것이다. 그래서 젊은이들은 모두 사랑의 길을 존

중하고 게으르지 않게 수업에 힘쓰고 다른 사람에게 권하여 현재도 장래에도 변함없이 사랑의 힘과 용기를 찬양한다." - 『향연』 중에서

학문의 길이란 사랑의 수업이며, 에로스의 찬미가 뒤따른다. '갈 바를 모르는 사랑의 길'이라고 노래만 부르고 있을 수는 없다.

'사랑의 길이란 물으면 대답하는 변증법. 그 길로 가는 자는 지혜로운 자.'

기하학과 사랑을 알면 우리는 어느 사이에 참된 지혜의 문 앞에 서 있게 되는 것이다. 그러므로 사랑이란, 인간이 육체를 떠나서 영혼의 고향으로 돌아가는 '죽음을 위한 학습'이라고도 할 수 있다.

'철인군주론'이 플라톤 철학의 본질

우리가 풍요로운 삶을 영위하기 위해서는 철학을 배워야 한다. 영혼이 참실재(이데아)를 앎으로써 육체에서 정화될 때 그 영혼은 신에게로 가까워지는 것이다. 그러나 플라톤 철학은 보통 사람들이 플라토닉이라고 말하는 것과는 다르게 정치와 깊은 관련이 있었다.

"철학자가 국왕이 되든가 왕이나 권력자가 진실로 충분히 철학을 알고 있다면, 즉 정치적 권력과 철학적 정신이 하나로 일치된다면 그 사회에는 불행이란 없을 것이다." -플라톤의 『국가』 중에서

이런 생각은 『제7서간』에서도 나타나 있으며, 이 철인군주론이 플라톤 자신의 진심이었음을 알 수 있다. 그렇다고 플라톤이 꿈과 같은 허황된 철인군주론을 주장한 것은 아니다. 그의 제자인 디온이 시칠리아 섬의 시라쿠사의 왕 디오니시우스 2세의 후견인이 되

었을 때 60세의 플라톤은 디온의 청을 받아들여 시칠리아로 가서 왕의 교육을 시도했었다. 그러나 그는 정쟁政爭에 휘말려 감금당하는 등 많은 위험 끝에 7년 만에 다시 아테네로 돌아왔던 것이다. 67세의 노老플라톤은 그때 정치의 쓴맛을 보았던 것이다. 그의 교육론에 의하면 누구나 진리를 발견할 수 있다고 했다.

"영혼은 이미 모든 것을 다 배웠다. 그러므로 우리는 일단 하나를 생각하여 용기를 가지고 끝까지 탐구하게 되면 다른 모든 것을 발견하는 데 특별한 장애는 없다."– 『메논』 중에서

그리고 플라톤이 상대한 디오니시우스 2세는 평범한 군주라서 물레 돌리기를 좋아했어도 철학과 수학에는 곧 싫증을 내고 말았다. 플라톤은 정치를 위한 학문으로서 기하학이나 산술, 천문학 등을 군주에게 요구했던 것이다. 이것은 천문, 역법이 중국에서 군주에게 중요시된 것과 같은 것이었다.

극단적 주관주의자인 소피스트들

그들의 관심은 세련된 철학탐구와 대화술의 여러 가치들과 기술들을 가르쳐 줌으로써 보다 유용하고 보다 나은 생활을 꾸려 나갈 수 있도록 하는 것, 즉 세속적인 성공에 묶인 것이었다.

소피스트들의 등장으로 철학의 흐름은 인간 자체의 문제로 돌려졌고, 또 문명과 윤리의 철학을 정식화하게 되었다.

'소피스트Sophist'는 '지혜'를 뜻하는 그리스어에서 연원하여 '전문가', '현자'를 의미했다. 이들 소피스트는 BC 5세기경 아테네에 정착하기 시작했던 순회 교사들로서 학문적 지식을 대중화시키고자 하였다. 그들은 최초의 전문 철학 교사가 되었고, 또 학생들에게 교육에 대한 대가를 요구한 최초의 사람이 되었다.

그러나 애초에 훌륭한 동기를 가지고 시작된 그들의 관심이 진정한 인간 영혼의 해방이 아니라 세련된 철학 탐구와 대화술의 여러 가치들과 기술들을 가르쳐 줌으로써 보다 유용하고 보다 나은 생활을 꾸려 나갈 수 있도록 하는 것, 즉 세속적인 성공에 묶인 것으로 변질되었다. 정치적 성공의 기술을 습득했기 때문에 그들은 이러한 기술들을 대가를 받고 제공했다. 민주제였던 아테네에서 그러한 기술들은 효과적인 것이었고, 이에 따라 그들은 점차 높은 부를 누리게 되었으며, 자신들의 이러한 관행을 정당화하기 위해 쟁점을 흐려놓는 부질없는 논쟁을 일삼게 되었다.

소크라테스는 학문적 지식에 대한 추구가 이들에 의해 변질되는 것을 비판했으나 아이러니컬하게도 그가 이들 소피스트와 혼동되기도 하였다. 이것은 아마도 소피스트가 '지혜'라는 말에서 비롯되었으며, 소크라테스와 플라톤까지 포함한 모든 철학자들에게 붙여진 말이었기 때문이었을 것이다.

소피스트는 그 한 세기 동안 문법이나 시학, 비극, 언어학 및 사회 개혁에 대한 논의를 통해 학문의 진전에 많은 것을 공헌하기도 했으며, 국가와 그 정당성, 전통적인 종교 및 교조적 도덕과 관련한 극히 여러 가지 함축을 지닌 관심사에 대해 문제를 제기했기 때문에 부유층은 그들의 큰 호응자가 되었다.

한층 더 급진적이 되어가면서 기존의 정치, 사회 및 종교생활에 대한 그들의 공격은 더욱 날카로워지기 시작했으며, 지금까지의 관념이 한낱 관습과 관례의 문제에 불과하지 않는가 하는 의문을 제기했다. 이들의 이와 같은 극단적인 주관주의는 '인간은 만물의 척도이다.'라는 소피스트의 지도적인 위치를 점하는 프로타고라스의 말에 가장 잘 요약되어 있을 것이다. 그들의 개인주의는 결국 철저한 회의주의에 빠져드는 계기가 되기도 했다.

소피스트의 유력한 지도자 프로타고라스

프로타고라스(Protagoras, BC 481년경~411년경)는 소피스트들의 가장 유력한 지도자였다. 그는 40여 년간을 아테네에서 활동하고 지중해 각지의 그리스 도시에서 명성을 떨쳤다. 그는 '약한 변론을 강하게 하여' 자기주장에서 이김으로써 사회적으로 승리할 수 있다고 믿고, 덕德이란 이러한 생활상의 수단을 가르치는 것으로 생각했다. BC 441년경 투리오이 지방의 헌법을 기초하고 그곳에 머물러 있다가 귀국하는 도중 배가 난파되어 익사했다고 전해진다.

프로타고라스는 '인간은 만물의 척도이다. 존재하는 사물들에 대해서는 그것들이 존재한다는 것이며 존재하지 않는 사물들에 대해서는 그것들이 존재하지 않는다는 척도이다.'라는 말을 통해서 알 수 있듯 진리의 상대성의 개념 위에 그 자신의 철학을 세웠으며, 도덕의 상대성만을 설파하는 데 그치지 않고 전 인류의 동등한 권리를 위해 사회적, 정치적 개혁이 민주적 수단에 의해서 실시되어야 한다고 주장했다.

어느 누구도 사악한 영혼을 선한 영혼으로 개종시키거나 거짓된 감정을 진실한 감정으로 바꾸어 놓지는 못한다고 주장하던 소크라테스의 조롱에도 불구하고 프로타고라스는 자기보존의 자연법칙에 기초한 도덕적인 삶의 철학을 주장하기도 했다.

모든 학문의 아버지 아리스토텔레스

아리스토텔레스는 본질과 형태적 관계를 형상과 질료의 관계로 본다.
즉, 모든 존재를 형상과 질료로 나누고 자기는 움직이지 않으면서 남을
운동하게 하는 순수한 형상, 즉 사유로서의 누스nous를 내세워 세계를
목적론적으로 해석한 것이다.

    플라톤의 제자이며 학식이 으뜸이라는 아리스토텔레스(Aristoteles,
BC 384~BC 322)는 어떤 면에 있어서나 그의 스승과는 대조적인 인
물이었다. 플라톤이 금욕적이고 독신생활을 관철한 데 반해 미식가
인 아리스토텔레스는 동서로 유랑생활을 계속하고 있었다.

    플라톤은 수학을 규범으로 해서 선善과 미美의 가치를 평가하였
고, 물질의 본질은 감각세계를 초월한 참실재인 이데아에 있다고
생각했다. 하지만 이리스토탈레스는 생물학에 그 근원을 두고 물질
의 본질은 감각적인 개체 그 자체 내에 있다고 설파했다. 플라톤과
다른 견해를 내놓고 있는데, 플라톤이 자연계를 이데아의 모방으로
보고 예술은 이를 다시 모방하는 '모방의 모방'으로 생각하여 참다
운 실재인 이데아의 참된 인식을 흐려 놓는 것으로 보고 부정적인
태도를 취한 데 비해 아리스토텔레스는 '시는 역사보다 더 철학적
이다.'라고 표현하여 예술을 옹호했다.

    그의 저서 『시학Poetics』은 그 뒤 15~6세기에 이르는 긴 세월
동안 예술의 지도서가 되어 왔다.

아리스토탈레스는 아테네의 북쪽으로 약 200마일 떨어진 마케도니아 왕국의 스타기라에서 태어났다. 그가 태어날 당시 플라톤은 43세였고, 소크라테스는 15년 전에 죽었다. 아리스토텔레스의 아버지 니코마코스는 마케도니아 왕의 시의侍醫였다. 그러나 그의 아버지는 그가 어렸을 때에 돌아가셨으며, 이후 그는 아버지의 친구들이나 친척들에 의해 길러졌다.

어려서부터 자연과학에 큰 관심을 가졌던 그는 17세에 아테네에 있는 플라톤의 아카데미에 입학하여, 여기서 처음에는 학생으로서 다음에는 플라톤의 동료로서 플라톤이 사망할 때까지 약 20년 동안 머물면서 다방면에 걸친 깊은 연구를 하였다.

플라톤이 사망하고 아카데미의 운영권이 플라톤의 조카에게로 넘겨지자 아리스토텔레스는 그곳을 떠나 레스보스 섬 반대편에 있는 소아시아 연안의 소읍인 아소스로 갔다. 거기에는 그의 철학에 공감하고 있는 통치자인 헤르미아스가 세운 학교가 있었다. 아리스토텔레스는 이 학교에서 3년 동안 가르치면서 헤르미아스의 조카이자 양녀인 피티아스와 결혼했다. 피티아스가 딸 하나를 낳고 죽자 두 번째 부인 헤르필리스와 함께 살며 아들 니코마코스(아버지와 이름이 같음)를 두게 되었다.

그 후 이웃해 있는 섬인 레스보스에서 2년을 보낸 후 아리스토텔레스는 마케도니아의 필립포스왕의 초청을 받고(BC 343) 당시 13세 소년이었던 알렉산더대왕의 스승이 되어 그 부자로부터 큰 경앙을 받았다.

알렉산더가 페르시아에 원정을 떠날 때 동행하여 아테네로 돌아온 아리스토텔레스는 아폴론 신전 근처 리케이온에 도서관, 박물관 등의 연구시설을 갖춘 그 자신의 학교를 설립했다.

그 학교는 리케움Lyceum이라 불렸으며, 그의 철학체계는 소요철학(Peripatetic Philosophy)으로 알려지게 되었다. 이것은 그가 녹음이 우거진 소요로逍遙路를 거닐면서 강의를 했기 때문인 것으로 추측된다.

아리스토텔레스는 리케움에서 12년간을 보내면서 방대한 양의 과학적 자료를 갖춘 도서관을 세우고 점차 늘어나는 학생들을 감당하기 위해 건물을 늘렸다. 이때 아리스토텔레스가 수집한 대부분의 자료는 알렉산더대왕이 각 지방을 원정하면서 보내온 것들이 대부분이었다.

흔히 리케움은 아카데미와 비교되는데, 이 두 학교는 각각 설립자의 성향을 반영하여 그 성격에 있어서는 판이하게 달랐다. 플라톤의 아카데미가 이성적 과학, 즉 수학과 천문학의 연구에 진력했다면, 아리스토텔레스의 리케움은 경험과학, 특히 생물학의 연구에 진력했다. 아리스토텔레스가 출제한 『생물학 문제집』에는 '인간의 배꼽이 다른 동물에 비해 왜 큰가?' 하는 물음이 있다. 그 대답으로 '인간은 다른 동물에 비해 조산早産하기 때문이다.'라고 되어 있다. 오늘날에는 이것을 '생리적 조산'이라고 해서 인간의 최대 특징이라고 알려지고 있다. 의사의 아들이었던 아리스토텔레스는 그 시대의 수준을 훨씬 초월한 훌륭한 생물학자이기도 했다. 그의 제자였던 알렉산더대왕은 원정遠征하면서도 그 지방의 여러 가지 표본을 옛 스승에게 보내서 스승의 생물학 연구를 도왔다.

리케움에서의 아리스토텔레스의 작업은 알렉산더의 갑작스런 죽음과 함께 BC 323년에 끝나게 되었다. 왜냐하면 알렉산더의 죽음으로 반마케도니아 감정이 고조되면서 알렉산더의 스승이었던 그도 반란을 획책하는 아테네인들에 의해 고소된 것이다. 신변의 위협을 느낀 그는 그 자신의 표현대로 '아테네인들이 철학에 반대하는 두 번째 죄를 범할 기회'를 주지 않기 위해 에비아의 칼키스Chalcis로 돌아가 1년 뒤 63세의 나이에 그곳에서 죽었다.

아리스토텔레스의 관심은 다방면에 걸쳐 있어서 과거의 모든 그리스 철학자들의 학설을 수집 비판하고, 독창적으로 체계를 마련하였으며, 특히 형식논리학을 세워 삼단논법의 명제론, 추리론, 논증, 정의定義, 분류, 오류, 추리 등을 상론한 것은 최대의 업적이었다.

아리스토텔레스를 그 학교의 누스(두뇌 혹은 정신)로 부를 만큼 플라톤은 그의 능력을 높게 평가했으며, 아리스토텔레스 역시 언제나 플라톤을 극찬했다. 아리스토텔레스는 플라톤을 '사악한 인간은 감히 칭찬할 자격조차 없는 사람이자, 필생의 가르침 속에서 어떻게 행복한 동시에 선할 수 있는가를 보여 주었던 사람이었다.'고 표현했다.

형상과 질료와의 관계

아리스토텔레스는 본질과 형태적 관계를 형상과 질료의 관계라고 생각했다. 즉, 형이상학으로서의 제일철학에서는 모든 존재를 형상(形相: eidos)과 질료(質料, hyle: matter)로 나누고 자기는 부동不動이면서 남을 운동하게 하는 순수한 형상, 즉 사유思惟로서의 누스nous를 내세워 세계를 목적론적으로 해석한 것이다.

인간은 인간을 낳는다. 떡갈나무 열매는 떡갈나무가 된다. 인간을 인간이 되게 하고 떡갈나무를 떡갈나무가 되게 하는 근원은 그 개체 내에 있는 것이지 밖에 있는 것이 아니다.

예를 들자면 도토리나무 열매가 열매에서 나무로 변화할 때,

① 나무로 변화하는 능력을 갖춘 요소가 '질료인質料因'

② 목표가 되는 나무의 형태가 '형상인形相因'

③ 성장하여 다시 열매를 맺을 수 있는 단계까지가 '시동인始動因'

④ 열매를 맺어 결실하는 단계가 '목적인目的因'인 것이다.

청동으로 된 동상을 만드는 경우라면,

① 재료인 청동이 '질료인'

② 제작자의 마음에 그려진 형태가 '형상인'

③ 제작자의 제작 행위가 '시동인'

④ 완성 단계가 '목적인'이다.

시동인과 목적인은 결국 형상인에 의한 결과이기 때문에 이 두 가지 원인설은 질료인과 형상인의 결과로 이루어지는 부가적 산물이라 할 수 있는 것이다.

즐거움의 최선은 자기만족이며, 이는 곧 행복이다.

'어떻게 살 것인가?'를 아리스토텔레스에게 물어 보자. 그는 말하리라.

"최고의 선을 행복이라 부르는 데는 아무도 이의가 없을 것이다."

- 『니코마코스의 윤리학』 중에서

최고의 선이라든가 행복이라는 것이 피리를 부는 사람이나 그림을 그리는 사람, 그리고 그 밖의 모든 기술자에게 있어서는 타고난 재능을 발휘하는 데 있을 것이다. 이런 점에서 볼 때 모든 인간에게 있어서의 타고난 재능이라는 것은 행복과 불행을 분별하는 선善이 될 수 있는 것이다. 다시 말해 인간에게 있어서 행복은 타고난 재능을 최선으로 발휘하고 있는 상태라 하겠다.

한 마리의 제비가 봄을 부르는 것이 아니고, 하루의 좋은 날씨에 의해 봄이 되지 않듯이 인간의 행복은 일조일석에 이루어지는 것이 아니다. 인간의 행복이라 할 수 있는 자기의 재능을 발휘하는 일 중에서 중요한 것은 현실 상황에 맞게 결단하고 베풀 줄 아는 사려思慮이며, 지나침을 피하는 균형을 아는 것이다. 이는 자족自足과 중용中庸에서 비롯되는 것이다. 그러므로 선을 베푸는 일은 즐거움이며 곧 행복이다.

"바른 행위는 바른 행위를 좋아하는 사람에게 즐겁고, 선善에 의해서 나오는 행위는 선善을 좋아하는 사람에게 즐겁다. 그러므로 즐거움의 방법으로 최상의 것은 자족이다." - 『니코마코스의 윤리학』 중에서

여기에서 '어떻게 살 것인가?'의 답이 나오는 것이다. 즉, 쾌락을 구하는 향락생활과 명예를 중시하는 정치생활과 이성에 의한 관상觀想의 생활 중에서 이성理性에 의하여 사물을 보고 고찰하는 관상觀想의 생활은 향락과 명예에 의존하지 않고, 또 남을 위한 것도 아니기 때문에 신과 같이 자족하는 최상의 생활이라고 아리스토텔레스는 말한다.

최상의 생활

예부터 경기장에 모이는 세 종류의 사람, 즉 상인, 선수, 관객 중에서 관객이 최고의 생활, 즉 자족하는 사람이라고 한다. 선(善)의 궁극을 신과 같이 자족하는 데 있다고 깨달은 아리스토텔레스는 현실 세계에서의 실리보다도 관찰하고 규명하는 이성 쪽에 삶의 궁극적 의미를 두었다. 실리를 취하는 쪽은 폴리스(도시국가)였다.

아리스토텔레스는 그러한 폴리스에 대해서 중용과 자족을 요구하면서도 소규모의 도시국가가 이상국 형태라고 강조하였다. 그러나 아리스토텔레스의 제자였던 알렉산더대왕은 오히려 그리스 제도가 뒤떨어진 제도로 여겨 탈(脫)그리스의 세계를 건설하려 하였다.

승리자로서 아테네를 지배하고 있던 대왕이 죽은 후, 그의 비호를 받고 있던 아리스토탈레스에게 박해의 손길이 닥쳐왔다. 그러나 그를 박해로부터 보호해 주려는 폴리스는 결코 없었다. 다만 다시는 아테네 시민으로서 철학을 모독하는 일이 없도록 그를 망명시켜 버렸는데, 그는 망명지에서 위장병으로 죽은 것이다. 평소 위장이 안 좋았던 아리스토텔레스는 항상 따뜻한 기름을 가죽 자루에 넣고 그것을 배 위에 올려놓고 있었다고 한다. 그는 미식가이기도 했다.

술통 속의 철인哲人 디오게네스

행복이란 인간의 자연스런 욕구를 가장 쉬운 방법으로 만족시키는 것이며, 자연스러운 것은 부끄러울 것도 보기 흉하지도 않으므로 감출 필요가 없고, 이 원리에 어긋나는 관습은 반反자연적이며 또한 그것을 따라서도 안 된다.

'나는 폴리스라고 하는 누에고치 속에서는 하루도 살 수 없다.'고 외치면서도 인간의 운명을 앞질러 산 철인이 시노페의 디오게네스 (Diogenes, BC 400년경~BC 323년경)였다. 지위를 탐내지 않았으며, 가정을 버리고 술통 속에서 살며 모든 쓸데없는 물건을 허식이라고 생각해서 물질을 몸에 지니지 않고 '개와 같은 생활'을 했다.

그러나 이처럼 '소박한 생활'만을 추구하며 기이한 행동을 하는 이 단순 생활자에 대하여 당시 귀족이었던 플라톤은 노골적으로 빈정거렸다.

어느 날 디오게네스가 비에 흠뻑 젖어 후줄근한 모습으로 앉아 있었다. 그래서 여러 사람이 둘러서서 그를 동정하고 있었다. 지나가던 플라톤이 말했다.

"이 사람을 불쌍하게 생각한다면 모두들 빨리 돌아가게. 아무도 보지 않는다면 그는 굳이 비를 맞고 있지 않을 테니까."

디오게네스는 가짜 돈을 만들었다는 죄목으로 고향인 시노페에서 쫓겨나 아테네에 와서 안티스테네스의 제자가 되었다고 한다. 행복이란 인간의 자연스런 욕구를 가장 쉬운 방법으로 만족시키는 것이며, 자연스러운 것은 부끄러울 것도 보기 흉하지도 않으므로 감출 필요가 없고, 이 원리에 어긋나는 관습은 반反자연적이며 또한 그것을 따라서도 안 된다고 역설하면서 몸소 가난하지만 부끄러움이 없는 자족自足의 생활을 실천했다. 그의 실생활의 표어는 아스케시스(askesis: 할 수 있는 한 작은 욕망을 가지도록 훈련하는 것), 아우타르케이아(Autarkeia, 자족), 아나이데이아(anaideia: 무치)였다. 그는 개Kyon와 같은 생활을 했으며, 여기서 키니코스학파란 이름이 생긴 것이다.

디오게네스가 일광욕을 하고 있을 때 알렉산더대왕이 찾아와 곁에 서서 소원을 물었더니 아무것도 필요 없으니 햇빛을 가리지 말고 그곳을 비켜 달라고 했다는 일화는 유명하다. 알렉산더대왕은 '내가 알렉산더대왕이 아니었더라면 디오게네스가 되기를 바랐을 것이다.'라고 말했다고 한다. 그리고 또 사람들로부터 어디 출신이냐고 질문을 받은 디오게네스가 '천하의 주민(코스모폴리테스)이다.'라고 대답한 이야기와 대낮에 촛불을 켜들고 거리를 돌아다니며 '나는 사람을 찾고 있다.'고 한 이야기는 유명하다. 얼마 후 그의 손에 촛불이 꺼져 버리자 그는 이렇게 말했다고 한다.

"나는 내 등을 아직 못 찾았는데 촛불이 꺼져 버렸으니……."

루키아노스가 전하는 일화가 있다. 마케도니아의 왕 필립포스가 쳐들어오고 있다는 소문이 퍼지자 그곳 사람들은 모두 분발하였다. 어떤 사람은 무기를 준비하고 어떤 사람은 돌을 운반하고 성벽을 강화하였다. 그런데 이 광경을 본 디오게네스에게는 아무 할 일이 없었다. 그리고 그에게 일을 부탁하는 사람도 없었다. 그러자 그는 대단히 엄숙하고 열띤 태도로 망토를 벗고 자신의 술통을 굴리며 언덕길을 오르락내리락하고 있었다. 그래서 이상히 생각한 한 친구가 소리쳤다.

"아니, 지금 무엇을 하는 거요, 디오게네스?"

그가 대답했다.

"이렇게 모두가 바쁜 판인데 나만 건들거려서야 쓰겠나. 그래서 나도 술통을 굴리고 있는 거지."

무용無用의 장물長物

어느 허풍쟁이 역사가가 쓴 이런 말이 있다. 알렉산더대왕이 디오게네스를 조롱해 보고 싶어졌다. 그래서 술통 속에 있는 디오게네스에게,

"그대는 독신이니 사타구니 속의 물건이 소용없지 않소. 그 무용한 것을 떼어 버리는 게 어떻겠소?"

라고 말했다고 한다. 그러자 디오게네스가 대답하기를,

"어리석은 말씀! 다 필요할 때가 있는 법이오. 날씨가 추워지면 술통의 뚜껑에 난 옹이구멍을 막아야 하지."

라고 말했다.

세계주의를 주창한 철학자

디오게네스는 도시국가 문화의 귀족주의를 비판하는 괴이한 사람

이었으나 동시에 폴리스 사람들에게 기식寄食과 기행奇行으로 사랑을 받기도 했다.

그가 죽은 후 그를 위해서 동상을 세워 준 시민도 있었다고 한다. 그 시문時文에 '디오게네스여, 어떤 영혼도 그대를 멸망시키지 못하리라. 그대만이 죽을 자들에게 자기 충족을 가르쳤고, 가장 현명한 삶의 길을 가르쳤기 때문이다.'라고 썼다고 한다. 폴리스주의를 초월하여 코즈모폴리턴에 의한 내부적 자기 충족의 추구, 이것이 다음 시대의 철학 형태가 되었다.

쾌락주의자 에피쿠로스

참된 실재는 원자와 공허 두 개뿐으로, 원자는 불괴不壞의 궁극적
실체이고 공허는 원자가 운동하는 장소이다. 원자는 부정한 방향으로
방황운동을 하는데, 이것에 의해 원자 상호 간에 충돌이 일어나서
이 세계가 생성한다.

아무리 고통스러운 생활 속에서도 재치 있는 위트로 거짓 없는
참미소를 항상 주위사람들에게 던져 주는 사람이 있다면, 에피쿠로
스(Epikouros, BC 342년경~BC 271년경) 학파의 일원으로 간주하여도 좋
다. 그러한 사람은 진정 그 학파의 일원이 되기에 알맞다.

에피쿠로스는 이렇게 말했다.

"물과 빵만으로 살아도 나는 온 몸에 쾌락이 넘치고 있다. 나는
사치스런 쾌락, 그 자체가 싫은 것이 아니라 그 쾌락 뒤에 따라오는
허망함이 싫은 것이다."

이것은 에피쿠로스가 가장 진실한, 그리고 가장 이상적인 쾌락을
정의하고 있는 것이다.

에피쿠로스는 사모스 섬에서 태어나 알렉산더대왕의 사망으로 혼
란할 때 고향 사모스로 쫓겨나 크로폰에 이주했던 부모 밑에서 성
장하면서 데모크리토스, 플라톤 등의 학설을 배웠다. 35세 전후에
아테네로 나가 작은 정원을 구입하여 '에피쿠로스 학원'을 열었다.
에피쿠로스 학원은 부녀자와 노예에게도 문호가 개방되었다고 한
다. 제자들은 각자 형편에 맞는 기부금을 내고 학원에서 공부를 하

고 함께 우정에 넘치는 공동생활을 영위하면서 문란하지 않은 생활(평정, ataraxia)의 실현에 노력하였다.

'에피쿠로스 철학'의 기초를 이루고 있는 원자론原子論에 의하면, 참된 실재實在는 원자atom와 공허kynon의 두 개뿐으로, 원자는 불괴不塊의 궁극적 실체이고 공허는 원자가 운동하는 장소이다. 원자는 부정不定한 방향으로 방황운동을 하는데, 이것에 의해 원자 상호 간에 충돌이 일어나서 이 세계가 생성한다. 그러므로 세계에 있는 모든 것, 즉 인간이나 신들이나 모두 원자의 결합물에 지나지 않으며, 또한 인식이란 감각적 지각에 지나지 않고 물체가 방사放射하는 원자와 감각기관과의 접촉에 의해 성립한다. 죽음이란 인체를 구성하는 원자의 산일散逸이며, 죽음과 동시에 모든 인식(자기)도 소멸한다.

신들도 인간과 동질의 존재이며, 인간에게 무관심하다. 인생의 목적은 쾌락의 추구에 있는데, 그것은 자연적인 욕망의 충족이며, 명예욕·금전욕·음욕淫慾의 노예가 되는 것은 아니라는 주장을 폈다. 그의 철학의 목적은 의론과 추리에 의해 행복을 추구하는 것이라고 하며, 이를 3부三部로 나누어 경험론, 특히 감각론적 인식론인 '규범학normative science'에서 진위眞僞의 기준을 논하고, 이어 '자연학Physica'에서는 데모크리토스의 원자론에 따라 세계는 원자 및 원자가 운동하는 공간뿐으로 생사生死, 신과 영혼, 일체의 만물이 모두 원자의 집산이라 하였다. '윤리학Ethics'은 가장 중요한 것으로 우리는 위와 같은 사실에 따라 '우리가 살아 있을 때에는 죽음이 없고, 죽었을 때에는 우리는 존재치 않는다.'는 것을 알아 죽음의 공포를 버리라고 한다.

공공생활의 잡답雜踏을 피하여 숨어서 사는 것, 빵과 물만 마시는 질박한 식사에 만족하는 것, 헛된 미신에 마음이 흔들리지 않는 것, 우애를 최고의 기쁨으로 삼는 것 등이 에피쿠로스가 주장하는 쾌락주의의 골자였다.

『자연에 대하여』 등 300여 권에 이르는 저서가 있었으나 그 대부분은 없어지고 단편만이 전한다.

쾌락주의의 원조

우리는 그를 쾌락주의의 원조라고 하는데, 그것은 사소하고 평범한 것 중에서 최대의 쾌락이 있다고 말하는 그의 주장이 가장 철학적이기 때문이리라. 그러나 쾌락의 본질이 자기만족에 있는 것이 아니라면 우리의 욕구 충족이 우리에게 쾌락을 부여한다고 할 수는 없을 것이다. 그런데 현실은 어떠한가? 많은 사람들은 만족할 줄 모르지 않는가. 사실 우리는 끝없는 욕구 충족을 요구하고 있고, 거기서 만족감과 쾌락을 찾고 있는 것이다.

여기서 에피쿠로스학파는 그러한 분별없는 욕망을 제거하면 진정한 쾌락이 충족된다고 하였다. 즉, 우리의 '끝없는 욕망'이라는 것 그 자체가 분별력의 소산인 것이라 하였다.

하지만 자기만족이야말로 보통사람들에게는 일체의 만족감의 근원이다. 지혜나 교양도 이 자기만족에 귀착하고 마는 것이니 삶의 최고의 의미도 자기만족에 있는 것이다.

"자기만족은 모든 부 중에서 가장 큰 것이다."

"아무것도 미워하지 않는 마음의 평정Ataraxia이 자기만족의 상태이다. 그것을 위한 원칙은 '숨어서 살라.'이다."

"우리는 일상적인 공무의 범주에서 자기를 해방시켜야 한다. 가난해도 만족스러운 생활 태도로 살아야 한다."

세상 풍파를 도피했다 해도 자연의 여러 가지 현상이 우리의 마음을 번거롭게 할 수도 있다. 그 최대의 것이 죽음이다. 그러나 죽음은 우리에게 아무것도 아니다. 우리가 존재하는 한 죽음은 실재하지 않는다. 죽음이 실재할 때는 우리가 존재하지 않을 때이다.

자연현상에 신의 존재를 개입시키지 않고 유물론적으로 설명하고, 자연에 대한 있지도 않은 공포나 숭배에서 마음의 평정을 지키며 따뜻한 인간성을 겸비하고 가난 속에서도 자족할 수 있도록 가르치는 에피쿠로스를 찾아든 순박한 제자들은 스승의 가르침을 오래 전하였다.

그러나 스토아학파를 비롯한 그 시대의 많은 사람들로부터는 비난과 중상을 받았다. 어떤 사람이 '다른 학파에서 에피쿠로스학파로 옮겨오는 사람은 있으나 반대로 에피쿠로스학파에서 다른 데로 옮겨가는 사람이 없는 것은 어떤 이유인가?'라고 묻자, 그는 이렇게 대답했다.

"남자는 거세시킬 수 있는 동안에는 생명을 잃을까 두려워할 필요가 없다. 왜냐하면 생명이 없어지면 이미 두려움도 없는 것일 테니까."

결국 생명이 있는 동안에는 생명을 잃을까 두려워할 필요가 없다. 왜냐하면 생명이 없어지면 이미 두려움도 없는 것일 테니까.

목숨을 걸고 자유를 확립한 에픽테토스

참된 자유, 결코 침해받지 않고 흔들리지 않는 자유를 위해서 신이 주신 것을 신의 요구에 따라 신에게 바쳐라. '나는 신과 함께 선택하고 신과 함께 원하며, 신과 함께 의지意志한다.'

에피쿠로스학파와 같은 시대에 스토아학파라는 파가 있었다. 스토아란 아테네에 있는 벽이 없는 복도를 가리키는 말이다. 이 학파의 시조 제논을 비롯해서 초기 스토아학파의 대부분은 소아시아 출신이었으며, 아테네에서는 외국인에게 토지 소유권을 금지하고 있었기 때문에 에피쿠로스학파와 같은 정원을 가질 수는 없었다. 그러므로 이들은 도시의 스토아를 자기들의 학원으로 삼고 있었다. 자기의 나라(도시국가)를 잃고 정원도 가질 수 없었던 이들은 삶을 에피쿠로스들보다 가혹한 조건으로 생각하고 있었다.

이 학파의 대표자의 한 사람인 에픽테토스(Epiktetos, AD 50년경~138년경)는 소아시아에서 태어난 노예 신분이면서 무소니우스 루푸스Musonius Rufus에게 스토아 철학을 배웠다.

그의 주인도 옛날에는 노예의 몸이었다. 그의 주인은 자기의 과거가 가지고 있는 상처를 현재 자기가 가지고 있는 노예를 학대함으로써 치유하려는 잔인성을 지닌 인물이었다. 하지만 어떠한 고통에도 비정非情함과 태연함으로 지키려는 에픽테토스의 의지와 인내에 그의 주인은 오히려 지치고 말았다. 그래서 주인은 노예에게 족

쇄를 채웠다. 그 고통은 주인이 더 잘 알고 있었다. 그러나 그 노예는 마치 남의 일처럼 태연하게 '주인님은 내 다리를 꺾으려 하시는군요.'라고 예고했다. 주인은 그 예고를 듣고는 화가 나서 자기 노예의 다리를 정말 꺾어버렸다. 에픽테토스는 그 후의 생애를 외다리로 살았다.

자기가 악형을 받을 마음의 준비가 완벽하게 되어 있는가, 없는가에 따라서 그 사람의 자유관은 달라진다. 남의 일이라면 악형에 의하여 받은 자백은 자유로운 자백이 아니라고 우린 생각할 수 있다. 하지만 스스로 자청하여 악형을 받는 사람이 있다면, 그는 자기가 목숨을 걸고 참든지 굴복하든지 하는 두 마음이 없다는 것이다. 즉, 고문하는 자는 타인의 자유를 마음대로 하려고 한다. 그러나 죽음이라는 공포를 극복하면 노예일지라도 참자유인이라는 것이다.

참된 자유, 결코 침해받지 않고 흔들리지 않는 자유를 위해서 신이 주신 것을 신의 요구에 따라 신에게 바치라는 것이 스토아학파의 주장이다. 그래서 그들은 자신을 학대하여 심한 채찍질을 하며 모든 것이 자기 소유가 될 수 없음을 깨달아 포기하는 훈련에 힘쓰는 것이 진정한 자유를 쟁취하는 것이라고 생각했던 것이다.

궁극적으로, 자기의 것이란 자기 마음대로 좌우할 수 있어야 한다는 것이다. 우리가 마음대로 좌우할 수 있는 것은 우리의 생각, 충동, 욕망, 혐오 등의 모든 행위인 것이다. 노예조차도 자기가 마음대로 할 수 있는 자기의 것을 가지고 있다. 그것은 곧 자기의 의지인 것이다.

후에 그는 노예에서 해방되어 90년경 도미티아누스 제(帝)의 철학적 추방령으로 그리스 서해안 니코폴리스로 옮겨 그곳에 학교를 창설하였다. 그는 기술이나 지식을 모르는 것은 부끄러울 것이 없으나 철학과 교양을 모르는 것은 부끄러운 일이라고 했다. 또한 흔들림 없는 판단을 얻기 위해 논리적 훈련을 쌓고 올바른 심정을 얻어 욕망과 이성의 일치를 도모하며 자신 및 이웃을 위한 의무를 수행할 것을 가르쳤다.

그는 스토아인으로서 철학자라기보다는 철인哲人이었다. 그의 철학은 의지의 철학으로서 실천적인 면을 강조하고 있는데, 육체, 재산, 평판, 관직, 가족, 조국 등 우리의 힘으로는 어찌할 수 없는 우리 권외權外에 있는 변화 유동하는 것을 소유하려고 하면 사람은 희롱을 당하게 되고, 인간을 비난하게 되는 등 불행에 빠지므로 우리가 자유로이 할 수 있고 책임을 질 수 있는 의견, 의욕, 욕망, 기피 등 권내權內, 즉 우리의 것을 추구하도록 권고했다. 있는 그대로의 '자연'을 인식하고 우리의 의지를 그것에 일치시키기 위한 수련修練이 철학이며, 자연이란 신의 의지의 실현이며, 철학하는 것은 신의 종이 되는 것이라고 설파하였다. 그리하여 '나는 신과 함께 선택하고 신과 함께 원하며, 신과 함께 의지意志한다.'고 하는 유명한 사상을 남겼다.

그는 특히 초기 스토아의 강건함을 견지하면서 마르쿠스 아우렐리우스, 가톨릭의 교부敎父들, 파스칼 등과 같은 인물들뿐만 아니라 근세에 이르기까지 후세에 큰 영향을 주고 있다.

인간을 유혹하는 것은 사물이 아니라 사물에 관한 생각이다. 고로 죽음에 있어서도 죽음이 두렵다는 생각이 두려운 것이다. 그러므로 현인賢人이 되기 위해서는 자기 안에 있는 욕망이나 감정을 다스릴 줄 알아야만 한다.

극복

스토아학파의 현인 중에서는 죽음의 공포를 극복한 사례가 많이 전해지고 있다. 시조 제논은 스스로 자기 목을 조르고 죽었다고도 하고, 굶어 죽었다고도 한다. 클레안테스도 단식으로 죽었다고 한다. 또 스스로 호흡을 참고 죽었다는 지독한 사람도 있다. 하지만 대부분의 그들은 모두 장수했다. 제논은 일설에 의하면 98세에 죽고, 클레안테스도 81세였고, 크리시포스도 72세를 누렸다고 한다. 건전한 상식으로는 98세의 노인이 자기 목을 조르고 자살했다는 것은 목에 손을 대고 죽었다는 말일 것이고, 단식하고 죽었다는 것은 식욕 부진에 의한 쇠약으로 죽은 것이리라. 또 뇌졸중과 같은 돌연한 죽음을 숨을 쉬지 않고 참음으로써 죽은 것처럼 보인다. 그러나 이러한 수수께끼 같은 이야기에도 자기 의지의 지배를 자유라고 생각한 그들의 집념이 나타나 있다.

'자연의 운명'에 거역하지 말라.

자유라는 것이 마음대로 하라는 것이 아니다. 에픽테토스는 말하기를,

"자유는 대단히 아름답고 귀중한 것이다. 생각대로 하려는 것은 아름답지 않다. 대단히 흉하다. 자유란 사물이 자기 생각대로 생기는 것이 아니고 그것이 생기는 대로 생기기를 바라는 것이다."

라고 했다.

즉, 자연의 운명에 자기를 동화시키는 것이 자유이다. 또한 자연에 조화시켜 사는 것이 인간의 목적이다. 그들의 자연관은 헤라클레이토스에서 이어온 것이다. 만물은 불에서 생기고 곧 다시 타서 불로 돌아간다고 하는 세계가 불타는 영원 회귀 가운데 있는 것이다.

전체는 목적론적으로 우주적인 공간을 이루고, 개체는 시간적인 인과관계에 지배되고 있다. 자연 전체란 살아 있는 코스모스인 것이다. 여기에서 개인이란 세계 속의 시민으로서 '자연법'에 의하여 살아간다는 자연주의 사상이 생겼다.

서구의 근대를 특징짓는 사상의 원점은 대부분 에피쿠로스주의와 스토아주의에 있다. 초월하는 신을 경외하기보다는 내재하는 이법理 法으로서 신(자연)에 순응한다. 이처럼 에피쿠로스도 또한 자연과의 일치를 가르치고 있다. 즉, 자연을 정복할 것이 아니라 자연에 복종해야 한다는 것이다. 그 길은 인간적인 욕망을 버리고 자연적인 욕망도 필연적인 것만 채우고 해가 되는 것은 엄격하게 배척하는 데 있다는 것이다.

개인과 개체를 중심으로 한 에피쿠로스학파의 존재관은 근대적인 사회계약설의 원리를 이루고 있다.

"정의는 그 자체가 존재하는 것은 아니다. 그것은 오히려 언제 어디서나 인간의 상호적인 교접 가운데서 서로 해치거나 해를 받지 않는 것으로 맺어지는 일종의 계약이다." —에피쿠로스학파의 주요 교설 중에서

에피쿠로스학파는 인간을 이성理性이라는 고급한 것으로 규정하는 것이 아니라, 뱃속이라고 하는 저급한 것으로부터 규정하였고,

스토아학파는 인간을 자유라 하는 것으로부터 규정하였다. 그러므로 에피쿠로스학파의 정원에는 노예도 창녀도 귀족도 차별이 없었다. 그러나 스토아학파의 정원에는 노예도 있었고, 황제도 있었다.

3장

고래 싸움에 휘말린 중세철학

교회 존립에 대한 신학적 기틀을 마련한 아우구스티누스

진정한 자기는 자기 자신에 근거해서 존재하는 하는 것이 아니라, 신神이라는 타자他者의 의지에 근거하여 존재하고 있다. 또한 인간이란 타자神의 도움으로 자신의 존재근거를 알 수 있도록 명命하여져 있는 것이며, 이는 신의 뜻에 따라 살기 위한 인간의 본성이다.

600년경 시작된 중세는 그 후 1500년경까지 많은 일들이 일어났다. 이 시기에 고대 로마제국의 동부지역에서 비잔틴문명과 이슬람문명이 등장했고, 이것들은 역사상 가장 인상 깊은 문명들에 속하는 것이었다. 이 시기는 경제적, 정치적, 종교적인 세 가지 근본적인 점에서 근대와 구별된다.

'중세'라는 용어는 길고도 암울한 단절의 시대를 표현하기 위해 만든 말인데, 이 시기가 물질적 · 지적 성취의 수준이 지극히 낮았기 때문이다.

경제적인 측면에서 볼 때 중세는 주로 농업 위주인 데 반해, 근대는 기본적으로 상업적이고 공업적이다. 정치적인 측면에서 보자면 중세국가는 봉건적인 데 반해, 대부분의 근대국가는 관료적이다. 그리고 종교적인 측면에서 볼 때 중세의 기독교 신앙은 가톨릭교회의 권위 아래에 통합되어 있었음에 반해 근대에서의 기독교 신앙은 많은 교파로 나뉘어져 있다. 게다가 중세 말기에는 심각한 경제 불황과 무서운 질병 등 수많은 재앙이 인간들을 위협했다. 어떻게 그런

재난이 발생할 수 있었는가? 어떤 사람들은 이러한 재난을 기독교 신들에게 그 자리를 내준 고대 수호신들의 복수라고 말하기도 했다.

이 시대의 가장 통찰력 있는 사상가들 중 하나인 히포의 주교 아우구스티누스는 이런 비난으로부터 기독교 신앙을 옹호하기 시작했다. 이런 작업의 결과가 13년에 걸쳐 완성된 『신국(the City God)』이었다. 이 책은 중세시대의 중요한 작품으로 평가되며, 그 후 1000년 동안 기독교를 강력한 세력으로 형성하는 데 커다란 영향을 끼쳤던 요인 중 하나이다.

기독교 교회의 존립 체제를 확립한 아우구스티누스(Aurelius Augustinus, 354~430)는 역사란 '신과 인간이 함께 연루되어 있는 드라마'라고 주장했다. 신은 사람을 위해 세상을 창조했으나 최초의 인간인 아담은 신에 대해 죄를 지어 그와 이브는 신이 그들을 위해 창조한 낙원으로부터 추방되었다. 그러나 신은 노아와 그의 가족을 제외하고 세상에 있는 모든 사람들을 파멸시킨 대홍수 이후에 인간에게 두 번째 기회를 주었다. 그리고 나서 유대인과의 성스러운 계약을 맺음으로써 세 번째 기회를 주셨다. 그러나 유대인들은 그들이 신과 맺은 약정대로 살아가지 못하였고, 그리하여 신은 그들이 그들의 적에 의하여 약탈당하는 것을 허용하셨다고 아우구스티누스는 주장했다. 따라서 신의 은사 없이 중생重生할 수 없으며, 예정된 사람에게만 구원이 내린다고 한다.

또한 그는 진정한 자기는 자기 자신에 근거해서 존재하는 것이 아니라, 신神이라는 타자他者의 의지에 근거하여 존재하고 있다고 믿고 있었다. 그에 의하여 기독교적 서구 정신의 중심을 이루는 삼위일체론三位一體論, 교회 중심주의 등의 역사관이 확립되었던 것이다.

그의 말에 의하면 '인간이란 타자神의 도움으로 자신의 존재 근거를 알 수 있도록 명命하여져 있는 것이며, 이는 신의 뜻에 따라 살기 위한 인간의 본성'이라고 하였던 것이다.

물론 에피쿠로스학파나 스토아학파도 '신에 의해 창조된 것'라는 기독교적인 언급을 하였다. 즉, 피조물인 인간의 내면을 이루는 본성이란 신이 없이는 존재할 수 없다는 기독교적 존재론에 그들 두 학파들도 동조하고 있었던 것이다.

"나의 유년 시대는 오래전에 죽었는데도 불구하고 나는 살아 있다. 그 이전에 존재한 나는 어떤 사람이었던 것일까? 인간의 존재는 시간적이며, 항상 죽음과 무無의 그림자를 안고 있는 것이다. 주여, 이러한 생물이 당신 이외에 어디에서 그 존재의 근원을 찾을 수 있겠습니까" - 『고백록』 중에서

아우구스티누스는 자신의 존재 근원을 신 안에서 찾았던 것이다. 구약성서에서 말한 '나는 스스로 있는 자이니, 스스로 있는 자가 나를 너희에게 보내셨다(출애굽기 3장 14절).'라는 관점에서 말이다. 결코 '신이란 일찍이 존재했지만 지금은 없다거나 지금은 존재하지만 예전에는 없었다.'라는 것이 아니며, 또 '언젠가 존재하지 않게 될 것이니, 일찍이 존재하지도 않았다.'라는 역설적인 관점이 아닌, '신은 전체로서 편재하시는 것'이라는 믿음으로써 자신의 존재근거를 찾았던 것이다. 그의 신은 '나는 진리이다.'라는 진리의 신이기도 한 것이다.

"불변적인 진리란 모든 것을 포함하는 유일한 진리로 존재한다는 것을 너는 결코 부인할 수 없을 것이다. 그 진리는 결코 나의 것도,

너의 것도, 그 누구의 것도 아닌 것이다."- 『자유의지론』 중에서

"마음속에 있는 인간의 이상은 신의 진리에 의해서만 성립되므로 교사가 학생들에게 가르쳐 주는 것과 같은 것은 아니다. 인간에게 진리를 가르칠 수 있는 유일한 분은 오로지 내적인 교사, 즉, 예수 그리스도 이외에는 없다. 그리고 세례 등의 비적(秘蹟: 사크라멘톰) 또한 그것을 전수하는 세례자의 성성(聖性)과는 관계가 없다." -아우구스티누스의 『세례론』에서

백지 답안

학생: 부탁드립니다, 교수님. 철학사 학점 좀 주십시오. 취직도 결정되었는데, 졸업할 수 없다면 저희 집은 생계가 곤란합니다.

교수: 선생이 학생에게 무엇을 줄 수 있겠는가? 자네가 답안지에 바른 답을 썼다면 그것으로 되는 것이지. 모든 것은 자네가 결정하는 것이지 결코 누구에 의해 결정되는 것은 아니네. 아우구스티누스는 '우리는 결코 인간에게서 배우는 것은 아니다.'라고 말하고 있지 않은가. 자네의 내적인 혼으로 상정한 답을 제출하면 되는 것이네. 그런데 자네는 백지 답안을 냈어. 도대체 그것으로 몇 점을 받을 수 있다고 생각하는가?

학생: 90점은 받을 수 있다고 생각합니다.

교수: 어째서인가?

학생: 진리는 오직 신(神)에 의해서만 가르쳐지고, 허위는 인간의 판단에서 이루어지는 것입니다.

교수: 그래서?

학생: 교수님은 10명의 철학자의 이름을 들어 '그들의 학설을 서술하시오.'라고 출제하셨습니다. 진리는 하나이므로 10명의 철학자들 중 9명은 허위를 말하고 있는 것입니다. 하나뿐인 진리의 이데아는 상기할 수 있어도 그 이외의 상기는 이루어질 수 없다고 생각합니다. 진리는 하나뿐이고, 허위는 무無인 것입니다. 그러므로 9명에 관해서는 백지야말로 올바른 답안이라 생각합니다.

교수: 그러한 논법이라면 자네는 백점인 것이야. 철학이라는 것은 단지 '아보(그럴듯한 것 같으면서도 우매한 것, 헤겔의 말)의 화랑'일 뿐이야.

자기 자신의 허무함과 범한 잘못을 고백하는 것은 오히려 신에 대한 찬미라고 아우구스티누스는 말했다. 즉, 자기를 고백하는 것은 그 용기가 신으로부터의 은혜임을 확인하고 신을 찬양하는 것이라고 하였던 것이다.

그의 『고백록』 전13권은 육욕에 사로잡혔던 자기 자신의 과거를 고백하며 어머니 모니카의 신앙과 기독교에 눈을 뜨는 혼魂의 드라마이다.

북아프리카의 작은 도시 타가스테에서 태어난(354년 11월 13일)그는 10세 때 이미 카르타고에서 수사학修辞学을 교수했다.

"나는 카르타고에 갔다. 가는 곳마다 유혹의 손길이 이글거리고 있었다. 나는 아직 사랑을 해서는 안 되는 나이였지만, 사랑할 수 있는 사람만은 사랑하겠다고 마음속 깊이 다짐했으나 이내 그 결심은 유혹의 손길에 무너지고 말았다. 결국 한 여자를 사랑하였으며, 18세의 나이로 나는 한 아이의 아버지가 되었다. 그것은 정식결혼에 의한 사이가 아니라 무분별한 정욕에 사로잡혀 벌어진 상황이었다. 그 아이의 이름은 아데오다투스라고 불렀으며, 사내아이였다. 하지만 나는 그녀에게 침실의 신실信實을 보여 주고 싶었다. 무분별한 정욕으로 연결된 경우라도 또 아이가 아버지의 의지와는 무관하게 태어났다 하더라도 태어난 이상은 그 아이에 대한 의무를 다하지 않을 수 없는 것이다." – 『고백록』 중에서

한때 로마제국 말기의 퇴폐한 한 풍조 속에서 다감한 청년 시절을 보내게 되어 일시적이나마 타락한 생활 속에 빠졌으나 키케로의 『호르텐시우스』를 읽고 지적 탐구에 관심을 두어 마침내 강렬한 선악이원론仙樂二元論과, 체계화하기 시작한 우주론을 주장하는 마니교도와 수년 동안 친교를 맺기도 했다.

그 뒤 아리스토탈레스를 읽은 뒤 회의론자가 되어 마니교를 버리고 383년 로마에 가서 신플라톤주의에 몰두했다. 이듬해 밀란에 가서 성 암브로시우스Ambrosius의 확신에 찬 설교를 듣고 또 어머니의 권고로 관능적인 욕망과 이성적 정신의 갈등 중에서 구원에 도달하는 배舟로 믿어지는 기독교에 귀의하였다.

387년 세례를 받고 이듬해 고향인 아프리카의 타가스테에 돌아와서 그곳 수도원에 들어간 뒤 391년 항구도시인 히포 레기우스에서 신부 서품을 받았으며 395년에는 이 도시의 보좌 주교가 되었고 그 후에 주교가 되었다.

29세 때 그는 어머니의 권유로 그 여자와는 헤어지고 다시 로마로 가서 수사학 교사로서 입신하였다. 그때 그는 그녀에게 완전히 묶여 있던 자신의 마음이 찢기고 고통 받아 괴로워하였다. 그녀 또한 신에게 이제 다시는 남자를 사랑하지 않겠노라고 맹세하고는 아

들을 버려두고 아프리카로 돌아갔다. 그 후 아우구스티누스는 격심한 자기혐오를 품고 기독교에 접근하지만 '이젠 영영 그녀를 만날 수 없는 것인가?'라고 생각하니 결심이 흔들렸다.

32세가 되는 해 8월, 그가 신에게 호소하기를 '신이여! 왜 지금 저를 멸망의 구렁텅이로 몰아넣지 않는 것입니까? 저에게 바라는 것이 무엇입니까?'라고 외치며 그는 매일 괴로운 마음의 회한 속에서 울고 있었다. 그때 옆집에서 '잡아! 읽어! 읽어!'라는 어린아이의 목소리가 반복해서 들려왔다. 그 소리는 그의 마음에 충격을 주어 그에게 성경을 손에 잡고 눈에 띄는 첫 장을 읽게 했다.

'방탕과 술 취하지 말며, 음란과 호색하지 말며, 질투와 시기하지 말고 오직 주 예수 그리스도로 옷 입고 정욕을 위하여 육신의 일을 도모하지 마라(로마서 13장 13~14절).'

그는 다시 그 뒤 대목을 더 읽으려고 생각하지도 않았다. 읽을 필요도 없었기 때문이다.

타락에 대한 매력

아우구스티누스나 톨스토이의 『고백록』을 읽는다면 금욕적인 마음이 충만하기보다는 오히려 타락에 대한 경험을 동경하는 젊은이가 더 많다. 그러나 타락하려 해도 돈이 필요하다. 어느 아버지도 저 칼 마르크스의 아버지와 같이 자본을 투자하기를 망설일 것이다. 그것은 방탕에 돈을 허비한 자식이 반드시 장래에 마르크스의 『자본론(Das Kapital)』과 같은 걸작을 쓴다고는 단정할 수 없기 때문이다.

아데오다투스(아우구스티누스의 아들)의 어머니의 이름은 전해지지 않고 있다. 마음의 피를 흘리며 헤어진 여성에게 지켜진 침묵의 깊이는 측정할 수 없다. 그렇다고 아우구스티누스와 그 여성과의 사랑이 단순히 육욕을 채우기 위한 것이라고만 생각하기는 어렵다. 그러나 지상의 사랑을 버리고 신을 찬미하는 『고백록』의 골격에서 아우구스티누스 자신은 사랑의 진실을 말하지는 않았다. 아우구스티누스의 『고백록』이 수사修辭의 정형定型을 밟고 있는 것은 회심의 '잡아! 읽어! 읽어!'의 에피소드에 선례가 있었던 것에서도 명확하다. 그리고 그의 이러한 형은 때론 과장으로 흐르기 쉽다. 이른바 그가 『고백록』에서 유아기의 탐욕을 '죄'라고 단정했던 것처럼 이는 보카치오의 걸작 『데카메론』에서의 서두 삽화처럼 자신의 고백에 대해 통렬히 냉소적인 것이다.

모든 악덕을 쌓아오던 차펠레토 씨는 객지에서의 임종에 즈음하여 모든 것을 고백하고 사후에 성자가 된다. 그의 고백이 감동적이었던 것은 너무나도 사소한 죄에 눈물을 흘리며 괴로워하고 몸부림치는 과장의 정형 때문이다.

아우구스티누스 역시 자식을 낳기 위한 정식 결혼에 의한 윤리적인 결혼생활을 부인하지는 않았다. 그러나 그의 마음은 타락한 동거생활에서 수도사의 금욕생활로 비약하였다.

일찍이 기독교도가 된 어머니 모니카에 의해 '눈물의 아들'이라고 일컬어지던 아우구스티누스가 신앙에로의 전회는 어머니가 금지한 향락적 동거와 권장한 윤리적 결혼을 뛰어넘어 종교적 금욕에로까지 이르렀던 것이다.

'이제 모든 남자를 사랑하지 않겠다.' 하고 신에게 맹세하고 헤어졌던 아데오다투스의 어머니에 대한 성실이 작용하지 않았다고는 할 수 없다. 그러나 신에게로의 비약으로 그를 유도했던 것은 신 자신이 아니라는 점에 이 비약의 전회에 의미를 붙일 수 있다.

완전자동과 반자동

'인간이 그 내면에 믿음을 품을 수 없다면, 인간은 신과의 접점 근거를 잃고 만다.'라고 아우구스티누스는 그의 저서 『신국』에서 주장하였다. 그러나 맹신적 믿음을 부인하는 회의주의자나 아카데미학파는 신과의 접점에 인간의 믿음만을 내세우는 것에 부정적이었던 것이다.

"나는 존재하고, 존재한 것을 알며, 또한 나의 존재 그 자체를 사랑하는 것은 나에게 있어 매우 확실하며, 그 어떤 논리나 반증에 의해서도 부정될 수는 없다. 이러한 완전한 진리를 아카데미학파 사람들은 '만일 네가 속고 있다면 어떠하겠는가?'라고 반문하지만, 나는 그와 같은 반문을 두려워하지 않는다. 왜냐하면 만일 내가 속고 있다고 한다면 그것도 내가 존재하고 있기 때문인 것이다." - 『신국』 중에서

이것은 데카르트의 회의론과 거의 비슷한 점이 있다. 보통 회의론을 논박하는 정석은 '어떤 것을 허위라고 말하는 근거만은 진리이어야 한다. 그러므로 모든 지식이 허위라고 주장할 수는 없다.'라는 것이다. 그러나 이 논법도 '아무것도 진리라고 주장할 수 없다.'

라는 입장에서는 통용되지 않는다. 이에 대하여 아우구스티누스는 말한다.

"실제 존재하지 않는 것을 존재한다고 속일 수는 없다. 만일 내가 속고 있다면 그것은 내가 존재하지 않고 있다는 증거이다. 그런데 나는 존재하고 있는 것이다. 그러므로 어째서 나는 자신이 존재하고 있는 것을 속고 있다고 생각하겠는가."

이 같은 논지가 여러 가지로 바꾸어 말해지고 있다. 즉, '누구일까 하고 의심스러운 것이 있어도 의심 그 자체에 관해서는 의심할 수 없다.'와 '만일 내가 틀렸다면 틀린 그 자체로 나는 존재한다.'라는 등의 것이다.

이러한 존재론에 대한 논박으로 파스칼의 정의, 즉 '생각이 나는 대로 불쑥불쑥 논박하는 것과는 다르다.'라는 말은 유명하다. 그렇다고 아우구스티누스가 생각이 나서 불쑥 말했다고는 할 수 없다. '자신이 알고 생각하고 간파하고 판단하는 것을 누가 의심할 것인가?'라는 그의 논박의 취지는 근본적으로 데카르트와 같다. 즉, '회의懷疑하는 존재는 마땅히 회의하는 자신에 의해 확실하다.'는 것과 일맥상통한 것이다. 그리하여 아우구스티누스는 자아의 내관內觀이라는 것을 확립했다. 그러므로 그의 모든 논리는 이 내관에 기인하고 있는 것이다.

예를 들자면, 시간에 관한 그의 논리에서 '시간이란 엄밀히 과거, 현재, 미래라고 하는 세 가지 형태로 분류한다고 하는 것은 정확하다고는 할 수 없다. 오히려 과거에 대한 현재, 현재에 대한 현재, 미래에 대한 현재라는 세 가지의 시간 형태로 분류하는 것이 더 정확하다고 할 수 있는 것이다. 그리고 시간이란 이 이외의 어디에도 나타나지 않는 것이다.'라고 서술하고 있다.

혼만이 혼을 볼 수 있다고 한 아우구스티누스는 그 내적인 근거를 더욱 연구해 갔다.

"나는 신과 혼의 존재를 알고 싶다. 그 존재가 나에게 있어서 확실하더라도 결코 충족은 되지 않는다. 왜냐하면 나에게 있어서 자아는 존재하지만 존재하는 자아는 신의 조명에 의해 존재하기 때문이다."

데카르트의 코기토는 신의 성실성을 요청하는 것이라 할 수도 있고, 또한 자기 충족적인 확실성이라고 간주할 수도 있다. 그리고 그것은 외적인 세계의 법칙을 잡는 출발점이었다. 그러나 아우구스티누스로서의 자아의 존재란 신의 조명에 의해서만 존재하는 타의적인 것이었다. 자아의 자립이냐, 아니면 신에 대한 의존이냐 하는 점이 바로 근대사상의 특징인데, 그 근원은 바로 아우구스티누스에서 출발한 것이다.

꿈속의 꿈

아우구스티누스의 만년은 이교도와 이단파와의 논쟁으로 장식되었다.

당시는 밀라노칙령(313년)에 의해 기독교가 공인된 지 백년 가까이 되어가고 있었다. 그러나 박해시대에 교회를 떠난 사람과 순교파들과의 논쟁은 기독교계에 깊은 대립의 자취를 남기고 있었다. 그중에서도 교회를 떠난 급진파의 한 사람인 르나테스트는 교회를 거부하고 오히려 교회를 매소부賣笑婦라고 비난하며, '교회는 궁정과 모종의 관계가 있다. 그렇지 않으면 줄 것을 갖지도 않은 자가 어떻게 줄 수가 있는가?'라고 비난하였다.

아우구스티누스의 이러한 이단파와의 논쟁은 스토아학파가 주장한 것과 같은 자력주의自力主義에 근거하였다. 즉, 세례나 신품에 있어서 비적秘蹟의 효과는 그것을 내리는 사람에게 성성聖性이 있기 때문에 효력을 갖는 것은 아니다. 신은 비록 은혜에 의한 비적에 있어서 악인을 개입시켜서까지 주기도 하지만, 은혜 그것은 신 자체가 아니라 악인일지라도 성직자를 통해서만 줄 수밖에 없기 때문이다. 그러므로 교회에 귀일歸一하여 성직자에게 비적을 받아야만 은혜를 받을 수 있다고 하였다.

이러한 아우구스티누스의 비적론은 교회에 대한 내면적인 성실성을 요구하는 신학적인 해결을 주었다. 그러나 이것은 위험한 일점一點을 막아낸 응급조치일 뿐이었다. 그의 비적론에 입각하여 교회에 대한 성실성만을 요구하면 신앙의 열매라는 교회의 객관주의는 무너져 버리고 만다.

아우구스티누스가 거부한 이교도의 종교 형태가 단순히 자력에 의해서만 성립되었는지 어떤지는 의심의 여지가 있다. 이교도에게는 그들 나름의 성직자가 심신의 수련에 의해 신과 접하는 신비한 체험을 갖는다고 하는 종교의 또 하나의 원형이 포함되어 있는 것이다. 이는 이슬람교의 일부와 동방 기독교 그리고 소승불교에서 볼 수 있는 형태인 것이다.

금욕은 성직자의 수련의 첫걸음이다. 아우구스티누스는 성직자에게 이러한 수련을 삭제해 버리면 만인의 내면성에까지 호소하는 성직자의 성성聖性은 어디에서 찾을 수 있겠는가 하고 논박하며, 교회의 성직자는 비적에 의한 신비의 체험을 갖지 못하였다고 할지라도 성직자에게는 금욕이 부과되어 만인으로 하여금 성성의 품위를 갖도록 하였던 것이다.

신의 존재 증명을 위해 태어난 안셀무스

모든 존재는 반드시 존재하는 목적을 가지며 그 목적은 반드시
그 존재 밖에서 오는 것이다. 다시 말해 모든 존재는 정교한 구조를
가지는데, 그 정교한 구조는 밖으로부터 부여된 것이다.

아우구스티누스는 지식의 근원이 되는 진리를 신에게서 찾았다.

"지식은 신앙의 소산이다. 그것을 믿기 때문에 알려고 원하지도
않았고 또 그것을 알기 때문에 믿는다. 신앙을 원점으로 하는 것은
지식에 의하여 이해되는 것도 모순되는 것도 아니다. 그러므로 우
리는 지식에 의해 신앙을 믿을 수는 없다."

11세기가 되어 캔터베리의 대주교로 선임되었던 안셀무스
(Anselmus, 1033~1109)는 아우구스티누스의 이러한 입장을 지지하였
다.

"믿기 때문에 이해하는 것이다. 믿고 있지 않다면 이해할 수 없다
는 것을 나는 확신하고 있다."

이 입장은 그의 『플로스로이온』의 서문에 나오는 '신앙은 지식의
이해를 요구한다.'라는 말로 요약되었다. 여기에서 그는 신의 존재
론적 증명이라 불리는 논술을 구축했다. 논술은 시편 14장 1절의
한 구(句)인 '어리석은 자는 마음속에 신이 없다.'고 말하는 데서 시작
된다.

그러나 아무리 어리석은 자라 할지라도 신이란 그 이상의 개념을

생각할 수 없는 존재인 것만은 이해한다. 그러므로 그 이상의 것을 생각할 수 없는 존재는 모든 공간 안에 존재하며, 그 존재는 공간 안에만 있는 것이 아니라 모든 물자체物自體 안에도 내재하는 것이다.

하나님은 완전한 분이시다. (대전제)
완전하다는 것은 존재성을 의미한다. (소전제)
그러므로 하나님은 존재한다. (결론)

여기서 대전제를 인정하는 이상은 안셀무스식 신의 존재 증명을 깨뜨릴 방법이 없는 것이다. 그것은 버트란트 러셀의 논리학 체계에 와서까지도 어쩌지 못하는 부분이었다. 즉, '모든 존재는 반드시 존재하는 목적을 가지며 그 목적은 반드시 그 존재 밖에서 오는 것이다. 다시 말해 모든 존재는 정교한 구조를 가지는데, 그 정교한 구조는 밖으로부터 부여된 것이다.'라는 것이었다.

"아아, 나의 다정한 주여. 주의 은혜 감사합니다. 전에는 주를 믿고 싶지 않았지만 이처럼 잘 이해한 이상에는 믿지 않을 도리가 없습니다."

안셀무스는 캔터베리의 대주교이자 성인으로, '스콜라 철학의 아버지'라고 불린다. 북이탈리아의 아오스타에서 태어난 안셀무스는 젊은 시절에 이미 이탈리아를 떠나 당시의 유명한 학자였던 랜프랭크를 흠모하여 프랑스의 노르망디의 베크에 있는 베네딕트수도원에 들어갔다. 그 후 30년간 이 수도원에서 기도와 사색에 몰두하면서 저서 『진리론』, 『삼위일체론의 신앙』, 『신은 왜 인간으로 태어났는가』 등을 저술하였다. 1093년에 캔터베리 대주교로 선임되었으나, 훗날 영국의 윌리엄 2세와 헨리 1세가 신부의 서품 문제로 교회의 자유를 제한하려 했을 때 이것에 반대하여 두 차례나 국외로 추방되었다.

그는 '알기 위해서 믿어라!'라고 주장하고 이러한 생각이 그의 근본 신조였으며, 이것을 관철하는 것이 교황 그레고리우스 7세에 대한 그의 충성심이기도 했다. 또한 그는 이러한 마음으로 그리스도교의 신비를 깊이 이해할 수 있는 신앙임을 주장하였다. 이 사상은 훗날 아우구스티누스에 의해 '태어나면서부터 타락되어 있는 무력한 인간은 신의 은총 없이는 영원히 구제될 수 없다.'고 설파한 기본 신념이 되기도 했다.

성격이 온화하고 겸손하였으나 교회 대 국가 관계에서는 영국과 강경히 싸워 교회의 독립권을 얻었다.

신의 존재론적 증명에 대한 비판과 지지

역사상으로 데카르트, 라이프니츠, 헤겔 등이 안셀무스의 신의 존재론적 증명을 지지했고, 토마스 아퀴나스, 존 로크, 임마누엘 칸트 등이 비판하고 있다.

안셀무스와 같은 시대의 수도사 가우닐로는 『어리석은 자의 옹호』에서 이렇게 논박하고 있다.

"거대한 빙산을 생각하더라도 눈에 보이는 부분만으로 빙산의 전부라고는 할 수 없을 것이다. 그러나 안셀무스의 신에 대한 존재론

적 증명에서는 단지 '둥글다.' '푸르다.' 등과 같은 술어를 '존재한
다.'라는 술어와 동일시하고 있는 것이다. 물론 '둥근 달인 이상 둥
글다.'라고 할 수는 있어도 '존재하는 신인 이상 존재한다.'라고 규
정지을 수는 없는 것이다. 즉, 단순히 삼단논법식 규정으로 신의 존
재 여부를 도출할 수는 없다는 것이다."

이에 안셀무스는 가우닐로에게 신의 독자성을 무시한 주장이라고
비판하고 나서며 '신앙, 즉 믿음이 전제되지 않은 지적 이해는 성립
되지 않는 것이다. 모든 인간의 지식은 믿음이란 확고한 의지의 터
전 위에서만 가능한 것이다.'라고 주장하였다. 이는 헤겔이 칸트를
비판할 때 언급했던 방법과도 흡사하다.

헤겔은 신과 선험적 대상인 물자체를 칸트가 동일시하고 있다고
비판하면서 어떻게 신과 물자체에 붙여진 '존재한다.'라는 술어가
동의적同義的일까 하는 의문이 생기지 않을 수 없다고 하였던 것이
다.

실념론實念論과 유명론唯名論의 논쟁에 끼어든 아벨라르

한 개의 개체를 몇 가지의 다른 상태로 구분하기 위해서는 동일의 개체에 특수성과 공통성이 동시에 내재해야만 하는데, 여기서 특수성은 개체의 본질적인 것이고 공통성은 개체의 형상적인 것이다. 결국 보편은 개체의 본질 속에만 있는 것이 아니라 형상 속에도 있는 것이다.

가톨릭교회를 우리는 흔히 성당이라고 말한다. 그것은 가톨릭교회가 신자들을 신 앞에 이끌어 모아놓고 파스카(미사)라고 하는 우리나라의 제사형식과 같은 의식에서 연유된 말이다. 그리고 그 의식은 모든 사물 자체에는 참실재인 이데아가 존재한다고 하는 플라톤의 이데아론과 흡사한 면이 있다.

가톨릭교회의 신은 아버지와 아들과 신령이라는 삼위일체론이지만, 만약 이 삼위에 공통의 보편이 실재하지 않는다면 이 삼위란 3개의 신으로 각각 존재하게 된다. 아담의 죄는 십자가의 예수에 의하여 구제되었으나, 그것이 인류라는 보편이 아니라면 원조의 구원을 제각각의 의미로 와전되어 버렸을 것이다.

그러나 과연 예각도 둔각도 그리고 직각도 아닌 보편 삼각형이 실재할까? 소크라테스에게도 플라톤에게도 없는 보편 인간이 실재할 것인가? 그러면 보편이란 과연 어떠한 자격을 갖고 있는 것인가?

오늘날에도 여전히 그 답을 구하고 있는 이들 물음은 아리스토텔레스의 논리학의 어떤 주역서(보에티우스에 의한 주역서)에 의해 전해졌다.

거기서 보편이란 실재하는 실체인지 아니면 사고상思考上의 관념인지, 또 실재한다고 한다면 물체적인 것인지 비물체적인 것인지 사고상의 관념이라면 감각적인 것과 떨어져서 존재하는 것인지 그 속에 존재하는 것인지를 규명하려 하였다. 물론 거기에는 실념론적 입장과 유명론적 입장의 주장이 제각기 대립하고 있다. 여기서 실념론을 리얼리즘, 유명론을 노미널리즘이라고 한다.

최초의 스콜라 철학자라고 일컬어지는 로스켈리누스(Roscellinus, 1050년경~1126년경)는 최초의 유명론자로 간주된다. 1050년경 파리 근교에서 태어나 1092년에 수아송의 종교회의에서 이단이라고 비난받자 처형당하는 것이 두려워서 자신의 주장을 철회했다고 전해지는데, 그의 에피소드가 정통적인 교회에 파괴적인 힘을 시사하고 있다.

그가 철회한 주장의 일부를 안셀무스는 이렇게 전하고 있다.

"신이란 단지 소리로서만 알 수 있는 바람과도 같은 것이므로 인간의 지혜를 갖고 이해한다는 것은 불가능한 것이다."

보편에 대해서는 유명론이 실념론보다도 개체를 더 중시하였으므로 논리보다도 경험에 의한 근대의 합리주의를 탄생시키는 데 원동력이 되었던 것이다.

최초의 유명론자인 로스켈리누스의 제자 중에 한 사람인 피에르 아벨라르(Pierre Abelard, 1079~1142)는 삼위일체론을 유명론적 입장에서 변증법적으로 논증했다. 그의 변증법은 대립하는 실념론의 의견을 들어 '그러함과 아님'이란 형식논리적인 방법이었다.

아벨라르는 12세기의 저명한 프랑스 스콜라 철학자이자 신학자로, 여제자 엘로이즈와의 연애사건으로 유럽을 떠들썩하게 한 인물이기도 했다. 낭트 부근 르팔레에서 태어나 22세 때 파리로 나가 A. 기욤으로부터 당시 변증법이라고 일컬어지던 논리학과 수사학을 공부했다. 한 공개토론에서 스승 기욤을 압도한 것으로도 유명한 그는, 파리 성당 학교의 교수로 있으면서 문필과 강연에도 크게 활약하였다.

엘로이즈와의 연애는 두 사람이 성직자였기 때문에 특히 여론을 자극하였는데, 내면의 세계를 그린 『나의 불행한 이야기』는 온 유럽 독서계를 풍미했고, 교황청 안에서도 몰래 읽혀졌다고 한다.

그의 철학은 실념론實念論과 유명론唯名論의 중간 설인 개념론槪念論에 서서 보편은 정신이 개체에 관하여 자기 안에서 만들어 내는 관념상觀念像이라 생각하였다. 그리고 변증술을 신학에 적용하여 '삼위일체설'을 제창하였다.

1140년 아벨라르가 상스 공의회에서 다시 논란되고 이단으로 단죄되어 2년 뒤에 사망하자 그 뒤 엘로이즈는 22년 동안이나 그의 무덤을 지키다가 63세의 천수를 누리고 사망했다. 두 사람의 편지는 13세기부터 이미 유명해졌으며, 인간적인 애정이 넘쳐흐르는 내용은 오늘날에도 사람들의 심금을 울려 주고 있다.

보편은 형상 속에도 있다.

아벨라르는 믿음과 앎으로 삼위일체론에 대한 유명론적 입장을 피력하였다.

"나는 종교회의에서 배척당한 철학자가 되고 싶지는 않다. 또 그리스도에 멀리 떨어진 아리스토텔레스가 되고 싶지도 않다."

그러나 그의 처녀작인 『삼위일체론』은 종교회의에서 소각하라는 명령을 받았고, 만년에는 이단이라는 낙인이 찍혔다.

브르타뉴의 낭트 근처에 있는 소영주의 장남으로 태어난 아벨라르는 기사가 되기 위한 교육을 받았으나 오히려 학자의 길에 뜻을 두어 상속권마저 포기하면서 아버지의 뜻을 저버리고 학문의 여신 미네르바의 뜻에 따랐다. 검劍의 힘보다도 펜의 힘 쪽이 승리할 가능성이 많다고 판단했는지도 모른다. 그 후 유명론자들의 기사가 되어 그는 보편에 대한 논쟁을 되풀이하며 각지를 편력하면서 오히려 더 많은 적들을 만들어만 갔다.

수아송의 어떤 논자의 주장은 이러하다.

"소크라테스라는 이름에서 우리가 얼른 추측해 낼 수 있는 형상적 모습은 소크라테스라는 존재의 외부의 그 어느 곳에서도 비롯되는 것이 아니다. 단지 소크라테스라는 실체를 유지하고 있는 그 인간의 본질에 있다는 것이다. 그런 까닭에 유명론자들에게는 소크라테스 내부에만 있는 인간의 본질이 보이지 않는 것이다."

여기에 대한 아벨라르의 주장은,

"실념론이나 유명론이나 모두 동일의 본질 위에 놓여 있는 것이다. 그러나 형상적으로 각각이 다른 국면에 놓여 있다. 즉, 한 개의 개체를 몇 가지의 다른 상태로 구분하기 위해서는 동일의 개체에 특수성과 공통성이 동시에 내재하여야만 하는데, 여기서 특수성은 개체의 본질적인 것이고 공통성은 개체의 형상적인 것이다. 동일한 개체를 두 가지로 말할 수 있는 것은 개체 그 자체에 보편을 포함하고 있기 때문인 것이다."

결국 보편은 개체의 본질 속에만 있는 것이 아니라 형상 속에도 있는 것이라는 것이다.

아벨라르는 보편을 '억견(臆見)', '혼란했던 표상(表象)'이라고 통칭하면서도 계속되는 논쟁에 이겨서 40세의 나이에 늘 승리하는 기사처럼 자신감에 들떠 '나는 어떠한 논쟁의 적을 만나도 두렵지 않다. 이제 이 세상에는 나의 논리에 대적할 만한 철학자는 존재하지 않는다.'라고 자부하고 있었다.

한번은 파리의 노트르담 참사회원인 풀베르가 이 고명한 철학자에게 재색을 겸비한 17세의 조카 엘로이즈의 교육을 맡겼다. 물론 그것은 그녀에게 철학교육을 가르친다는 것이었는데, 오히려 사랑을 가르치는 실마리가 되고 말았다. 책은 펼쳐 놓았으나 수업에 관한 것보다는 사랑에 관한 이야기를 더 많이 했고, 격언을 가르치는 것보다는 행동하는 쪽이 더 많았다.

아벨라르의 손은 점점 책보다는 그녀의 가슴 쪽으로 가는 것이었다. 드디어 두 사람은 아벨라르의 고향으로 사랑의 도피를 감행하였다. 그러던 어느 날 밤, 숙부 풀베르에게 매수된 괴한들이 아벨라르를 습격하였다. 그리고 그는 사마천이 받았던 것과 같은 궁형(남자의 성기를 자르는 형벌)을 당하였는데, 그것도 자신의 손으로 자르고 말았다고 한다. 이에 대해 프랑수와 비용은 이렇게 노래했다.

지금 어느 곳에 있을까, 아름다운 엘로이즈
그녀 때문에 거세된 아벨라르는
지금 성聖 도니의 승방僧房에 깊이 숨어 있다네.
이 모두 사랑의 인과응보
하지만 작년에 내렸던 눈은 올해도 내릴 텐데

뿌리도 줄기도 없는 아벨라르에 관한 소문에 의하면 이 이야기는 이러하다.

어느 날 밤 아주 힘이 센 남자들 두 명이 아벨라르의 방에 침입하였다. 그중 키가 큰 한 남자가 아벨라르의 머리에 일격을 가해 정신을 잃게 하고는 그의 몸을 검은 천으로 된 부대자루에 담아 조용히 어둠 속 어딘가로 옮겨갔다.

아침이 되어 의식이 돌아온 아벨라르는 자신이 헛간과 같은 곳에 처박혀 있고 주위에는 건초더미가 쌓여 있는 것을 발견하였다. 주위를 자세히 살펴보니 바로 옆에서 한 남자가 칼을 날카롭게 갈고 있었다. 그때 그 남자가 뒤를 돌아다보았다. 그는 풀베르였다. 갈고 있는 날카로운 칼이 그의 손에서 번쩍 빛나고 있었다.

"당신은 신에게 봉사하는 나를 죽이려 하는 게요?"

아벨라르는 그렇게 소리치며 몸을 일으켰으나 이내 다시 쓰러지고 말았다. 그의 성기가 교묘하게 만들어진 족쇄로 채워져 헛간의 기둥에 연결되어 있었기 때문이었다. 기분 나쁘게 히죽거리고 있던 풀베르가 말했다.

"네놈의 성기를 내 손으로 자를 수는 없어. 그러나 너는 선택을 해야만 할 것이다."

풀베르는 칼을 아벨라르의 손이 미치는 곳에 가만히 놓고는 밖으로 나갔다. 멀어져 가는 말발굽 소리와 함께 뭔가 타는 냄새가 풍겨 왔다. 연기가 가득 차며 건초더미가 타닥타닥 소리를 내며 타들어 가는 소리가 바로 옆에서 들려왔다. 상황은 급박하였다. 선택의 여지가 있을 수 있었을까.

천사와 같은 대학자 토마스 아퀴나스

어떤 진리들은 계시를 통해서만 알려질 수 있지만, 세상에 존재하는 사물들의 구조에 대한 지식과 같은 보편적 진리들은 감각경험을 통해서만 알려질 수 있다. 그리고 여전히 신에 대한 인간의 인식과 같은 진리들은 계시와 감각경험 양자를 필요로 한다.

950년에서 1300년에 걸쳐서 서유럽의 기후는 비교적 온화했다. 농기구나 마구馬具 등의 개량도 있어 농업의 생산성은 높았다. 흑사병이라고 하는 병도 1340년까지는 그 모습을 드러내지 않아 인구는 착실히 증가했다. 순례라는 명목의 여행가가 각지의 영험한 곳에 줄을 이었다. 가장 인기가 있었던 곳은 예루살렘이었으나 회교도에게 그 성지를 빼앗겨 버렸기 때문에 십자군전쟁은 1096년에서 1270년까지 계속되었다.

또 스페인이 회교국들과 국경을 형성하고 있었다. 당시 이슬람의 문화는 로마의 폐허에 게르만족이 만든 그리스도교 문화와는 비교도 되지 않을 정도로 높은 위치에 있었다.

과학사가科學史家인 사흥은 당시 회교도인 중에 뛰어난 우생학자가 있었다면 그는 그리스도 교인들을 모두 거세하여야 한다고 소리쳤을 것이다. 하지만 천문학, 의학, 철학 등 고대 그리스의 지적 재산을 회교도들은 풍부하게 누리고 있었기 때문에 그리스도 교인들을 별반 대수롭지 않게 생각하였다.

논리학의 일부밖에 전해지지 않았던 아리스토텔레스의 자연학과 형이상학이 이슬람교계에서 그리스도교계로 들어왔다. 이븐시나 (980~1037 라틴어명-Avicenna)는 아리스토텔레스를 배운 철학자이며 의사이고, 천문학자이자 시인이면서 영감이 풍부한 종교가였다. 그의 『의학범전』은 중세 의학의 성서가 되었다.

또 아베로에스라고 불리는 이븐루시드(1126~1198)는 아리스토텔레스의 『자연학』은 세계의 영원성을 기초로 하고 있다며 이렇게 적고 있다.

"생성 소멸은 질료를 전제로 한다. 세계는 모든 생성 소멸을 포함하면서 그것 자체는 불멸한다. 그리스도교의 설법에서처럼 신이란 따로 없으므로 세계를 창조했다는 것은 있을 수 없다."

아라비아인의 경우에 의하면 인간에게는 수동지성과 능동지성이 있다고 한다. 수동지성은 육체와 결합해서 개별적이고 육체의 죽음과 함께 멸한다. 그러나 능동지성은 불사이고 인류에게 공통의 염원이다. 하지만 그것은 신의 지성에서 나오는 것이기 때문에 인간에게 적재되어 있을 리는 없다. 그러므로 불사의 혼이 세상 종말에 부활해서 신의 심판을 내린다고 하는 그리스도교적 생각은 성립의 여지가 없다고 하였던 것이다. 그러하여 교회 당국은 수차례 아리스토텔레스의 저작, 특히 『자연학』의 강독을 금지했다.(1210년, 1215년, 1231년, 1245년, 1263년)

하지만 거기에는 두 가지 입장이 있다. 하나는 아리스토텔레스의 저작 속에서 형편이 나쁜 부분에다 먹물을 칠해 버리고 아우구스티누스적 정통성에 맞는 것만을 채택하는 보수적 절충의 입장에 선 인물들로, 프란시스코 교단의 보나벤투라가 있었고, 또 다른 하나는 라틴 아베로이스트라고 불리는 사람들로서, 철학은 아리스토텔레스를 전면적으로 따르지만 신앙은 철학과는 다른 것이라는 이중진리설을 채택하는 것이었다.

"자연적인 것에 관해서 자연적인 방법으로 논할 때 신의 놀랄 만한 기적이라고 하는 것도 우리에게는 관심을 끌지 못하는 것이다."

토마스 아퀴나스의 신에 대한 속담

토마스 아퀴나스는 중세 유럽의 스콜라 철학을 대표하는 이탈리아의 신학자로, 로마와 나폴리 중간에 있는 로카세카 성주의 아들로 태어났다. 처음에는 나폴리대학에 입학했으나 1243년경 설교 및 학문 연구를 사명으로 하는 도미니코회會 안에 들어가 파리와 쾰른에서 A. 마그누스에게 사사하였으며, 그동안에 사제가 되었다.

1252년 파리대학 신학부의 조수가 되어 연구를 심화시키는 한편, 성서 및 『명제집命題集』의 주해에 종사하였고, 1257년 신학교수가 되었다. 1259년 이후 약 10년간 이탈리아 각지에서 교수 및 저작에 종사, 1268~72년 재차 파리대학에서 교편을 잡은 후 나폴리로 옮겼다. 1274년 리용 공의회公議會에 가던 도중 포사노바의 시토회 수도원에서 병사했다.

그는 방대한 저작을 남겼는데, 그 종류는 그가 대학교수 및 수도회원으로서 행한 각종 활동을 반영하는 것이다. 『신학대전』, 『대이교도대전』 등의 교과서적, 체계적 저작을 꼽을 수 있다. 그의 철학은 아리스토텔레스철학을 떠나서는 논할 수 없다. 그는 생애를 통하여 아리스토텔레스 연구에 몰두하였다. 그러나 그의 철학은 아리스토텔레스철학의 반복도, 그리스도 교화도 아니며, 오히려 아우구스티누스와 안셀무스를 거쳐서 형성된 그리스도교 철학을 독창적으로 발전시킨 것이다.

지식과 믿음의 조화를 이룩하는 데는 아리스토텔레스의 『자연학』에 기초하여 해석함으로써 그 한계를 꿰뚫을 수 있을 것이며, 아우구스티누스적인 비판으로 정리함으로써 신앙과 교회중심주의의 근거를 찾을 수 있는 것이다. 그는 철저한 경험적 방법과 신학적 사변思辨을 양립시켰는데, 이와 같이 독자적인 종합을 가능하게 한 것은 창조의 가르침에 뿌리박은 존재의 형이상학이었다.

토마스 아퀴나스(Thomas Aquinas, 1225년경~1274)는 훌륭히 역사적인 과제를 이루었다. 아우구스티누스가 중세의 혹은 암흑시대의 막을 올렸다고 한다면 아퀴나스는 이 중세의 1000년 동안 가장 위대한 지성인으로서 그 시대의 절정을 이룬다고 할 것이다. 아퀴나스는 계시의 진리와 이성의 진리를 화해시키려고 노력했다. 아퀴나스의 시대에 이르기까지 800년 이상 동안 서구의 사고를 지배했던 성 아우구스티누스의 가르침은 진리에 대한 탐구에 대하여 인간은 감각적인 경험보다는 내적인 사유에 의존해야만 한다고 주장했다.

그러나 아퀴나스가 살았던 시기에 이르러 다시 한 번 아랍을 거쳐 서구세계로 유입되었던 아리스토텔레스의 저작은 경험의 중요성과 가치, 그리고 진리의 탐구 과정에서 경험적 지식의 가치를 강조했다. 아퀴나스는 아리스토텔레스의 학문과 기독교 계시를 종합하고 조화시키려고 하였다. 믿음의 진리와 감각경험의 진리는 양립가능할 뿐만 아니라 상호 보충적이기도 하다고 그는 주장한다. 즉,

성육신의 신비와 같은 어떤 진리들은 계시를 통해서만 알려질 수 있지만, 세상에 존재하는 사물들의 구조에 대한 지식과 같은 다른 진리들은 감각경험을 통해서만 알려질 수 있다. 그리고 여전히 신에 대한 인간의 인식과 같은 진리들은 계시와 감각경험 양자를 필요로 한다고 주장했다.

아퀴나스의 주요작품은 다섯 가지의 신 존재 증명으로 유명한 그의 『신학대전(Summa Theologica)』이다. 이 책에서 이루어진 철학과 신학의 종합은 곧 로마 가톨릭교회의 공인철학이 되었다. 그는 1328년에 성인의 반열에 올랐으며 1567년에는 교회박사라고 선언되었다. 교황 레오 13세는 토미즘Thomism이라 불리는 그의 가르침을 모든 로마 가톨릭교회 학교에서 교육의 기초로 삼게 하였다. 그리고 비오 12세는 교황의 회칙에서 토미즘으로부터의 어떤 이탈도 죄로 인정될 것이라고 선언했다.

그의 사상이 아우구스티누스와 대조적인 점은 신앙이 내부에서 신에게로 향하는 것이 아니라 외부의 경험적인 지知에서 신에게로 향한다는 점이었다.

소위 '신의 존재론적 증명'을 채용하지 않고 '5가지의 도道'라고 불리는 자연 경험에 근거하여 신에 대한 존재 증명을 설명하였던 것이다.

"신이라는 단어의 의미가 인식되었다고 해서 즉각 신의 존재가 명백해진다고는 할 수 없다. 실제에 있어서 신 자신은 존재의 유무를 생각할 수 없게 하는 것이다. 그러므로 그 누구에게 있어서도 확실한 것이라고 한정지을 수 없게 하고 있다. 이는 신의 존재를 인식하는 자에 있어서까지도 명백하지는 않다. 신이라는 단어에 있어서 제시되는 의미가 이성에 의해 파악된다고 해도 그 자체가 지성 속에 없다면 신이 존재한다는 결론은 나오지 않는다. 그리고 지성 또한 신을 신 자신으로 직관할 수 없고 단지 신의 작용의 결과로부터 볼 수 있는 것이다."

신의 작용의 결과에서 볼 수 있는 '5가지의 도'는 이렇다.
1. 세계에 존재하는 모든 운동의 '제1동자瞳者'
2. 작용인作用因의 근본이 되는 '제1작용인'
3. 가능태可能態의 모든 원인 중 '필연적인 것'
4. 불완전한 것 중 원인으로서의 '완전한 것'
5. 질서라는 목적을 위한 최고의 '통솔적인 도'

"우리의 인식은 모두 감각으로 시작되므로 감각적인 것에 의해 초감각적인 것에 도달하는 것은 인간에게 있어서 자연이다."

신앙과 철학과의 관계

믿음이란 절대자에게로 통하는 한 줄기의 도이다. 인간은 그 길을 모르는 것이다. 길은 절대자에 의해 보장되고 있다. 그러므로 인간이 그 길을 오르기 위해서는 절대자란 존재한다고 무조건 말하지 않으면 안 된다. 하지만 다른 한편의 믿음, 즉 철학에서는 절대자에 대한 믿음을 본질의 지知와 형이상학적인 지知로 분류하였던 것이다. 철학은 절대자의 지성을 그 대상으로 놓고 있기 때문이다. 그러나 철학이 절대자의 고유한 영역을 '타고 넘어서' 전진하는 것은 오히려 단절을 초래한다. 또한 더욱 궁극적인 단절은 신과 피조물과의 사이의 불신에 있다.

신은 모든 존재자의 존재 원인이다. 존재자는 신의 존재를 분유分有한다. 여기서 '분유'의 개념은 원래 플라톤에 의해 확립되었다. 그 뜻은 이데아를 나타내고 있다. 하지만 토마스 아퀴나스는 분유의 개념을 그 근본으로부터 개조했다. 즉, 피조물의 존재 그 자체는 신의 존재를 전제로 한다는 의미의 개념이었지만, 이것이 신의 존재를 π처럼 인식하는 것과는 다르다.

신은 '본질에 의해서만 존재하는 것'이다. 피조물의 영역에서는 존재를 생각하는 것이 아니라 본질을 생각하는 것만이 가능하다. 그런 까닭에 존재가 본질과는 다르다는 것이 명백하다. 즉, 신은 존재 자체이고 피조물은 그 존재의 일부분을 갖는 것이다.

우리 인간은 신의 결과인 피조물이므로 밖에서는 신을 알 수가 없다. 결과가 원인의 전부는 아니기 때문이다. 그러므로 신의 전지전능을 인식한다는 것은 불가능하고 그 본질을 볼 수도 없는 것이다. 다만 우리가 알 수 있는 것은 신이란 아무것도 아니라는 식의 사고방식이 예부터 지배해 왔고 그런 입장을 '부정신학'이라고 부르고 있다는 사실이다.

신과 피조물과의 사이를 단절에 입각해서 말한다면 피조물의 신 부정은 궁극적으로 그 신의 인식이 피조물을 부정적 본질이라 여기는 데 있다. 왜냐하면 인간이 '신이란 무엇인가'에 관해 무지하다는 것을 알고 있다 하더라도 그것은 오히려 신을 인식하는 것밖에는 되지 않는다. 그런데도 신은 은혜에 의해서만이 모든 것을 알 수 있다고 신앙상의 지知를 강제하고 있다. 그러므로 제1원인자인 신의 입장에서는 인간의 자유로운 인식의 필연성을 인정하고 철학 또한 신앙에 대해서는 철학으로 논증하지 말아야 한다는 것이다. 그렇게 함으로써 신앙과 철학과의 관계는 회복될 수 있는 것이다.

이성과 은혜와의 만남

신과 피조물 사이에는 단절이 있다. 그럼에도 불구하고 분유라는 관계가 있어서 다섯 가지 방법에 의한 증명도 성립되었다.

신은 만물과 닮은 것도 있고 동시에 닮지 않은 것도 있다. 예를 들면 '천양지차天壤之差'라는 말은 닮지 않은 것에 비유되는 말인데, 그 말 자체는 천(하늘)이나 양(땅)이 모두 '둥근 것'이라는 공동의 것에서 비롯되었다는 사실이다. 그리고 신과 피조물 사이에 유사성이 존재한다고 하는 것은 닮은 것과 종류가 같은 것이라는 의미이지만 이것이 형상의 공통성에 기인한다고는 말할 수 없다.

예컨대 동언이와 하언이는 인간으로서 같은 종자이고 인간과 원숭이는 동물로서 같은 종류이다. 종자에서 종류로 계속 분류를 해나가면 마지막까지 같은 개념으로 남는 것을 카테고리(범주)라고 한다. 그러므로 '카테고리가 다르다.'라고 말하면 공통성으로 내세울 수 있는 것이 없다는 것을 말한다.

그런데 '존재한다.'와 '선善이다.'는 카테고리를 뛰어 넘어서 사용할 수 있는 별개의 술어이다. 예컨대 '실체가 있다.'와 '양量이 있다.'라는 데 있어서 실체와 양이 함께 포함되는 공통의 개념은 없다. 하지만 실체도 양도 최고의 공통 개념인 카테고리 내에 있기 때문에 같은 술어로 사용되는 것이다.

만약 카테고리를 넘는 별개의 술어인 '존재한다.'가 지금 신과 피조물 사이에 연결되어져 있다면 여기에서 '존재한다.'의 의미는 전혀 같은 의미로는 보기 어렵다. 오히려 같은 말이 다른 의미로 사용되어지는 것이라고 볼 수 있겠다. 왜냐하면 신과 피조물의 양쪽에 사용되는 '존재한다.'라는 술어가 신과 피조물에 동명, 동의로 본다면 피조물에서 신으로 나아가는 어떠한 논리도 가능하지 못하게 되기 때문이다.

토마스 아퀴나스는 말한다.

"우리에게 있어서는 중요한 '존재한다.'라는 술어가 신의 입장에서 보면 그리 중요하지 않은 술어가 된다. 그리고 또 피조물이 신의 존재를 추구해 갈 수 있는 것도 끊임없이 신이 그 자신의 존재를 세상에 계속 유출하고 있기 때문이다. 피조물인 인간이 인간으로부터 출발해서 신으로 환귀한다. 이것을 이성과 은혜의 만남이라 해도 좋을 것이다."

존재의 관점에서 유사성은 신과 인간과의 가교라기보다는 단절이라는 관계를 명시하는 논리라 하겠다. 그러므로 신과 인간과의 관계에서 '일의성—意性이 없다.'라고 잘라 말하면 유사성 그것은 언급될 수 없게 된다. 따라서 유사성 중에는 일의성이 전제되어야만 하는 것이다. 그렇다고 일의성만을 강조하게 되면 신과 인간과의 단절은 없게 되나 '신, 즉 자연'(스피노자) 또는 신을 인류세계에 내재시킨 헤겔의 범신론이 되어 버린다.

유사성에 관한 토마스 아퀴나스의 정의

한 학생이 물었다.

"토마스 선생님, 저는 선생님의 '닮아 있지 않다.'라는 설명이 잘 이해가 안 갑니다."

토마스 선생은 거대한 체구에 천사 같은 미소를 띠면서 이렇게 말했다.

"내가 학생 때는 거구라는 의미로 일인자임에 손색이 없는 알베르투스 선생님께 가르침을 받았다. 그리고 나도 그때에는 그 선생님의 말씀을 이해할 수가 없어 고민했었다. 교사와 학생과의 관계는 언제나 유사한 것이다. 제군도 언젠가는 결국 나의 입장에 처할 것이다."

책상은 토마스 선생의 거대한 체구를 받아들이겠다는 듯이 꽉 차 있었다.

그러자 학생이 말했다.

"만일 제가 지금 선생님의 체구를 앞선다면 선생님에게 더 이상 배울 것이 없겠죠?"

4장

기묘한 사상가를 탄생시킨 시대

경험주의 철학의 교조 프란시스 베이컨

베이컨은 인간 지성의 접근을 방해하는 편견으로서 4가지의 우상을 지적하였는데, 종족의 우상, 동굴의 우상, 시장의 우상, 극장의 우상이 바로 그것이다.

프란시스 베이컨(France Bacon, 1561~1626)은 영국 런던의 명문집 안에서 태어났으며, 르네상스 후기의 근대철학, 특히 영국 고전경험론의 창시자로 유명하다. 케임브리지에서 배우고 엘리자베스여왕 치하에서 국회의원이 되었으며, 제임스 1세 치하에서는 사법장관과 기타 요직을 지냈고, 1613년에 검찰총장, 1618년에 대법관 등 날로 권세가 높아져 갔으나, 수뢰사건으로 의회의 탄핵을 받아 관직과 지위를 박탈당하고 정계에서 실각된 후 만년을 실의 속에 보내면서 연구와 저술에 전념하였다.

그는 또 세사에 밝은 문필가로서 그의 『수상록(Essays or Counsels Civil and Moral)』은 지금도 애독되는 경세서이다.

그는 냉정하면서도 유연한 지성을 가진 현실파의 인물이었으며, 근세 초기의 사상가답게 그 역시 천동설을 신봉하였고, 아리스토텔레스에 반대하면서도 아리스토텔레스적 사고를 완전히 불식하지 못한 전통적인 구사상의 영향하에 있던 사상가였다. 그의 시대는 영국의 자본주의가 흥성하기 시작한 때였으며, 따라서 그도 자연을 정복, 개조함으로써 인간이 만족할 수 있으리라고 믿었다. 자연을 정복하기 위한 첫 단계로 그 지식을 얻는 '방법론'에 관심을 가지고 실험 관찰에 의하여 자연의 법칙을 알아내는 귀납법을 『신기관』이라는 이름을 써서 연역법에 의한 사변적 철학을 창도한 아리스토텔레스의 '논리학'에 대항했던 것이다.

그가 당시의 자연과학적인 새 발견, 즉 코페르니쿠스, 하비, 케플러, 길버트 등의 업적에 맹목적이었음과 그의 관념이 중세풍의 요소에서 완전히 벗어나지 못했음이 비난되기도 하나 그의 기본적인 의도는 스콜라철학의 결함을 비판하고 새로운 경험론적 방법을 발견, 제창하려는 데에 있었다. 즉, 그는 우주 일체의 활동의 원인을, 특히 우리들 인간이 자유롭게 지배하고 명령할 수 있는 원인을 규명하려고 힘썼으며, 그러기 위해서 인류가 현재 소유하고 있는 지적 재산의 일람표를 작성하여 거기에 무엇이 결핍되어 있고 무엇을 보충하여야 하는지를 분명히 하려고 하였다. 이것을 그는 저서 『학문의 진보』에서 말하고 있지만, 그는 처음에 『학문의 대혁신』 전6부의 집필을 구상하여 그 계획을 대규모로 전개하려 하였다. 그러나 실제로 간행된 것은 3부뿐이었고, 특히 제1부의 『학문의 진보』와 제2부의 『신기관新機關』(아리스토텔레스의 논리학서 '오르가논'에 대항하는 것)이 중요하다. 그는 자연을 개조하려는 대담한 설계자로서 영국 경험론 철학을 통해 세계에 미친 영향은 지대한 것이다.

그는 철학을 신학과 자연철학으로 나누었는데, 그의 최대의 관심과 공헌은 자연철학 분야에 있었고, 과학방법론, 귀납법 등의 논리의 제창에 있었다. 그는 우선 인간 지성의 접근을 방해하는 편견으로서 4가지의 우상을 지적하였는데, 그것은 종족의 우상, 동굴의 우상, 시장의 우상, 극장의 우상 등이다.

그는 이와 같은 편견을 일소하면 아리스토텔레스의 연역적 삼단논법은 지식의 확장에 소용되지 않는다고 생각하고, 실험과 관찰에 기본을 둔 귀납적 방법을 중시하였다. 즉, 그것만이 다수의 사례를 모아서 표나 목록을 만들어 사상事象의 본질을 파악하는 방법이라고 주장하였다.

그는 수학에는 문외한이었고 지동설을 부정하고 연금술을 동경하며 그 가능성을 믿었으며, 과학기술적 측면에서 새로이 개척해 나가야 할 많은 예언을 남긴 사람이다. 그의 저서들인 『신新오르가논』, 『신新아틀란티스』, 『학문의 진보』 등을 보면 그 제목만으로도 마치 '신新'과 '진보'의 홍수를 이루는 것 같다.

그는 또 중세와 르네상스의 마술에서 벗어나 실험과학을 방법론화하고 현대의 과학기술을 예견하였다. 『신 아틀란티스』에서는 과학에 대한 꿈이 꽃을 피우고 있었다. 비행기, 전화, 품종개량된 생물 등 심지어 남녀의 결혼관에 대한 개량안도 수록되어 있었다. 그것은 결혼하기 전에 남녀가 목욕탕에 같이 들어가 서로의 나체를 보여 준다는 제안이다. 이것은 실은 토마스 모아의 『유토피아』의 아이디어를 개량한 것으로, 목욕탕 안에서의 만남만큼 노골적인 만남이 어디 있겠느냐는 것이다.

베이컨은 토마스 모아의 뒤를 이어 당시 대법관의 지위를 얻었다. 모아는 당시의 관례와는 달리 대가를 치르지 않고 대법관의 지위를 물러날 수 있었다. 그러나 프란시스 베이컨은 관례에 순응했던 것뿐이었지만, 정적政敵에게 휘말려 런던탑에 유배당하는 형태로 물러나고 말았다. 물론 4일 만에 풀려 나왔다고는 하지만.

토마스 모아는 자신이 금욕할 수 없음을 깨닫고 스스로 수도직을 단념했던 고결한 학자였다. 그가 유토피아에서 나체 품평을 제안했던 것은 결혼이라는 것을 말㿌 한 필을 사는 것처럼 취급하던 당시의 풍조를 비꼬는 것이었지만, 그것을 직선적으로 받아들여 성실히 개선한 베이컨의 성실성은 대가를 치르고 물러나야만 했던 것이다. 물론 그가 대가를 치른 것은 그의 성실성 때문만을 아니었다. 그는 철학, 그것을 신학과는 완전히 무관한 경지에다 놓았던 것이다. 자연에 대한 인식 또한 신이 창조한 자연이라는 생각으로부터 멀어져 갔다. 다시 말해서 '아는 것이 힘이다.'라는 지식의 힘을 그는 실용의 단계로 올려놓았던 것이다.

"인간의 앎과 힘은 하나이다. 자연이 앎에 복종하지 않는다면 결코 정복당하지 않는다."

따라서 지식을 터득하는 데는 두 가지 단계를 거쳐야만 한다.

그 첫째로는 편견이나 맹목적인 맹신으로부터 탈피하는 일이요, 둘째는 올바른 사유 방법을 터득하는 일이라는 것이다.

우선 첫째 문제를 해결하기 위해서는 베이컨은 자신의 네 가지 우상론, 즉, 종족의 우상, 동굴의 우상, 시장의 우상, 극장의 우상을 통하여 인간이 저지르고 있는 오류와 그 발생 원인을 분석하였다.

종족의 우상이란 인간이란 종족 그 자체에 장치되어 있는 우상으로, 이것은 인간이기 때문에 생겨나며 우리의 감각에서 비롯되는 우상이라는 것이다. 예컨대 A양은 내 마음에 꼭 드는데 B양은 별로이지 하는 감각은 인간이기 때문에 일어나는 것이다. 동물에게는 A양이나 B양이나 똑같은 인간으로 보이는 것이다. 이는 우상에 사로잡히지 않았기 때문이다.

우리 인간의 천성은 쉽사리 갖가지 착각에 빠지기 쉬우므로 확신하는 자신의 지식에도 더욱 세심한 주의를 기울여 검토해야 하는 것이다.

동굴의 우상이란 플라톤이 자신의 이데아론을 설명할 때 오르페우스 신화에 나오는 동굴의 비유를 인용한 것과 같이 그러한 동굴의 비유를 프란시스 베이컨도 동굴의 우상에 적용시켰다. 그러므로 이 우상은 개개인의 성품, 교육, 환경 등에서 연유되는 오류를 말한다. 여기에는 지구상에 있는 인간의 숫자만큼이나 많은 오류가 있다고 한다.

시장의 우상이란 인간 상호 간의 접촉이나 교제 시 절대적으로 필요한 언어가 빚어내는 우상을 말한다. 예컨대 두 사람의 말다툼에서 네가 이기고 내가 졌다고 해서 너의 말이 진리이고 나의 말을 그르다고 단정할 수 있겠는가. 언어는 항상 귀에 걸면 귀걸이, 코에 걸면 코걸이의 의미를 내포하고 있는 것이다.

극장의 우상이란 단순히 극장(여기서는 소크라테스적 대화의 광장을 뜻한다.)에서 상영된 연극에 불과한 공연을 마치 참된 현실인양 여겨온 고대 철학자들처럼 인습의 공리公理가 문제시 된다는 것이다. 예컨대 고대 철학자, 즉 소크라테스나 아리스토텔레스 등에 대한 한없는 존경심을 밑바닥에 깔고 쌓은 지식을 마치 진리 중의 진리인 양 오류를 범하지 말라는 것이다.

이상과 같은 우상론은 보다 올바른 학문적 방법을 찾아내는 데 더 큰 비중을 둔 것이다. 결국 베이컨이 볼 때 학문의 영역이란 모든 경험에 입각하는 것이므로 자연 그 자체를 고찰하는 귀납법적 고찰만이 귀결이라고 하였던 것이다.

"참다운 경험적 방법이란 일단 빛이 비치도록 하고 난 연후에 다시 그 빛의 도움을 받아 길을 밝혀 주는 것이다. 따라서 경험에 근거한 방법은 결코 무디거나 혼미한 것이 아니고 거기서 비로소 또 다른 어떤 공리가 추출되며 나아가 그 공리를 바탕으로 또 다른 새로운 경험을 낳게 되는 것이다." - 『신 오르가논』 중에서

베이컨의 유래

어느 눈 오는 날 밤, 프란시스 베이컨은 마차를 타고 귀가하고 있는 중이었다. 문득 그의 머리에 새로운 아이디어가 떠올랐다.

"눈을 사용하면 모든 육체를 부패시키지 않고 보존할 수 있지 않을까?"

그는 마차를 멈추게 하고 어느 농가로 달려갔다. 그 집의 주인으로부터 닭 한 마리를 사 가지고 와 그는 그 닭을 닭장 안에 넣고 눈을 가득 집어넣었다. 그날 무리를 한 베이컨은 감기가 악화되어 죽었다. 1626년 4월 닭과 운명을 함께한 것이다.

이후 베이컨(돼지고기 가공품)과 브로일러(병아리를 비육시켜 육용으로 쓰이는 닭)는 냉동실에서 함께 동거하는 운명이 되었던 것이다.

독신주의자 데카르트

데카르트에게서 세계를 몰가치적으로 보는 태도(회의주의)가 정신의 내면성의 강조(정신의 형이상학)와 연결되어 나타나 이를 데카르트의 이원론이라고 하는데, 이는 동시에 근세사상 전체에 통하는 이원성의 표현이었다.

데카르트는 근세사상의 기본적인 틀을 처음으로 명백히 부각시킴으로써 근세철학의 아버지로 일컬어진다. 그는 1596년 프랑스의 조그만 도시 투렌Touraine의 라 에이La Haye에서 태어났다. 이 도시는 지금은 라 에이 데카르트 혹은 그냥 데카르트라고 불린다.

데카르트가 살았던 17세기는 지적인 활동이 활발한 시기였으며, 그와 동시대 사람 중에는 『베니스의 상인』을 막 완성한 셰익스피어와 그의 유명한 실험을 행한 갈릴레오와 같은 지성계의 거장들이 있었다.

데카르트의 가문은 오랫동안 행정관리로 복무한 대단치 않은 귀족이었다. 그의 아버지는 브리타니의회의 의원이었다. 아버지가 죽자 그는 일생 동안 재정적으로 독립하기에 충분한 재산을 유산으로 물려받았다.

1604~1612년까지 그는 제수이트교의 라 플레슈La Fleche학원에 다니면서 고전어와 수학, 그리고 철학을 연구했다. 그는 자신이 수학에 깊이 끌려들어가는 것을 느꼈다. 후에 그는 실제로 수학에 커

다란 공헌을 했다. 그리고 그는 수학 이외의 학문에 대해서는 대단히 불만스러워 한 나머지 '자신이나 세계라는 위대한 책에서 발견할 수 있는' 학문만을 추구하기로 결심하면서 이러한 학문을 포기하였다.

라 플레슈 학원을 떠나서부터 데카르트는 푸아티에Poitiers대학에 갔고, 거기에서 수학, 자연과학, 법률학, 스콜라철학 등을 배우고 수학만이 명증明證적인 지식이라고 생각했다. 그리고 1616년 법학 학위를 받았다.

그 후 수학자 베이크만과 알게 되어 물리·수학적 연구에의 자극을 받아 '보편수학'의 구상에 이르렀다. 졸업 후 18세의 나이에 지원병으로 입대하여 네덜란드에 갔으나 30년 전쟁의 발발로 독일에 출정했다. 이때 그는 신교 휘하에 있는 군과 구교 휘하에 있는 군 양쪽에서 군복무를 했다. 1619년 겨울, 기하학에 기초를 이룰 만한 영감을 얻어 놀라운 학문의 기초를 발견했다고 생각했다.

1620년 제대한 후 프랑스에 귀환한 그는 학문과 여행에만 전념하여 프랑스, 이탈리아 등지를 돌아다녔으며, 1626년 다시 파리로 가 수학과 자연학, 특히 광학光學을 연구했으나, 이때 잠시 동안 도박과 여행, 결투 등에 빠져들면서 방탕한 생활을 했다. 1628년, 다년간 생각하던 학문개혁의 계획을 실행할 것을 결심, 그는 단편 『정신지도의 법칙(Regulae ad Directionem Ingenii)』을 집필하여 자신의 방법론 체계를 세우려 했다. 그리고 그해 가을 마침내 외부와 차단된 생활이 필요하다고 느껴 그 당시 문화와 지적인 자유의 중심지였던 네덜란드에 정착할 결심을 한다. 첫 9개월간은 형이상학의 논문 집필에 종사하였으나 1629년 3월 제자로부터 환일幻日현상의 해명을 요청받고 중도에 자연연구로 전향, 결국 자연학을 포괄하는 『우주론』의 구상에로 발전하였다. 그러나 이 논문의 완성 단계에 갈릴레오의 단죄 사실을 듣고 지동설을 주 내용으로 한 이 책의 출간을 단념, 그 대신 1637년 『방법서설』 및 이를 서론으로 하는 『굴절광학』, 『기상학』, 『기하학』 등을 출간하였다.

네덜란드에 정착한 이후 20년간 그는 1641년에 형이상학의 주저 『성찰록』, 1644년에는 『철학의 원리』를 출간한 것을 비롯해 『방법서설(Discourse on Method)』, 『철학에 대한 명상(Meditation on First Philosophy)』과 같은 명작들을 저술했다. 이를 전후하여 데카르트사상의 혁신성이 세상의 주목을 받기 시작, 『자유로운 나라』였던 네덜란드도 캘빈과 신학자들의 박해로 살기 어려운 곳이 되었다.

1649년경 데카르트의 명성은 대단한 것이어서 그때 나이 22살인 스웨덴의 크리스티나 여왕으로부터 초빙을 받아 스톡홀름에 부임하여 여왕에게 철학을 가르쳤다. 처음에 그는 스웨덴에 가기를 주저했으나 여왕이 자신의 주장을 굽히지 않고 그를 데려갈 배를 보내어 할 수 없이 가게 된 것이었다.

그러나 그녀가 철학 강습을 위해 시간을 낼 수 있는 유일한 시간은 아침 5시였다. 건강이 좋지 않았기 때문에 정오까지 잠을 자는 습관이 있는 데카르트에게 새로운 생활습관은 커다란 시련이었다. 더구나 강의 장소는 추운 도서관이었다. 데카르트는 폐렴에 걸려 죽었다. 그때 그의 나이는 54세였다.

세 가지 꿈

프랑시스 베이컨은 토마스 홉스(Thomas Hobbes, 1588~1679)를 비서로 두고 윌리엄 하비(William Harvey, 1578~1657)를 주치의로 두고 있었다.

홉스는 맘즈베리 태생으로 무명의 목사 아들로 태어나 옥스퍼드 대학에서 스콜라철학을 전공했다. 그는 스튜어트 왕조를 지지하는 정치가로 지목되자 퓨리턴혁명 직전에 프랑스로 망명하여 유물론자 R. 가상디와 철학자인 데카르트 등과 알게 되었다. 그 후 크롬웰의 정권하에서는 런던으로 돌아와 정쟁에 개입하지 않고 오직 학문 연구에만 힘썼다. 그리고 왕정복고 후에도 찰스 2세의 통치하에서 여생을 보냈다.

그는 베이컨과는 달리 귀납법만이 아닌 연역법도 중시하여 양자의 상즉적相卽的 관계에 의하여 이성의 올바른 추리인 철학이 성립된다고 생각했다. 그는 본질적으로 선한 것은 없고 선악善惡, 정사正邪는 상대적인 것이어서 국가와 법이 성립되었을 때 그 판정의 기준이 생기는 것이며, 인간은 본래 이기적인 것이어서 '자연 상태'에서는 아무것도 금할 수 없고, 개인의 힘이 권리이다. 그러나 모든 사람이 자기 이익만을 끝까지 추구하는 자연 상태에서는 '만인의 만인에 대한 투쟁'이 있고, '사람은 사람에 대하여 이리狼'이기 때문에 자기보존의 보증마저 없다. 그러므로 각자의 이익을 위해서 사람은 계약으로써 국가를 만들어 '자연권'을 제한하고, 국가를 대표하는 의지에 그것을 양도하여 복종한다고 하였다. 홉스는 『리바이어던』에서 전제군주를 이상적인 국가형태라고 강조하였다. 그 밖의 저서로 『자연법과 국가의 원리』 등이 있다.

또 그는 자기보존이라고 하는 인간의 근원적인 욕구를 관철하기 위해서는 사회계약을 통하여 법에 의한 자기부정을 감수하지 않으면 안 된다고 말했다. 이것은 '신-인간의 본성-법'이라고 하는 중세의 신학적 법 윤리를 '자기보존-사회계약-법'이라는 현실적인 원리로 뒤집어 놓은 것이다. 또한 반反아리스토텔레스의 논리를 확보해 놓고는 교회의 오류의 근원은 '멀리 떨어져 존재하는 본질'이라고 하는 아리스토텔레스 속에서 기생하고 있었던 플라토니즘은 노미날리즘의 관점으로부터 비난받고 있는 것이다.

그리고 하비의 혈액순환론(동물의 심장 및 혈액의 운동에 관한 해부학적 연구)도 아리스토텔레스에 대해 결정적인 일격을 가했다. 예컨대 생명과 정신 사이에는 무생물과는 다른 원리인 프슈케, 프네우마가 작용하고 있다고 하는 그리스철학과 거의 공통된 관념을 아리스토텔레스는 대변하고 있었다. 여기서부터 발전하여 혈관 내에는 혈액뿐만 아니라 프네우마가 흐르고 있다고 하는 학설이 히포크라테스에 의해 성립되었고, 이것은 중세 때까지 면면히 지속되어 왔다.

그러나 이 학설은 하비에 의해 반격을 받았다. 그는 인간의 혈관 속을 흐르는 것은 혈액뿐이며 심장은 일종의 펌프와 같다고 하는 결정적인 증거를 발견해 내었던 것이다. 생명과 정신이 하나로 묶여 있느냐와 없느냐의 관건이 생물과 무생물을 나누는 기준이라고 한다면, 인간이 생명과 정신을 갖고 있는 생물이라 할지라도 그 기준상으로는 기계에 불과할 것이다. 그러므로 그 기준은 인간을 포함하여 전자연이 기계론적으로 설명되는 것이며, 이것은 생명과 정신을 나누는 원리의 잘못을 의미하는 것이다. 이것이 바로 데카르트(Rene Descartes, 1596.3.31~1650.2.11)가 직면한 과제였다.

데카르트의 입장은 인간에 대한 기계론적 설명을 부정하는 것이었다. 만일 데카르트가 처음부터 인간기계론을 주창하고 나섰다면 데카르트는 그 시대에 완전히 매장당하고 말았을지도 모른다.

데카르트철학의 특성은 물음을 진행시키는 철두철미함에 있었다. 그에게서 세계를 몰가치적으로 보는 태도(회의주의)가 정신의 내면성의 강조(정신의 형이상학)와 연결되어 나타나 이를 데카르트의 이원론이라고 하는데, 이는 동시에 근세사상 전체에 통하는 이원선의 표현이었다.

그는 유럽에서 가장 유명한 학교 중의 하나로 꼽히는 데서 배웠으나 거기에서 배웠던 학문들을 회고할 때 이들의 가치에 대해 회의하지 않을 수 없었다고 스스로 말한 바 있다. 고대 문학의 매력적인 우화들은 비록 지적으로는 자극적이라 하더라도 결국 우리와 분명 동격일 수 없는 일종의 초인의 행동을 묘사하고 있는 우화에 지나지 않는다. 그리고 시詩 역시 더는 도움이 되지 못한다. 물론 시인은 확실히 진리를 철학자들보다 '더 밝게 비출 수 있는' 능력을 갖고 있기는 하다. 그러나 시인들의 작품은 우리가 지식을 촉진시키기 위해 채택할 수 있는 특별한 방법의 적용 결과가 아니라 영감의 산물이다. 우리는 '우리의 지성을 아주 초월해 있는 계시된 진리'에 관계하는 신학에서도 지식을 촉진시키기 위해 채택할 수 있는 방법을 발견할 수 없다.

마지막으로 그가 교육받았던 철학 역시 더는 유용하지 못했다. 왜냐하면 그는 여기에서 '논쟁할 여지없는' 유일한 것을 발견할 수 없었기 때문이다. 그러므로 그가 학교에서 교육받았던 것은 믿을 수 없는 것이거나 이해할 수 없는 것 아니면 의심스러운 것들뿐이었다.

그리하여 그는 책을 버리고 '세상이라는 위대한 책'에서 자신이 찾고 있는 것, 즉 보다 정확하고 확실한 추리의 방법을 발견할 수 있지 않을까 생각했다. 그러나 실망스럽게도 그는 평범한 생활인들 사이에서도 철학자들 사이에서 일어나는 것에 못지않은 수많은 견해의 차이를 발견했다.

그러던 중 잊을 수 없는 1619년 11월 10일 밤에 그는 그가 찾고 있는 지식에 대한 실마리를 제공해 준 세 가지 꿈을 꾸었다. 그는 당시 일류 학교에서만 공부했는데, 수학을 제외한 모든 학문에는 강한 불신감을 품고 있었다. 수업을 마치면 항상 그는 '내 자신 속에서든지 아니면 세상이라고 하는 거대한 책 속에서든지 그 어느 쪽인가의 속에서 발견될 지식 이외의 지식은 이제는 추구하지 말자.'고 결심하곤 했다.

그러던 어느 날 그는 자신이 걸어가야 할 길을 선택하는 데 온 정열을 기울이기로 결심하기에 이르러 정처 없는 여행을 떠났다. 그것은 그에게 기존의 관념이나 학설에 전혀 의존하지 않고 혼자서 암흑 속을 지나는 사람처럼 사색에 파묻힌 여행이었다.

독일의 어느 조그만 마을에서 겨울을 보내면서 며칠째 혼자서 방 안에 틀어박힌 채 사색에 잠겨 있던 그는 어느 날 수첩에 이렇게 적었다.

"1619년 11월 10일 나는 영감에 가득 차 놀랄 만한 학문의 기초를 발견했다."

그날 밤 그는 세 가지의 꿈을 꾸었다.

첫 번째 꿈, 그는 격렬한 바람 때문에 어디로 날아갈 것만 같았다. 마침 문이 열려 있는 교회가 있었기 때문에 기도를 하려고 교회 안으로 들어가려 했지만 문득 아는 사람에게 인사를 하지 않고 그냥 지나쳤다는 것을 깨닫고는 돌아서려고 했다. 그러나 때마침 더욱 강한 바람이 불어 그를 교회 앞까지 밀어 버렸다. 그리고 그 교회 문 옆에 서 있던 한 남자가 정중한 말씨로 말했다.

"당신이 만나려는 주님께서는 당신에게 줄 무엇인가를 갖고 있을 것입니다."

데카르트는 이것이 바로 이국異國에서 온 고독한 여행자를 유혹하는 멜론과 같은 향기로운 사탕발림이라고 생각했다.

두 번째 꿈, 천둥과 같은 소리를 듣고 너무 무서워서 잠에서 깨어 보니 방 안에 수많은 불꽃이 난무하고 있었다. 그는 천둥소리를 '진리의 영靈의 소리'로 공포감은 '죄에 대한 양심의 가책'이라고 생각하여 또 다시 잠을 청했다.

세 번째 꿈, 누가 갖다 놓았는지 책상 위에 한 권의 책이 있었다. 펼쳐 보니 사전이었다. 마침 꼭 필요한 책이라 뛸 듯이 기뻐하다 보니 자꾸자꾸 어디서인지 다른 책이 손 밑으로 밀려들어왔다. 그 책에는 '이 세계에는 우리가 경험하지 못한 어떠한 생生의 길이 있는가?'라고 적혀 있는 문구로 시작되는 『시인집성』이라는 책이었다. 시에 대해 잘 알지도 못하는 어떤 사람이 이 책의 '긍정과 부정'으로 시작되는 시평에서 참 훌륭한 시라고 평했다. 자신이 그 사람과 질문과 응답을 주고받는 사이에 기억에 없던 자신의 과거 시절이 눈앞에 나타났다. 처음보다는 완벽한 상태가 아니라는 것을 깨달았다.

이 세 가지 꿈은 그가 고독에 휩싸여 신앙에 대한 두려움, 학문을 통한 진리 탐구의 사명감, 항상 확신을 갖고 어떤 일에 대처하는 지혜를 의미하고 있었다. 이윽고 데카르트는 학문의 기초를 정립하는 데 중요한 명증성, 분석, 종합, 매거枚擧라고 하는 네 가지의 준칙準則을 도입하였다.

"제1준칙은 어떠한 것도 그것이 참이라고 명확히 내가 인식하지 않는 한은 결코 참으로서 받아들이지 않을 것. 즉, 속단과 선입견을 항상 머릿속에서 지우고 내가 의심을 품을 조금의 여유도 갖고 있지 않을 정도로 명확하고도 분명하게 나의 정신에 나타나는 것 이외에는 어떠한 것도 내 판단 안으로 들어올 수 없게 할 것."

이는 마치 명석판명이라고 하는 검역체제를 완전무결하게 만들어 오류에 대해 끝까지 투쟁해 보겠다는 작전을 세우고 있는 것과도 같았다.

하지만 우리가 이것을 영감에 가득 찬 생동하는 진리의 대발견으로 받아들이려고 한다면 우린 실망을 하고 말 때도 있을 것이다. 그것은 마치 밤길에 억새풀을 보고 유령이라고 하는 사람이 있다면 그도 분명히 자신의 판단이 명석 분명한 판단이라고 주장할 테니까.

명증성, 분석, 종합, 매거라고 하는 4가지 준칙은 데카르트가 예견하고 있었던 먼 시야를 단지 암시만 해 준 것으로 그가 확립하고 있었던 원리를 명시적으로 설명해 주고 있지는 못했다. 따라서 자연 전체를 양적인 것으로 처리하는 해석기하학적 방법을 자연학뿐만 아니라 형이상학으로부터 윤리학에 이르는 모든 분야에 설정하려고 했던 점에 4가지의 준칙이 지나치게 추상적인 것으로 여겨 버리게 된 이유 중 하나가 된다고 볼 수 있었다.

그가 예견한 방법이 윤리학에까지 미쳤던 것은 세상이란 살아가기 위한 '임시방편적 도덕'을 만들고 있는 것이라는 것을 알 수 있다.

"자신이 살고 있는 집을 개축하기 위해서는 집을 수리하고 있는 도중의 불편함이 없이 살 수 있도록 별도의 집을 준비하지 않으면 안 된다." - 『방법서설』 22~28에서

즉, 자신이 살고 있는 집을 개축하려면 그 집에 살면서 개축하는 것이 아니라 다른 사람이 설계한 집에서 살면서 자기가 살고 있던 집을 개축하는 것이 객관적으로 잘못된 점을 발견할 수 있는 합리성이 있는 것처럼, 우리의 지식도 개조하려면 자아自我라는 집을 벗어나 지知의 근본적인 개축을 감행해야 한다는 것이다.

데카르트의 이 같은 '임시방편적 도덕'은 약간 그 깊이 면에서 결여되는 점이 없지 않다고 반박하는 이가 있으나, 그것은 무엇보다도 그의 원문의 표현이 지나치게 우회적이었기 때문이었다. 그 예를 들어 보자.

"깊게 이 생生을 사랑해야 한다."

"항상 자기를 돌이켜 반성하며 자기를 알아야 한다."

"학문과 예술로서 성性을 양육해야 한다."

"매일 새로워져야 한다."

여기서 '성을 양육해야 한다.'라는 것은 인격적인 품성을 고양하고, 그것을 풍성하게 만들어야 한다는 의미인 것이다. 하지만 이것은 그 당시 오해를 불러일으키기에 충분한 한마디가 되었던 것이다.

데카르트로 하여금 과거와 완전히 단절케 하고 오로지 인간 이성의 능력에 기초한 지식체계를 건설하는 데로 나아가게끔 한 이 이

상한 지적 서사시는 수세기 전에 이와 유사한 지적 여행을 겪은 소크라테스의 경험을 생각나게 한다.

그러나 이 두 사람 사이에는 두 가지 흥미 있고 중요한 차이가 있다. 데카르트는 지혜가 아니라 지식을 추구하였으며, 이것은 그를 영혼이 아니라 육체와 별개의 실체 혹은 실재인 정신을 발견하는 데로 이끌었다. 이것은 철학에서 아주 중요한 발견으로 입증되었다.

데카르트가 그 운명적인 세 가지 꿈을 통해 확연하게 깨달은 것은 지식을 확실하게 하는 새로운 방법이었다. 그는 수학의 성공과 그 영역에서 성취된 성과에 깊은 감명을 받았으며, 수학적인 절차를 따른다면 이와 유사한 성공이 철학에서도 성취될 수 있으리라 여겼다. 그러므로 필요한 것은 수학의 성공을 가능케 했던 규칙들을 요약, 이것들을 이용하여 과학과 철학을 확실한 기초 위에 놓는 일이었다.

수학에서 이용된 절차를 분석하는 과정에서 그는 수학의 특징이란 정신이 수학의 진리를 직접적으로 이해할 수 있고, 그리고 아주 확실하고 분명하게 알 수 있는 매우 간단하고 분명한 사고와 함께 시작한다는 것임을 발견하게 되었다. 그리고 수학은 아주 간단하고 분명한 사고에서 시작하여 논증의 각각의 단계가 명백함을 확실하게 함으로써 보다 복잡한 진리를 향하여 한 걸음 한 걸음 나아가는 것임을 데카르트는 알게 되었다.

정신은 직관(이해된 것의 진리에 관하여 우리에게 한 점의 의혹도 남기지 않는 확실한 파악)에 의해 최초의 진리를 획득하며, 그 이후의 진리는 연역(분명하고 단순한 것에서부터 보다 복잡한 것까지 계속되는 일련의 세심하고 분명하고 명백한 추리)에 의해 획득한다고 데카르트는 주장한다.

나는 생각한다. 고로 나는 존재한다(Cogito, ergo sum).

　데카르트는 서양의 전 철학사를 통틀어서 가장 유명한 표어 중의 하나인 '나는 생각한다. 그러므로 나는 존재한다.'라는 어구에서 의심할 수 없는 진리를 발견하게 되었다. 이것이 데카르트의 출발점으로, 즉 이것을 기초로 하여 이제부터 계속하여 확실한 지식을 건설할 수 있다고 믿게 된 확실한 아르키메데스의 점이 된 것이다.

　데카르트는 태양의 주위를 미·소립자가 소용돌이를 치며 돌고 있는 것이 마치 발포된 스티로폼이 휘말리는 듯한 모습이 되어 돌고 있는 것과 같다고 하는 우주상을 성립시키고 있었다. 그가 4년간에 걸쳐 『우주론』이라는 책을 완성할 무렵 갈릴레이가 지동설을 주장하여 로마에서 유죄선고를 받았다는 소식이 전해졌다. '지동설 또한 나의 저술로부터 떼어내 버릴 수는 없다.'고 말한 데카르트는 『우주론』의 공식 간행을 단념하고야 말았다.
　어느 근거 없는 데카르트전에 의하면 그의 친한 친구였던 호이헨스가 데카르트를 비난하며 이렇게 말했다고 한다.
　"자네가 지동설의 순교자 브루노처럼 의연하게 화형당할 수 있다면 나는 자네를 위해 슬피 울어 주리라. 그리고 '그래도 지구는 돌고 있다.'라고 외친 갈릴레이의 용기의 반만이라도 따라간다면 난 자넬 다시 보아 주겠네."
　데카르트는 고개를 푹 숙이며 단지 이렇게 대답했다고 한다.
　"나에게도 그렇게 생각할 이유가 있다네."
　이것이 훗날 와전되어 '나는 생각한다. 고로 나는 존재한다.'로 되었다는 것이다.

오늘날 데카르트는 종종 반역사주의자라고 일컬어지기도 한다. 물론 이것은 해석하기 나름이긴 하지만, 한편으론 자기의 주장에 역사적인 구속을 받지 않는 확실성을 추구하고, 일체의 역사적 상황으로부터 분리된 자아를 확립하고 있기 때문이기도 하다.

"이미 오래전의 일이지만 나는 이렇게 깨달았었다. '유년시절의 나는 많은 것을 진실한 것으로서 받아들이지 않았던가? 그리고 그러한 것들 위에 쌓아올린 나의 지식은 의심할 여지가 없는 것들인가?' 우리가 모든 학문에 있어서 견고하고 흔들림이 없는 것을 기초로 세우고자 한다면, 우린 일생에 한 번은 모든 것을 근본부터 뒤집어 최초의 토대부터 다시 시작하여야만 할 것이다." - 『성찰』 3장

역사와 현실로부터 자립한 진리를 추구하고자 의심을 극한에까지 진행시키는 것이 그의 방법적 회의이다. 그러기 위해선 우선 감각을 배제해야 한다는 것이다. 수면睡眠 속에서는-현실과 꿈이 확실히 구분되지 않기 때문에-모든 것을 꿈이라고 하여도 좋다. 그러나 꿈속에서조차도 2와 3을 더하면 5가 되고, 4각형은 4개보다 많은 변을 갖지 않는다고 하는 수론數論이나 기하학에 전혀 의심할 여지가 없는 것일까? 무한한 능력도 있는가 하면 교활한 꾀에도 능한 악령이 온갖 꾀를 다 짜내어 나를 기만하려 하고 있는 것이 아닐까? 그러나 아무리 악령이 나를 속이려 해도 '내가 이미 존재한다.'고 하는 사실에는 전혀 의심할 여지가 없는 것이다. '나는 있다. 나는 존재한다.'고 하는 사실은 필연적으로 참인 것이다.

위와 같은 똑같은 취지를 『방법서설』에서는 이렇게 말한다.

"나는 생각한다. 고로 나는 존재한다고 하는 진리는 너무나 분명

하고 확실하며, 회의론자들이 아무리 독단적인 논법으로 이를 속박하려 해도 이것만은 어쩔 수 없는 것을 보고 나는 이것을 내가 탐구하고 있는 철학의 제1원리로서 주저함 없이 채택할 수 있다고 확신한다.”

이 명제의 어떤 점이 이 명제를 이렇게 확실하게 참인 것으로 만드는 것인가를 탐구하면서 데카르트는 이 명제가 그를 그렇게 강력하게 납득시켰던 것은 이 명제가 지니고 있는 '명석하면서 판명(clarity and distinctness)' 때문이었다는 것을 깨달았다. 그러므로 그는 명석 판명함을 그의 진리의 기준으로 채택하기로 결심했다. 참으로 존재하고 있는 '나'라는 존재의 '생각'에 있어서 '생각'이란 존재는 직접 와 닿는 확실한 사실이다. 물론 이것은 '생각하는 것은 반드시 존재한다.'라고 하는 전제로부터 이끌어낸 진리는 아니다. 그러므로 여기에 참존재의 '생각'이란 육체를 갖고 있지 않은 상황에서 생각해 보아도 존재하는 '나'이기 때문에 걷거나 먹거나 보거나 듣거나 하는 물체적인 것을 의미하는 것은 아니다. 그렇다고 이성적 동물을 의미하는 것도 아니다. 사유하는 한에서의 사고 작용인 것이다.

데카르트가 네덜란드에서 조용히 기거하고 있을 때 시중드는 하녀 헬레나와의 사이에 아이가 생겼다. 그는 명석하게도 그녀가 임신한 날짜를 '1634년 10월 15일'이라고 적어 놓았다. 이와 같은 명확한 판명에는 이미 선배가 있다.

케플러(Johannes Kepler, 1571~1603: 독일의 천문학자)는 자신의 출생에 대하여 '1571년 5월 16일 오전 4시 37분'에 어머니가 나를 임신하고 태내에서 '224일 9시간 53분'을 지낸 후 '동년 12월 27일 오후 2시 30분' 정각에 나는 이 세상에 태어났다고 기록하고 있다.

수에 대한 편집광적인 관심은 이 시대에 있어서는 케플러 뿐만은 아니었다.

데카르트의 아이(여자아이)는 그 다음 해에 태어났고, 이름은 프란시누라 지어졌다. 그는 프란시누를 더할 나위 없이 사랑했고, 이 아이가 다섯 살 되던 해 갑자기 죽었을 때는 하염없이 눈물을 흘리면서 '눈물이나 슬퍼하는 것은 여자만의 전유물이며, 남성답게 보이기 위해서는 항상 어떤 것에도 동함이 없는 표정으로 자신을 강화하지 않으면 안 된다.'고 생각하는 사람들에게는 동의할 수 없다고 역설하기도 하였다.

데카르트의 논적論敵 중에는 데카르트가 이곳저곳에서 몰래 자식을 만들고 있다고 소문을 퍼뜨리는 이도 있었다.

한편, 어느 데카르트전傳에는 이렇게 쓰여 있다.

"사람들이 호기심에 가득 찬 눈으로 프란시누를 보는 것이 프란시누에게 어두운 오점을 남기게 하는 것은 아닌가 하고 데카르트는 항상 마음 아파하고 있었다. 때로는 어린아이의 면전에서 '독신자인 너의 아비에게 어째서 너와 같은 자식이 존재할 수 있단 말이냐?'고 심술궂은 질문을 던지는 사람조차 있었다. 결단력이 강한 데카르트는 이와 같은 무례함에 사랑하는 자식의 입을 통하여 일격을 가할 만한 답변을 준비하여 딸에게 전했다."

"그런 때에는 나는 생각한다. 고로 나는 존재한다고 대답하려무나. 프란시누야……."

데카르트식 신의 존재 증명

　세상에 꼭 있어야 할 물체로는 단지 '연장'만을 인정하였고, 정신으로는 단지 순수한 앎뿐이다. 그리하여 그의 물심이원론이 형성되었다. 그러면 신의 존재는 어찌 되는 것인가?

　우선 '나는 존재한다.'라고 하는 최초의 인식으로부터 내가 긍정하는 것 이외에는 아무것도 인정할 수 없다. 따라서 코기토에서부터 지극히 명석하고도 판명하게 내가 아는 것은 모두 참이라는 일반적인 규칙을 확립할 수 있다. 그리고 코기토의 내적 명증성을 범례로 하여 그것과 동일한 명증성을 참이라 한다. 하지만 이것만으로 외부의 세계에서 온 관념이 모두 참으로 간주되지는 않는다. 예를 들면, 감각에 의하면 지구는 태양보다 크지만 이것은 거짓이다. 또한 우리의 관념 속에는 반인반조半人半鳥, 반조반마半鳥半馬 등의 상상 속의 괴물과 같은 작위적인 것도 있다. 여기서 '태양은 지금보다 크다.'라고 하는 올바른 인식의 기초가 되는 관념을 데카르트는 본유관념(idea innate)이라 불렀다.

　신은 그러한 본유관념인 것이다. 즉, 신의 관념이란 어떤 유한한 실체를 표현하는 관념이라기보다는 한 층 본유적 실재성을 갖춘 관념인 것이다. 그러므로 이 관념 내의 실재성이나 완전성에 대한 증명은 존재하는 신에 의해서가 아니면 깊이 인식될 수가 없는 것이다. 그러므로 신 그 자체는 우리 인식의 본유관념 속에 존재하며, 또 그것을 매개로 하여 물체의 존재도 증명된다고 하였던 것이다.

초월적 실재론자 스피노자

스피노자는 물심이원론을 배격하고 사물을 '영원의 상㎯ 아래에서' 인식할 것을 역설, 심적 사유와 물적 연장이 실은 유일한 실체인 신의 속성의 일부분이라고 주장하는 범신론을 전개했다.

바뤼흐 스피노자(Baruch de Spinoza, 1632~1677)는 에스파냐의 종교 박해를 피해온 포르투갈계 유대인 집안의 아들로 네덜란드의 암스테르담에서 태어났다. 유대율법을 공부하도록 유대학교에 보내진 그는 곧 성경 교리에 대한 의혹으로 괴로워해야 했다. 그는 자신의 성경에 대한 회의를 겉으로 드러냄으로써 교회 지도자들을 당혹시키고 여러 번 함구할 것을 조건으로 좋은 대우가 제시되었다. 그러나 이를 거부함으로써 교단은 그를 공식적으로 파문시켰다. 그것은 그때까지 시민적 권리를 부여받지 못하고 있었던 그들이 자기들 내부에 이교도를 허용했다는 이유로 보복당할 것을 두려워했기 때문이었다. 교단은 스피노자의 재능에 저주를 퍼부으며 어느 누구도 그를 만나거나 그와 대화하는 것을 금지시키는 가혹한 처벌을 내렸다. 이때 스피노자의 나이 24살이었다.

스피노자는 조용히 이 소식을 받아들였고, 유대교 광신자 중에는 그의 암살을 기도하는 자까지 출현하였으므로 라이덴, 인스부르크, 바쿠 등을 전전하며 일생 동안 하숙집에서 렌즈를 깎고 문지르는 직업으로 생계를 유지하면서 고독하고 조용한 삶을 살았다.

1660년 『지성개선론(Yractatus de Intellectus Emendatione)』을 썼다. 네덜란드의 정치적 지도자인 얀 드 비트와 알게 된 것도 이때이다.

이어 『신학정치론(Tractatus Theologico-Politicus)』을 익명으로 출판했는데, 독신讀神의 책이라고 비난을 받았다. 그러나 이 저작은 성경을 역사적인 기록물로 이해하는 관점에서 성경에 대한 연구를 착수함으로써 성경 비판의 이정표가 되었으며, 또한 교회와 국가의 분리를 옹호하고 개인적 자유의 가치와 종교적 관용을 강조하며 군주제와 귀족주의의 주장에 반대하여 민주주의를 옹호한 최초의 작품 중 하나였다.

그해 헤이그로 이주하여 그의 사고를 모두 쏟아 놓은 필생의 저작 『윤리학(Ethica in Ordine Geometrico Demonstrata)』을 썼는데, 이는 기하학의 논증법을 응용하여 윤리학을 정리定理, 공리公理, 계係 등으로 체계를 세운 것이었으나 생전에는 출판하지 않았다.

만년에는 종교적인 박해에도 불구하고 그의 저서가 널리 알려지자 하이델베르크의 교수직을 비롯한 여러 호의적인 제안이 들어왔다. 그러나 그는 안경알 깎는 일에 만족하여 그 모든 제의를 사양한 채 평생을 독신으로 지냈다. 그리고 44살의 나이에 렌즈 깎으면서 들이마신 유리 탓에 결핵이 악화되어 하숙집의 쓸쓸한 다락방에서 그 고고孤高한 생애를 끝마쳤다.

스피노자는 스콜라철학, 르네상스의 철학을 연구하여 브르노, 특히 데카르트의 영향을 결정적으로 받았으나 그 물심이원론物心二元論을 배격하고 사물을 '영원의 상相 아래에서(Sub specie aeternitatis)' 인식할 것을 역설, 심적 사유와 물적 연장이 실은 유일한 실체인 신의 속성의 일부분이라고 주장하는 범신론을 전개했다. 이것은 그의 독자들에게 적지 않은 영향을 끼쳤으며, 그가 죽은 지 적어도 두 세기 동안 그의 범신론적인 특성은 그를 무신론자로 경멸하게 만든 요인이 되었다. 그리고 19세기 후반에 이르러서야 비로소 스피노자 철학에 대한 재평가가 시작되어 오늘에 이르기까지 그는 '신에 도취된 사람'으로서 아울러 철학자란 어떤 존재이어야 하는가에 대한 전형적인 인물로서 존경받고 있다.

윤리학적으로 그는 유한한 인간이 무한한 신과 합일함으로써 정신적으로 완전한 능동의 상태, 즉 자유를 얻고 '신에 대한 지적 사랑(amor dei intellectualis)'에 도달하는 것이 최고의 선이며 덕이라고 하였다. 『윤리학』에서 그는 물리학, 형이상학, 심리학과 같은 다양한 주제를 다루었다. 그가 책 제목으로 윤리학이라 명명한 이유는 철학적 탐구와 사유의 목적은 단지 사변에 있는 것이 아니라 도덕적 행동에 있다고 믿었기 때문이다.

자연은 곧 신이다.

스피노자는 데카르트와 마찬가지로 우리가 기하학에서 성공적으로 증명된 방법을 따른다면 실재에 대한 정확한 지식을 획득할 수 있으리라고 생각했다. 그리하여 그는 유클리드 기하학을 모델로 사용하여 단순하면서도 분명한 제2원리에서 출발하여 실재에 관해서 알 수 있는 모든 것을 연역했다. 그 결과 그의 작품은 모두 명징하게 입증된 원리와 공리가 아주 체계적으로 배열된 구성을 갖추게 되었다.

스피노자는 사물의 참된 본성에 대한 반성으로서의 정신에 의해 단언된 기본적 원리들을 자신의 출발점으로 삼았다. 왜냐하면 이러한 공리는 명석 판명하다는 필수불가결한 성질을 지녀야만 하기 때문이며, 모든 명석 판명한 사고는 참이며, 이러한 사고의 복잡하고 체계적인 배열은 우리에게 실재에 대한 참모습을 제공하고 있다고 그는 믿고 있었던 것이다. 이것은 데카르트의 그것과 동일한 것이지만 한층 더 엄밀하고 철저하다. •

이처럼 스피노자는 많은 점에서 데카르트의 영향을 받았으나 데카르트와 스피노자 사이에는 상당한 상이점이 존재한다. 스피노자가 실체를 신으로 보는 범신론적 입장을 택했다면 데카르트는 정신과 물체를 실체로 보고 각각의 속성을 사유와 연장이라고 주장했던 것이다. 스피노자는 우주의 존재 내지 우주의 궁극적인 실체를 신과 동일시하였다. 그에 의하면 신과 실체는 하나의 동일한 것이며, 이 두 용어는 서로 바꿔 사용될 수 있는 것이다. 데카르트의 이원론이 스피노자에 이르러 형이상학적 일원론으로 변경된 것이다.

신은 무한히 많은 속성을 지닌 무한자이며, 신이 지닌 무한히 많은 속성들은 각기 무한하게 변양될 수 있다. 그러나 인간은 유한한 양태로서 자유롭지 못하고 억압된 존재이기 때문에 무한한 신의 속성을 사유와 연장 두 가지밖에 볼 수 없는 것이다.

"정신의 최고선最高善은 신에 대한 인식이며, 정신의 최상덕最上德은 신을 인식하는 것이다." - 『윤리학』 중에서

이처럼 모든 사물은 신과 논리적으로 엄밀한 관계를 맺고 있다고 한 스피노자를 '신에 도취된 사람'이라고 말한 노발리스의 표현도 무리는 아니다.

범심리주의의 라이프니츠

각각의 단자들은 다른 단자들을 반영하여 하나의 단자가 자신의 예정된 본성에 따라 활동할 때 나타나는 순수한 결과는 단자 사이의 실재적인 상호작용이 아니라 상호작용의 현상에 불과하다.

데카르트가 제기한 기본적인 문제를 유럽대륙에서 풀려고 노력한 합리주의자는 고트프리트 라이프니츠(Gottfried Wilhelm von Leibniz, 1646~1716)였다. 그는 1646년에 독일 라이프치히에서 태어났다. 라이프니츠는 어려서부터 라이프치히대학의 도덕철학 교수인 아버지 (Friedrich Leibniz)의 장서 중에서 철학의 고전을 읽고 특히 논리학에 흥미를 가질 만큼 천재소년이었다. 14세의 나이에 라이프치히대학을, 16세의 나이에 예나대학에서 철학, 법학, 수학을 배운 그는 스무 살의 나이에 이미 이들 모든 분야에 정통하고 학위논문을 비롯하여 『결합법론(De Arte Combinatoria)』에서 이미 후일 펼치게 될 그의 사상의 일면을 보였다. 그러나 그가 라이프치히대학에서 법학박사에 응모했을 때 교수들은 그의 어린 나이를 들어 그를 거절했다. 사실은 나이든 교수들은 젊은 그의 재능과 지식에 질투를 느낀 것이었다.

1667년 그는 고향을 떠나 그에게 학위뿐만 아니라 교수직을 제의한 뉘른베르크대학이 위치하고 있는 알트도르프로 갔다. 그는 교수직은 거절하고 학위만을 받았다. 그리고 그곳에서 연금술의 결사

結社에 들어간 것이 기회가 되어 마인츠 선거후選擧候국의 전 재상 보이네부르크 남작의 지우知遇를 얻어 정치가적 생활에 들어갔다.

그의 나이 21세에 그는 이미 법률고문과 국제적인 변호사로서, 그리고 정치가로서 활약을 했던 것이다. 깨어 있을 때에는 항상 일을 하여 그는 20여 개 나라의 학자들과 서신왕래를 하였다. 그가 현대적인 컴퓨터를 닮은 계산기를 발명한 것도 이 무렵이었다.

그는 마인츠 및 파리에서 활동했으며, 루이 14세의 야심을 외국에 실현시키기 위해 획책하기도 했다. 또 학문적 연구도 끊임없이 계속하여 파리와 런던에서 당시의 저명한 학자들인 아르노, 말브랑슈, 하위헌스, 콜린즈 등과 직접 회견이나 서신을 통해 학문상의 의견을 교환하면서 많은 논문을 썼으며, 왕립 협회의 회원이 되었다.

마인츠 선거후국의 직을 사임하고 독일에 귀환 도중 스피노자를 방문, 같은 해에 하노버공의 고문관 및 도서관장이 되었으며, 베를린 학사원의 창립에 관여하여 그 원장직에 취임, 유럽 각지에 학사원의 건설을 권했다. 이러한 분주한 생활 중에도 그는 철학 및 수학에 비범한 업적을 남겼다. 특히 수학에 있어서는 미분적분학의 방법을 확립하고, 수학을 본보기로 하여 국제적인 언어를 계획하여 일을 진척시켜 나갔다. 이것은 200년 후의 기호논리체계의 선구적 역할을 했다.

1676년 라이프니츠가 미적분학을 발견했을 때 시기적으로 약간 먼저 미적분학을 발견한 뉴턴과 그 사이에 길고 격렬한 논쟁이 일어났다. 이 문제에 대해 프랑스 사람들은 라이프니츠를 편들었고, 영국 사람들은 뉴턴의 편을 들었다. 그 결과 영국의 수학은 몇 세기 동안 뒤처지게 되었는데, 그 이유는 뉴턴적인 기호법이 프랑스가 채택한 라이프니츠적인 것만큼 유연하지 못했기 때문이었다.

하노버의 사서직을 맡아 죽을 때까지 그 직책에 남아 있었던 라이프니츠는 이러한 논쟁 때문에 1714년 하노버의 조지가 영국 왕이 되었을 때 그는 런던 왕궁에 초대받지 못하는 일이 벌어졌다. 그리고 2년이 지난 1716년에 70살의 나이로 죽었다.

이렇듯 뛰어나고 천재적인 인물의 말년 삶은 친구 하나 없이 쓸쓸하게 죽어가는 것으로 마감되었다. 그의 장례식에는 단지 한 사람만이 참석했다. 어떤 사람은 '그는 그가 실제로 자기의 나라를 빛내 주었던 것과 같은 그러한 인물로서가 아니라 약탈자처럼 매장되었다.'라고 말하기도 했다.

모든 실체에는 영혼이 있다.

라이프니츠는 많은 저작을 남겼지만, 그의 작품들 중에서 가장 잘 알려지고 아직까지도 가장 널리 읽히고 있는 책은 『단자론單子論(Monadologia)』이다. 세계는 실체實體인 단자에서 성립되고, 단자는 대우주를 영사한 소우주인데, 이러한 소우주에서 성립된 세계에 질서가 있는 것은 신神이 미리 조화를 가져오도록 정해 놓았기 때문이라고 생각했다.

그는 실체를 정적인 것이 아니라 동적이며, 단일한 실재로 구성되어 있는 것이 아니라 다수로 구성되어 있다고 보았다. 앞서 스피노자의 일원론과 데카르트의 이원론이 라이프니츠에 와서는 다원론으로 대체된 것이다. 따라서 그는 형이상학적 다원론자라고 불린다.

이 개별적인 실체들은 그 본성에 있어서 서로 구분되며, 각기 다른 것에 의존하지 않으며, 다른 것과 상호작용하지 않고 활동하는 것이다. 그러나 각각의 단자들은 다른 단자들을 반영하여 하나의 단자가 자신의 예정된 본성에 따라 활동할 때 나타나는 순수한 결과는 단자 사이의 실재적인 상호작용이 아니라 상호작용의 현상에 불과하다. 라이프니츠는 이러한 상호작용의 현상을 신이 각각의 단자에 부여한 본성, 예정조화에 따라 활동하기 때문이라고 설명한다. 예정조화란 신이 마치 고도의 기술로 정교하게 만들어진 시계들이 아무런 연관도 없이 정확한 시간을 함께 가리키는 것처럼 모든 실체들의 모든 작용들이 완전한 합일 속에서 일어나도록 미리 앞서서 완벽하게 마음과 몸을 창조했다고 하는 것이다.

그는 또 모든 실재란 단자로 구성되어 있으며, 이 단자는 정신적인 생명을 지닌 것이라고 보았다. 그리하여 모든 실체가 고유한 영혼이나 마음을 가지고 있다고 주장하는 범심리주의와도 통한다.

자유주의의 산파 존 로크

인간에게 지식과 추리의 재료인 관념을 주는 경험은 감각과 반성으로 나누어진다. 우리는 감각에 의하여 달다, 짜다, 둥글다 등의 관념을 가지며 반성에 의해 사유, 의지 등의 관념을 가진다. 이 단순 관념들이 복합하여 복합 관념이 생긴다. 이성론에서 말하는 실체도 복합 관념에 지나지 않는다.

1637년 데카르트의 『방법서설』이 세상에 나왔을 때 그 책은 지적세계 전체에 걸친 커다란 파문을 예고하고 있었다. 그것은 성서 이외에는 그 어떤 책도 불러일으키지 못했던 커다란 반향이었다.

데카르트는 물질을 물질로서 보는 새로운 자연관을 제시함으로써 근대 자연과학의 선구자라 불리는 뉴턴에서 자연과학 개척의 길을 열어 주었던 것이다. '태양은 이 세상에서 가장 공평하게 나뉘어 주어지고 있다.'고 하는 『방법서설』 서두의 글은 '인간은 신 앞에 죄인으로서 모두 평등하다.'라는 신적 평등관을 '이성의 힘은 만인에게 있어서 태어나면서부터 평등하다.'는 이성적 평등관으로 대신하여 선언하고 있었다.

그러나 데카르트의 사상의 내부에는 모순을 속속들이 드러내고 있었으니, 그 첫째가 신과 자아에 있어서 절대적 명석판명성을 지닌 코기토(Cogito: 나는 생각한다.)가 신에 대한 존재 증명을 추구하며 동시에 그것을 논증할 때 신은 오히려 자아에게 복종하지 않는가

하는 모순이다. 둘째로 세계라는 공간 속에 놓여 있지 않은 코기토에 있어서 왜 외부 세계의 존재는 확실한가? 셋째로 마음과 신체에 있어서 코기토에 의해 나누어진 마음과 신체로부터 왜 심신통일체로서의 인간이 성립되는가? 넷째로 자아와 타자他에 있어서 자아가 보는 타자가 '보캉송의 자동인형'이 아닌 나와 동일한 코기토를 갖는다고 어떻게 말할 수 있는가? 다섯째로 자아의 마음속에 실재하는 본유관념은 감각적인 경험과 왜 연결되는가? 여섯째로 자유와 필연에 있어서 마음이 본유관념에 의해 지배되고 신체가 자연의 기계적 필연으로 지배된다면 인간의 자유는 어찌하여 성립되는가, 하는 등의 모순이다.

영국인 존 로크(John Locke, 1632~1704)는 데카르트에게 많은 영향을 받고 정치와 의학에 기울어져 있던 관심의 눈을 철학 쪽으로 돌렸던 사람이다. 그 유명한 '관용과 인내'는 로크가 한 말로, 이 말의 진의는 데카르트정신의 중심적인 것을 그대로 답습하지는 않았다.

즉, 자신의 의견의 대부분에 대하여 입증할 논증을 모두 모아서 '자신은 명석하고 빈틈없는 견해를 갖고 있으니 더 좋은 견해는 나오지 않을 것이다.'라고 단정할 만큼 뒤떨어진 견해를 갖고 있는 사람이 있다면 그에게 합당한 주장은 '기록은 깨어지기 위해 있는 것이며, 논리적 주장은 보다 나은 논리를 창출하기 위해 있는 것이다.'라고 말해 주는 것일 것이다. 우리는 그 어느 쪽에도 한쪽으로 기울어진 생활을 이끌어 나가서는 안 될 것이며, 그리고 어떤 일을 처리하는 데 있어서도 시간은 그 일을 처리하도록 기다려 주지는 않는 것이다. 이러한 것들의 대부분은 확실한 사실이지만, 논증적인 논리를 가질 수 없다. 왜냐하면 이것들은 어느 쪽인가를 빨리 선택해야 하는 순간적 결정 판단에 의존하고 있기 때문이다. 어느 누구도 절대 확실한 지식으로 현실에 대처할 수 없는 이상 타인의 의견에 대해 관용을 베풀지 않으면 안 된다. 데카르트는 절대 확실한 지식의 성城을 구축하려고 한 나머지 임시로 지은 집에 안주하여 전에 살던 집을 완벽하게 개축하려고 하였던 것이다. 하지만 로크는 항상 임시로 지은 집밖에는 살 수 없는 인간의 한계를 응시하며 바로 그곳에서 사색하였던 것이다.

바다를 항해하는 선장은 자신이 갖고 있는 밧줄의 길이를 알고 있는 것만으로도, 비록 그것으로 대양의 완벽한 깊이를 측량할 수는 없다 하더라도 난파될 위험이 있는 얕은 해협을 항해하는 데 단지 항로를 인도하고 주의를 요하는 장소에서 배가 해저에 닿을 수 있는 만큼의 길이만 알고 있으면 그 밧줄로 무사히 빠져나갈 수 있는 것이다. 다시 말하자면 우리는 이 세상의 모든 사물을 알아야만 살아갈 수 있는 것이 아니라, 단지 우리들의 행위에 관련된 사물에 대해서만 알아도 살아갈 수 있는 것이다.

하지만 로크의 사상도 실로 많은 모순을 내포하고 있다. 이는 진보적인 경험주의를 설파하면서도 경험에 기초를 두지 않는 합리주의를 인정하고 신의 의지를 방패로 삼았다는 점이다. 그는 시대를 두세 발 앞서가는 선구자의 명예를 얻은 사상가는 아니다. 시대의 갖가지 의견을 많이 흡수하여 타당한 처방을 내린다는 것이 바로 그의 삶의 방식인 것이었다.

존 로크는 영국 브리스콜 근교의 링턴에서 태어났다. 그의 아버지는 소지주이면서 법률가로서, 내란 때에는 의회군에 참가하여 왕

당군과 싸웠다. 그는 처음에 웨스트민스터학교에서 교육을 받았다. 그는 그곳에서 고전에 대한 철저한 기초훈련을 받았으며, 옥스퍼드 대학으로 가 철학, 정치, 자연과학, 의학 등을 배우고 그곳에서 1658년에 석사 학위를 받았다. 그는 선생 노릇을 하며 화학과 의학에 대한 연구를 계속할 의향으로 옥스퍼드에 남아 있으면서 점점 더 이들 분야에 마음을 빼앗겼다.

한때 공사의 비서관이 되어 독일의 브란덴부르크에 체류하던 중 1666년에 애슐리경(뒤에 샤프츠베리 백작)을 만나 그의 주치의이자 그 아들의 교사, 그리고 고문이 되었다. 그러나 1683년 애슐리경이 제임스가 영국 왕위를 계승하지 못하게 하기 위해 그를 추방하려고 시도했으나 이 계획이 실패함에 따라 봉직 박탈과 함께 네덜란드로 추방을 당하게 되었다. 이에 따라 로크도 네덜란드로 망명을 떠났다가 그곳에서 윌리엄 왕자와 네덜란드 오렌지Orange왕가의 메어리 공주를 만났으며, 이 부부가 1688년 무혈혁명 후에 영국의 왕위에 올랐을 때 그들과 함께 고국으로 돌아갔다.

이 망명생활 동안 각지를 전전하면서 여러 학자들과 친교를 맺고 귀국 후 『종교관용에 관한 서한(A Letter Concerning Toleration)』, 『정부에 관한 두 논문(Two Treatises of Government)』, 『인간오성론(An Essay Concerning Humane Understanding)』 등을 간행하여 국내외에 이름을 떨치게 되었다. 특히 『인간오성론』과 『정부에 관한 두 논문』은 그를 철학자와 정치 이론가로서 유명하게 만들었다. 그는 일찍이 데카르트철학과 뉴턴에 의해 완성된 당시의 자연과학에 관심을 가졌고, 근 20여 년 동안 연구해왔던 『인간오성론』은 그의 영향을 바탕으로 버클리, 흄에게로 계승되었다. 이 책은 경험론과 내재적 현상론의 입장에서 칸트에 이르러서 결실을 보게 되는 인식을 근본 과제로 제기하여 논술한 것으로, 철학 전반의 역사에 관한 저서이다. 『정부에 관한 두 논문』은 정치이론에 관한 것으로, 미국의 독립 선언과 헌법의 내용과 문체에 많은 영향을 줌으로써 1668년의 영국혁명뿐만 아니라 1776년의 미국혁명에 대한 철학적 정당성을 제공하였다.

『인간오성론』에서 도덕의 심리적 해명 방법이나 쾌락주의, 행복주의의 경향과 도덕을 신의 법, 자연법, 국법과의 일치에서 구하려고 한 방향 등은 영국 고유의 윤리와 공통적 성격을 보이고 있다. 그는 또 계시의 뜻을 인정하면서도 이성적 논증의 한계를 넘는 것을 개연적이라 생각하는 점에서 종교상 이신론理神論을 조정하는 입장에 섰다.

1691년에 로크는 은퇴하여 그의 여생을 보낸 에식스 지방의 오츠에 있는 별장에서 1704년 72세의 나이로 세상을 떠났다.

로크는 인식론의 창시자, 계몽철학의 개척자일 뿐만 아니라 그의 정치, 교육, 종교 등의 사상은 영국과 프랑스에 큰 영향을 미쳤다. 그는 처음 데카르트사상에 관심을 가졌으나 후에는 데카르트의 생득적 관념(본유관념)사상을 엄히 비판, 관념의 경험적 발생을 주장했다. 그에 의하면 '인간의 마음은 본래 백지와 같은 것으로 어떠한 성분도 생득적 관념을 갖고 있지 않다. 인간에게 지식과 추리의 재료인 관념을 주는 것은 경험뿐인데, 경험은 감각과 반성으로 나누어진다. 우리는 감각에 의하여 달다, 짜다, 희다, 둥글다 등의 관념을 가지며 반성에 의해 사유, 의지, 상기想起 등의 관념을 가진다. 이들은 단순관념으로서 이들이 복합하여 복합 관념이 생긴다. 이성론理性論에서 말하는 실체도 복합 관념에 지나지 않는다.'고 하여 경험론의 입장을 취했다.

그의 정치사상은 전제주의 및 족장주의 등에 반대하고, 국민의 자유와 정치적 질서와의 조화를 목적으로 한다. 국가의 성립에 관해서는 계약설을 취하나 이성의 지배를 보존하기 위해 입헌제를 주장하고 또 삼권분립을 말했다. 또한 시민정부의 권력은 정부를 구성하는 구성원으로부터 나오며, 정부의 목적은 개인의 자유와 재산을 옹호하는 데 있는 것이며, 그리고 정부 내에서 입법부는 행정부보다 더 중요하며 권위가 있다고 주장했다. 아울러 어떤 경우에도 입법부와 행정부 사이에 그리고 교회와 국가 사이에는 엄격한 분리가 있어야 한다는 점을 주장했다. 로크가 이러한 주장을 펴게 된 것은 그가 영국의 찰스 1세의 처형과 크롬웰의 죽음, 1668년의 무혈혁명과 제임스 2세의 망명, 30년 전쟁 등을 통해 폭력이 난무하는 것을 목격한 때문이었다.

요컨대 그의 정치, 철학의 근본적 주장은 어떻게 하여 인간의 자연권을 옹호하는가에 있다. 그리고 국가는 다만 각 개인의 자연권을 보호하는 기능을 가지는 것에 지나지 않는다는 그의 주장은 종교적 관용, 교육의 문제에 대해서도 특색 있는 사상을 산출하고 몽테스키외, 루소 등의 18세기 사상가에게 큰 영향을 주었을 뿐 아니라 미국의 독립, 프랑스혁명에 지대한 영향을 주었다. 그는 윤리학에 있어서는 쾌락주의의 입장을 취하고 교육에 있어서는 자연주의를 취했다.

백지상태의 빈 마음은 어디에서 오는가?

  존 로크는 의사로서 산부인과도 함께 경영하고 있었다. 그는 반反가톨릭시즘의 입장을 취한 국왕 찰스 2세와의 싸움에서 패배한 샤프츠베리 백작의 손자 샤프츠베리 3세의 해산을 직접 주관했다.

  태아를 직접 받아낸 그는 이 핏덩어리가 고통이나 따뜻함에 대한 감각은 지닐 수 있을지 모르나 데카르트의 본유관념 따위는 갖고 있을 리가 없다고 생각했다. 그리고 그의 친구인 모리누스에게 쓴 편지에 의하면 태어나면서부터 맹인이었던 사람이 어느 날 갑자기 세상을 보게 되었을 때 그때 그 사람의 시각에는 사각체와 구체의 분간이 잘 되지 않는다는 사실을 확인하였다. 그러므로 마음은 소위 문자라는 것을 완전히 갖추고 있지 않은 백지상태인 것이며, 본유관념이라는 것은 조금도 갖고 있지 않은 것이라 하였다.

  그러면 어떻게 하여 마음은 관념을 갖게 되는가? 인간의 끊임없이 계속되는 심적 변화의 변형을 이루는 관념은 도대체 어디로부터 형성되는 것인가? 이 물음에 로크는 한마디로 '경험으로부터'라고 대답하였다. 경험의 원천이 감각이라고만은 할 수 없지만 '백지의 마음에 어디로부터 관념이 오는 것인가? 바로 경험으로부터!'라고 하는 주장을 내세웠기에 우린 그를 인식론과 경험주의의 아버지로 부르고 있다. 훗날 경험주의를 양육하고 철저화시켰던 사람은 버클리와 흄이라고 해도 좋을 것이다.

  '백지상태의 마음'은 라이프니츠에 의해 '아무것도 써 놓지 않은 글자판'이라는 의미의 라틴어 '타블라 라사'로 바뀌어 로크철학의 표어가 되었다.

그러나 이 말은 로크의 『자연법론(1662~1664년 집필)』 속에서도 사용되고 있었다. 이 말은 로크와 라이프니츠의 공동의 표어가 되기 더 오래전에 사용된 예가 있다. 바로 토마스 아퀴나스이다.

"지성의 서열에 있어서 최하위에 있고 신의 지성인 완전성으로부터 가장 멀리 있는 인간지성이지만, 그래도 모든 지적인 지식을 득(得)할 수 있는 가능상태에 있는 것으로서 그것은 아리스토텔레스의 『영혼론』 제3권에서 말한 바와 같이 우주의 최초는 '타블라 라사' 뿐이다."

그러므로 '타블라 라사'의 제1출처는 아리스토텔레스의 『영혼론(de anima)』의 라틴어 번역판에 있었다. 거기서 아리스토텔레스는 이렇게 말하고 있다.

"이성이 사유되는 것이라면 그것은 마치 현실적으로 아무것도 쓰여 있지 않은 활자판 속의 문자와도 같다."

경험론자 로크도 합리론자 라이프니츠도 아리스토텔레스와 토마스 아퀴나스의 오해에 대한 해명에 기초를 두고 '타블라 라사'를 사용하고 있었던 것이다. 경험론을 한마디로 요약하여 말하자면 '감각 속에 없었던 것은 지성 속에도 없다.'라고 요약된다. 이에 대하여 라이프니츠는 이것을 합리론자의 표어로 삼고 있다.

'감각 속에 없었던 것은 지성 속에도 없다.'라는 말 자체를 아리스토텔레스의 오래된 문맥에서 살펴보면 '감각 속에 가능적으로 없었던 것은 지성 속에 현실적으로도 없다.'라고 해석된다. 때문에 감각 속에 가능적으로 존재하는 것은 지성 속에서는 현실화한다. 그러나 새로운 문맥은 '감각 속에 현실적으로 없었던 것은 지성 속에서도 가능적으로 없다. 즉, 있을 수 없다.'라고 말하고 있는 것이다.

하지만 감각과 지성에 대해서 로크는 가능태라고 하는 상태를 인정하지 않았다는 점에 아리스토텔레스와는 다른 새로움이 있는 것이다. 로크가 자신의 주장을 '사물을 있는 그대로 기술하는 방법'이라 불렀을 때 그것이 가능태의 부정을 의미한다고는 생각하지 못하고 있었던 것 같다.

하지만 그가 가능태에 대한 부정을 철저히 할 수 없었던 것은 우리가 태어나면서부터 스스로 자신의 마음속에 갖고 있다고 의식하는 관념도 후천적인 경험과 관찰에 호소하여 추구하고 있다고 생각했기 때문이었다.

로크는 당시 최고의 임상의臨床醫로서 '영국의 히포크라테스'라 불리던 시데남과 서로 친교를 맺고 있었다. 로크는 시데남이 주창했던 자연현상적 방법을 이용하여 철학자들의 쓸모없는 논쟁에 결말을 짓고자 하였다. 이것은 이미 자신에게 익숙해져 있는 경험론으로 규정하여 관념의 발생 근거로 사용했던 것이다.

잠재의식

로크에 의하면 소유의 근원은 노동에 있다고 하였다.

"인간은 그 자신의 신체 속에 소유권은 갖는다. 고로 그의 노동의 산물은 그의 것이다."

천국에서도 이러한 노동을 인정하여 모두 무엇인가의 일에 종사하도록 했다. 프로이드는 죽은 후 천국에서 슈퍼마켓의 한 매장을 담당했다. 취급하는 물건은 각종 잡화 일체였다. 그중에서도 각종 세제에 설명을 덧붙이는 것이 그의 임무였다. 전직의 습관으로 그는 단지 '세제'라고 말해도 되는 경우에도 '세제 일체'라고 하였다.

때마침 로크가 더러워진 판자를 가지고 왔다.

"이 판자를 갓 태어난 어린아이의 마음과 같이 깨끗하게 만들고 싶은데."

프로이드는 선배인 로크에게 즉각 논박하였다.

"갓 태어난 아기라도 본능이라고 하는 몇몇 가지 더러운 것을 갖고 있어요. 백지상태는 아니란 말이에요."

냉정한 로크는 침착하게 되물었다.

"그러면 자네는 어떠한 상태가 백지상태란 말인가?"

프로이드가 대답했다.

"여러 가지 더러운 것이 달라붙어 있는 것(콤플렉스)을 분해한 후에 세제 일체로 깨끗이 닦아내면 이 판자도 타블라 라사(백지상태)가 되지요."

로크는 경험을 방패로 삼아 데카르트의 본유관념을 부정했다. 로크가 비판한 상대는 데카르트 뿐만은 아니었다. 그의 논적으로서 역사적으로는 영국의 플라토니스트들도 지적되고 있었다. 그는 누구든지 데카르트적 본유관념을 인정하는 것은 경험에 위반될 뿐만 아니라 권위주의에 길을 열어 주는 것이라고 하였던 것이다.

"이해하든 부정하든 일단 의심할 수 없는 어떤 명제를 발견하면 우리는 그것을 본유적, 즉 생득적이라는 결론을 내려 버리기 쉽다. 그리고 이것이 일단 받아들여지면 생득적이라고 하는 모든 것에 대해 의심을 품는 자의 탐구를 중지시켜 버린다. 다시 말하자면 생득적인 것에 대해서는 원리를 따져 물어서는 안 된다고 하는 데카르트식 본유관념의 주장을 원리로 삼아 대교사大敎師를 자칭하는 자들에게 적지 않은 권위의식에 빠지게 하는 이익을 초래하는 것이다. 생득원리가 있다는 교리가 한번 확립된 이상 신봉자들에게는 어떤 설교도 똑같이 생득적이라고 받아들여질 것을 강요당한다. 그렇게 함으로써 신봉자들로부터 그들의 이지理智와 판단력을 빼앗고, 그 이상 의심하여 탐구하는 일이 없이 신앙하고 신뢰하게 만들어 버리고 만다." - 『인간오성론』 중에서

로크는 '자유주의의 아버지'로 불린다. 그의 '자유주의'는 데카르트가 회의懷疑를 중시했던 것과 똑같은 비중으로 '권위에 맹종하지 않는 자주적인 판단'을 중시했다. 그러므로 항상 임시로 지은 집에서밖에 살 수 없는 인간의 한계를 깨닫고 있지 않으면 생득적 진리의 권위를 방패로 삼아 타인의 자유를 협박하게 된다. 그러나 이러한 의미에서의 자유는 그의 자유론과는 연결되지 않는다.

로크의 자유론에는 오히려 자유와 이성과는 상극이라고 하고 있다. 예컨대 '자유란 무엇인가?'라고 질문을 받는다면 누구든지 자발적인 선택이라고 대답할 것이다. 그러나 만약 누군가가 옆구리에 총을 들이댄다면 그는 반사적으로 먼저 손을 번쩍 들 것이다. 이것은 그가 죽음보다는 안전을 선택하여 자발적으로 손을 들었다고 볼 수 있을 것이다. 하지만 단순히 자발적이라는 의미만 내포되어 있다고 그것을 자유라고 할 수 있을까? 결국 강요된 자유가 참자유일 수 있는가의 문제에 봉착하게 된다.

여기서 참자유란 참자기에서 우러나오는 자발성일 것이며, 그러면 다시 참자기란 무엇인가 하는 의문에 부딪히게 된다.

어떤 사람은 참자기란 '그 사람의 이성'이라고 대답한다. 그러나 어쩐지 부족한 느낌이 든다. 왜냐하면 참자기가 이성이라고 한다면 그것은 선택적 의지라고 보아야 하는지 아니면 이성적 의지라고 보아야 하는지에 자유론은 항상 공전 상태에 빠지고 있음을 의미한다.

로크의 주장은 이성적 의지가 아닌 선택적 의지를 '자유'의 개념으로 받아들였다. 그러나 '이성의 궤도에서 벗어난 방법만을 택하여 행동하는 것도 모두 자유이며, 참자유라고 한다면 미치광이와 멍텅구리만이 참자유인일 것이다.'라고 그는 말하고 있다. 그러므로 자유란 충분한 생각을 거친 후에 욕망의 만족만을 위한 것이 아니라 사려에 의한 선택적 의지가 참자유라고 결론을 내렸던 것이다.

그런데 로크의 말에 제3의 자유개념이란 것이 있다.

"전능자의 자유는 가장 선한 것으로서, 전능자가 결정하는 자유는 인간의 의지로써 방해받지 않는다."

즉, 신이 선택한 자유는 인간이 선택한 최선의 자유와 일치한다는 의미인 것이다. 그러므로 로크의 자유론은 그의 친구들로부터도 여러 가지 이론이 제기되어 로크 자신도 당황하고 곤혹스러워 하였고, 결론을 내리지 못하여 몇 차례의 수정을 거듭하였다. 우리는 자유를 '이성적인 사려와 일치시킬 수 없다면 감히 자유를 포기하더라도 이성을 선택하지 않을 수 없는 것이다.'라는 그의 친구들의 주장에 동조하여 갑자기 태도를 바꿀 수도 없는 형편이었다.

결국 로크는 『지성론』에서 '자유, 즉 선택적 의지'설을 주장했지만, 통치론에서는 이성적 의지로서 자유를 고수하려는 자가당착적인 모순을 드러내고 말았다.

"법의 목적은 자유를 보장하고 확대하는 것에 있다. 그리고 그 자유에는 아무래도 이성적 의지가 내포될 수밖에 없는 것이다."

물론 시민법은 자유를 수호하려는 법이었다. 그러나 그 시민법이 시민들 사이에서 합리적 동의를 얻기 위해서는 의지의 이성적 규정, 즉 이성주의적인 윤리로 동의를 얻지 않으면 안 되는 것이다. 그렇다고 우리는 도덕을 논증하는 학문에서 수학의 귀결과 똑같은 방식의 답을 구할 수는 없는 것이다. 즉, '소유권이 없는 곳에 정부정正不正'이란 그 권리의 인정이나 침해이다. 그러나 통치는 절대의 소유를 용인하지 않는다. 왜냐하면 통치의 개념이란 일정한 규칙 또는 법에 의거한 사회의 확립이지만, 절대 소유란 오히려 방종에 가까운 자유이기 때문이다. 엄밀한 논증 방식으로 도덕을 설명한다면 로크의 경험주의나 자유주의에 위반되는 것처럼 보일지도 모른다.

그러나 도덕을 통치적 측면에서 보면 그 구상은 근대의 시민법에 호응하고 있다. 당시의 관습이나 봉건적 특권으로부터 탈피하여 이성적 자유에 의거한 법 규정은 시민들로부터의 필연적 요구였던 것이다. 이 요구는 벤저민이나 밀을 거쳐 오늘날에 이르기까지 일관되고 있다.

물론 이성적 자유에 의거한 법 규정이 도덕적 가치와 합리적인 규정으로 이루어졌는지의 여부를 따져 묻는 것은 아니다. 단지 시민적 합의에서 충분한 만큼의 합리적인 규정이 설정되어 있느냐가 더욱 중요한 것이었다.

로크는 법의 형태를 세 종류로 구별하여 나누고 있다. 즉, '시민법'과 '신神의 법'과 '현자의 법'이라 불리어지는 것이었다. 여기서 직접적으로 상벌이 내려지지 않는 신의 법은 논증의 한계를 벗어나 있다고 해도 좋을 것이다. 그리고 '현자의 법'이라 불리어지는 것은 시민들의 호응과 비난에 의해 성립되는 관습이나 세론의 규제일 뿐이다. 즉, 이 법은 시민법과 같은 강제성을 행사하지 못할뿐더러 양심에 의해 그 선악의 척도를 달리하는 정도일 뿐인 것이다. 그러므로 엄밀한 논증이 제기되는 것은 역시 강제적 상벌이 행해지는 시민법의 경우이다.

그러나 근대적인 의미에서의 법의 지배는 엄밀한 의미에서의 이성주의적인 도덕을 요구하고 있는 것이다. 로크가 자유주의자로서의 면목을 발휘한 것은 '만인은 태어나면서부터 자유롭다.'고 주장하는 『통치론』과 어린이들의 자발성을 중시하여 강제성을 최소한으로 줄여야 한다는 『교육론』에서이다. 그러나 어쨌든 로크의 근본사상은 자유와 이성과의 대립을 내포하고 있는 것이다.

교육으로부터 매를 거두려고 했던 로크의 자유주의 교육관에 대해 어른들로부터 항상 거론되는 반론적인 논점이 있다.

학부형: 우리 아이는 말로 해서는 도통 들어 먹질 않아요. 나쁜 일을 두 번 다시 하지 못하도록 하기 위해서는 매를 들지 않을 수 없어요.

로크: 애들이 병에 걸리더라도 될 수 있는 대로 자연 치유력에 맡겨야 합니다. 저는 어린아이에게 절대로 예방약 따위는 주지 않습니다.

학부형: 그러면 로크 선생님은 어린아이가 옥상에서 뛰어내리려 한다 해도 예방을 하지 않으시겠습니까?

로크: 그대로 놔두면 두 번 다시 되풀이는 하지 않습니다.

로크의 교육론에 있어서 자유란 개념도 중요한 요소이긴 하지만 뭐니 뭐니 해도 사상과 신앙의 자유가 없다면 가장 중요한 요소가 빠지게 되는 결과가 된다. 하지만 로크의 '관용에 대한 편지'를 읽은 사람은 누구나 놀라지 않을 수 없을 것이다. 왜냐하면 가톨릭과 무신론자들은 권력의 힘으로 억압하는 것이 당연하다는 취지가 당당하게 서술되고 있기 때문이다.

로크의 사상만큼 통렬하게 시대 속에 존재한다는 것을 느끼게 해 주는 것은 참으로 드물다. 로크의 철학을 '자유주의의 사도使徒'로 떠올리게 했던 것은 다분히 시대의 힘이 컸다. 계몽주의와 프랑스 대혁명과 미국의 독립이 그 후에 계속되었다.

데카르트의 자연학에 대한 뉴턴의 역학의 승리가 확정된 것도 영국의 선진성을 온 유럽에 인상 깊게 심어 주었지만, 로크도 데카르트에 대한 가장 이론적인 비판자로서 영국의 영광을 빛나게 하는 데 한몫을 담당했다. 또한 이것은 그의 정치사상의 보급에 크게 도움이 되었다. 이런 연유로 뉴턴과 로크 두 사람은 동지적 관계였고, 10년 후배였던 뉴턴도 로크의 소개로 당시의 고관들과 서로 알게 되었다.

또한 로크는 그의 저서 『교육론』 속에 뉴턴에 대한 아낌없는 찬사를 보냈다. 하지만 이처럼 두 사람의 관계를 밀접하게 연결시켰던 촉매는 신神과 연금술의 문제가 더 크게 작용했던 것이다.

로크와 과학자 뉴턴은 비밀히 연금술에 대한 정보를 서로 교환하고 있었다. 로크에게는 그의 특유의 미립자론 구상이 있었고, 뉴턴에게도 물체미립자는 다공질이며 세포는 끊임없이 잘게 나눌 수 있다고 상정想定하고 있었다. 소립자설의 선구가 되는 아이디어를 갖고 있는 그들에게 있어서 연금술은 단순한 몽상으로 그칠 수 없는 문제였다. 단지 플라스크를 원자로로 착각하고 있었던 것뿐이다.

뉴턴은 후에 조폐국 장관이 되어서도 연금술에 대한 연구를 계속하고 있었다. 최근 런던의 경매시장에 내놓은 뉴턴의 유품매각 목록의 서문에서 '조폐국 장관이 동화銅貨를 금화로 전환시킬 수 있다고 하는 소문은 당시 전국에 공포를 불러일으켰을 것이다.'라고 쓰고 있었던 것이다.

"나는 의심한다. 돈을 동銅으로 만들면 공포를 불러일으키는 것에 대해 종이로 만들면 공포를 일으키지 않는다는 것은 왜일까?"

경험주의의 대가大家 버클리

버클리의 투철한 신에 대한 사상은 일련의 무신론적 저술들로부터 유신론적 저술로의 흐름을 예견하였고, 뉴턴의 자연관으로부터 반드시 두려워할 만한 무신론이 내포되어 있을 것이라고 확신하고 있었다.

역학적 세계관을 가진 뉴턴과 걸리버 여행기 같은 로크의 경험주의론들은 모두 당시의 세계관을 넘어서는 새로운 세계관을 예고하고 있었다. 즉, 세계는 원인과 결과의 필연 속에 있는 것이므로 자연과 이성 이외에 신이라고 하는 것은 없다. 모든 지식과 역사와 문화는 사전에 미리 계산할 수 있는 수학적 원리 안에 놓여 있는 것이다.

스위프트의 『걸리버 여행기』에는 신기한 연구소 이야기가 쓰여 있다. 그 연구소에서 고안된 방법에 의하면 아무리 무지한 사람이라도 시나 정치나 법률이나 수학이나 신학에 관한 학문을 익힐 수 있다고 하는 것이다. 그 방법으로는 가로세로 20피트 정도의 대臺에 그 나라 말의 모든 단어를 배열하여 자신이 원하는 핸들만을 돌리면 자동으로 그 배열이 바뀌게 되어 원하는 완성된 문장이 나온다는 것이다.

이처럼 기묘한 리얼리티를 갖는 공상은 로크의 경험주의 사상과 뉴턴의 역학적 세계관으로부터 비롯된 것이리라.

다시 말하자면 로크의 '타블라 라사', 즉 백지와 같은 마음속에는 아무리 복잡한 것이라도 단순하게 성립된다는 원리가 적용된 것이고, 뉴턴의 새로운 역학적 관념은 이 세계에 새로운 역학적 질서가 있을지도 모른다는 가능성을 불러일으켜 그 시대의 많은 사람들의 마음을 사로잡고 있었기 때문이었던 것이다.

스위프트가 런던 궁정에서 더블린대학의 후배인 조지 버클리(George Berkeley, 1685~1753)를 소개받았을 때는 그가 아일랜드의 더블린 종교회의 주임사제로 있었던 1713년의 일이었다.

훗날 아일랜드 남부의 주교가 되었던 버클리와는 첫 만남부터 어딘가 서로 마음이 통하는 곳이 있었다. 스위프트는 그 시대의 동향에 상당한 혐오감을 품고 있었고, 버클리는 시대의 신新사상이 신神을 모독하는 데 대한 증거를 내세우고 있었다.

버클리가 『인지人知원리론』에서 피력한 뉴턴역학 비판은 스위프트에게는 '뉴턴도 역시 나타났다가 사라져 가는 갖가지 새로운 사상의 하나에 불과하다.'라는 생각을 갖게 하기에 충분했던 것이다. 역학에 관한 학식으로는 스위프트가 버클리보다 우위에 있었을지도 모르지만.

버클리는 1685년에 아일랜드의 킬케니에서 태어났다. 15살이 되었을 때 더블린의 트리니치대학에 입학하여 그곳에서 수학, 논리학, 언어 그리고 철학을 공부했다. 이때 그는 데카르트, 뉴턴, 로크 등을 연구하다 그들의 영향으로 성직자가 될 결심을 하게 되었다. 1707년에 석사 학위를 받았고, 2년 후에 영국 교회의 목사로 임명되었으며, 그 대학의 특별연구원으로 발탁되어 1713년까지 그곳에 머물렀다.

이때 그의 명성을 드높였던 문학적, 철학적 작품들이 쓰였는데,

『신시각론을 위한 시론(An Essay towards a New Theory of Vision)』이 그의 최초의 책이었다. 이 저작에서 그는 우리가 거리, 크기 그리고 물체의 위치를 지각하는 방식들에 관한 내용을 다루고 있다. 이 논문이 나온 지 3년 후에 버클리는 『하일라스와 필로누스 사이의 세 가지 대화(Three Dialogues between Hylas and Philonous)』라는 제목으로 인간 지식의 원리에 관한 논문에서 다루어진 주제들을 독자들이 이해하기 쉽게 책으로 만들어 출판했다.

1713년 버클리는 대학을 떠나 런던으로 갔다. 여기에서 몇 년을 지내면서 여러 번 유럽에 여행을 다녀온 후에 아일랜드로 되돌아갔다가 아메리카의 원주민에게 복음을 전하기 위해 버뮤다 섬에 이상적인 대학을 건설할 계획을 세우고 아메리카로 건너갔다. 대학 건설을 위한 준비를 하는 도중에 그는 신대륙에 대한 메시아적인 것과 다름없는 견해를 표현한 '미국 혹은 뮤즈의 피난처(America or Muses Refuge)'라는 시를 지었다.

그러나 항해하는 도중에 발생한 실수 때문에 버클리가 탄 배는 버뮤다 대신 로드아일랜드의 뉴포트에 상륙했다. 거기서 계획된 대학을 설립하기 위한 재정적 지원을 조달하는 데 실패한 그는 뉴포트에 남을 결심을 했다. 그곳에서 그는 그 후 3년 동안 뉴포트와 코네티컷 지역에 신학교를 여는 데 성공했을 뿐만 아니라 생긴 지 얼마 되지 않은 예일대학과 하버드대학에 재산과 책을 기증하여 도움을 주었다.

영국으로 돌아오자마자 아일랜드 클로인 주교에 임명되었다. 주교관구가 있는 남부 아일랜드로 이사한 후에 그곳에서 18년 동안 머물렀다. 1752년에 온 가족과 함께 옥스퍼드에 정착한 지 1년 후에 이곳에서 그는 68살의 나이로 평온하게 죽었다.

버클리의 투철한 신에 대한 사상은 마치 볼테르의 『철학서간』, 라메트리의 『인간 기계론』, 돌바크의 『자연의 체계』라는 일련의 무신론적 저술들로부터 유신론적 저술로의 흐름을 예견하였고, 뉴턴의 자연관으로부터 반드시 두려워할 만한 무신론이 내포되어 있을 것이라고 확신하고 있었다.

무신론의 근거는 '자연물이란 신에게서 벗어나 실체로서 자립 자존한다.'라고 하는 머티어리얼리즘(Materialism, 유물론)에 있는 것이다.

버클리 철학의 근본 명제는 '존재한다는 것은 지각된다는 것'으로 요약된다. 즉, 그는 능동적인 힘의 작용으로서 정신 실체의 그것에 지각되어 비로소 존재하는 '관념idea'만을 인정하였다. 다시 말해 지각되지 않는 추상적 관념의 존재를 부정하였으며, 추상적 보편관념이란 같은 종류의 개개의 사물을 대표하는 기능을 부여한 개별관념이라고 역설하였다.

버클리는 그의 말년에 철학을 거의 버리고 '타르 워터'의 효능을 선전하는 데 열중했다. 타르(콜타르의 준말) 워터란 원래 서인도 항로의 어부들 사이에 널리 알려져 있었던 건강 음료이다. 그것을 만드는 방법은 버클리에 의하면 이러하다. 타르가 수없이 많이 묻은 낡은 배의 로프를 잘게 썰어서 천에 싸서 보리차 끓이듯이 끓이면 된다는 것이다. 버클리는 이것을 판매하기 위하여 몇 개의 선전용 광고문구도 만들었다. 그중 하나로 '타르 워터 논쟁에 대하여'란 문구가 있다.

"마셔야만 하는가. 그야말로 생각해 볼만한 점이다. 찬반으로 나뉘어 서로의 주장을 떠들썩하게 내세우는 학자님들, '마셔라, 브리튼 사람들이여.'라고 크게 외치는 뱃사람들의 외침에 모든 의사양반들은 '안 된다.'라고 말한다. 과연 의사양반들은 학식만을 들먹이며 논쟁할 필요가 있는 것일까. 꽤 어려운 말을 즐겨하는 제임스 주린 (James Jurin, 1684~1750: 왕립자연학대학 학장)과 같이 그렇게 맹렬히 비난할 필요가 있는 것일까. 어쨌든 이 음료가 정상인가 아닌가의 진위의 평가는 우리들의 감각이 대신 말해 준다. 위장이 납득한다는 것은 말로 표현하거나 글로 쓰는 것이 불가능하지만, 일단 마신 사람에게는 느낌으로 알 수 있는 것이다. 권위자나 의사양반들도 똑같은 위장을 가진 인간이다. 타르 워터를 마셔 본 사람은 한번으로 그치지는 않고 있다. 그리고 그 어느 한 사람도 타르 워터를 마신 후 위장장애를 일으켰다고 전해지지 않고 있다."

홋날 그는 대학을 설립하기 위하여 미국으로 넘어갔으나 그 뜻을 이루지는 못하고 말았다. 하지만 그의 이름을 딴 마을이 생겨나 지금도 캘리포니아 주에는 버클리라는 도시가 있다.

로크의 실체론과 버클리의 반론

유물론이란 것은 한마디로 물질실체론이다. 물질실체론을 타파하는 무기는 로크의 철학 속에 있다. 흔히 우리는 실체라는 것을 '물건'으로만 생각하고 있다.

그러면 여기에 하얀 물 컵이 있다고 하자. 그것은 '백색', '원통형', '무게', '단단함' 등의 모든 성질이 하나의 실체로 이루어져 있다. 하지만 그 본질의 실체는 하얗지도 않고 원통형도 아니며 단단하지도 않은, 요컨대 어떤 한 가지의 성질도 아닌 것이다. 그러나 그 표상의 실체는 하얗고 단단하고 무거운 원통형인 것이다.

여기서 로크는 실체의 성질을 두 가지로 나누었다. 즉, 물건 자체를 이루는 이른바 객관적 성질(고체)인 '제1성질'과 주관적인 성질(느낌)인 '제2성질'로 나누었던 것이다. 사람이 황달에 걸리면 하얀 그릇도 노랗게 보이고, 똑같은 물이 따뜻한 손에는 차갑게 느껴지고 차가운 손에는 따뜻하게 느껴진다. 그렇기 때문에 마음 또한 하나의 실체로서 존재한다. 그리고 신 또한 하나의 실체로서 존재하는 것이라 하였다.

결국 실체란 모든 성질을 포함하고 있는 '복합 관념'이라는 것이다. 로크는 어떤 인도인의 에피소드를 그 예로 들고 있다.

"그 인도인은 커다란 코끼리가 세계를 떠받치고 있다고 떠들어댔다. 그러자 사람들이 그럼 그 코끼리는 어느 것 위에 있는가라고 질문을 하자 그 인도인은 커다란 거북이의 등 위라고 대답했다. 그러면 그 커다란 등을 가진 거북이를 떠받치고 있는 것은 무엇이냐고 묻자 결국 그 인도인은 무언가 알 수 없는 것이라고 대답하고 말았다."

결국 실체를 논한다는 것은 이와 똑같은 경우에 처하게 된다고 로크는 말하고 있다. 그러므로 로크는 물건이나 인간의 마음 그리고 신을 실체로서 존재하는 것이라고 인정하고 있다.

이에 버클리는 이 같은 로크의 실체론을 눈엣가시와 같이 반박하고 나섰다.

"하얗지도 단단하지도, 또 어떤 형태도 아닌 '실체'를 인정하기 때문에 괴상한 논리가 전개되는 것이다. 만약 실체로부터 상상할 수 있는 추상적 관념을 무시한다면 추상적 실체가 존재한다는 것은 불가능해지는 것이다. 그는 마치 예각이며 둔각이며 직각이기도 한 '추상적 삼각형'을 그려 내려는 것과 똑같은 것이다. '그 어떤 성질도 아니지만 그 어떤 성질이기도 한 실체'라고 하는 관념은 말의 유희에 불과한 것이다. 실체의 성질에 있어서 제1성질과 제2성질의 구별이 불합리하다는 것은 같은 이유에 근거를 두고 있다. 그것은 모두 말에 의한 추상적인 모습(추상태)을 마음으로 상상할 수 있는 현실적인 모습(현실태)으로 잘못 이해하고 있는 것일 뿐이다. 요컨대 '냄새가 난다.'라고 하는 것은 그 냄새를 맡았다고 하는 의미이며, '소리가 난다.'라고 하는 것도 그 소리를 들었다고 하는 의미인 것이다. 이러한 것들은 그나마 시각이나 청각으로 지각될 수 있는 것들이다. 하지만 지각된다고 하는 것과도 아무런 관계가 없는 '사고하지 않는 사물의 절대적 존재'라고 하는 것에 대해서는 전혀 납득이 가지 않는 것이다. 즉, 존재하는 것만이 지각되는 것이다."

버클리가 라틴어와 영어를 혼합하여 말한 것을 정식 라틴어로 'Esse est percipi', 즉 '존재한다는 것은 지각된다는 것이다.'라고 고친 것이 바로 그의 입장을 대표하는 표어가 되고 있다. 그러면 아무도 보지 않는 정원의 나무는 존재하지 않는 것인가에 대한 대답은 '신이 보고 있다.'라고 대답했다.

신은 모든 것을 보고 있다는 것이다. 이것은 존재하는 모든 것은 신의 정신으로 존재한다고 말하는 유심론과 흡사하였던 것이다.

버클리는 로크의 경험주의에 반박하여 로크가 인정했던 물질적 실체를 완전히 부정했다. 눈이 번쩍 뜨일 만한 멋진 설득력을 지녔던 그의 주장은 경험주의의 방법적 우위를 웅변적으로 논박했던 것이다.

버클리식 헌금론

버클리의 이름은 '버클레'라고도 쓰인다. 그리하여 레닌주의가 번성할 때 '너는 버클레주의자다.'라고 호되게 비판을 받고 처형당한 사람들이 한 해에 몇 명씩은 되었다.

만약 교통위반을 하고도 벌금을 내지 않은 자동차가 있다면 버클리주의자는 이렇게 말할 것이다.

"존재한다는 것은 지각된다는 것이다. 그러므로 경관에게 지각되지 않은 교통위반은 존재하지 않는 것이다. 하지만 하나님은 지각하고 계시기 때문에 그 벌금은 헌금으로 바쳐야만 하는 것이다."

신을 의심하고 인간을 신뢰했던 흄

모든 관념은 직접적인 체험인 인상印象에 의해서만 이루어진다는 흄의
철저한 경험론은 로크의 경험론, 버클리의 관념론을 계승하여 놀랄만한
회의적인 결론들은 이끌어 내었으며, 칸트의 비판철학의 기원을
이루었다.

인간은 오랫동안 합리성의 대표적인 형태로서 인과관계를 생각해
왔다.

'인과관계란 먼저 원인을 갖는 것이다.'라고 하는 명제는 삼각형
의 내각의 합이 180도가 된다는 것과 똑같은 의심을 용납하지 않
는 진리라고 생각되어 왔다. 인과성은 토마스 아퀴나스에게 있어서
는 '자명적 원리'였고, 데카르트에 있어서는 '유관념'이었다. 로크 또
한 경험으로부터 얻어진다고는 했지만 역시 인과성만큼 절대적으로
확실한 것으로 간주하였으며, 오히려 이것을 가지고 신의 존재에
대한 증명을 시도했던 것이다.

데이비드 흄(David Hume, 1711~1776)은 철저한 경험론자로, 모든
관념은 직접적인 체험인 인상印象에 의해서만 이루어진다고 하면서
로크의 경험론, 버클리의 관념론을 계승하여 이들보다 더 엄격한
원리를 따라서 이 원리로부터 놀랄 만한 회의적인 결론들을 이끌어
내었으며, 칸트의 비판철학의 기원을 이루었다.

1711년 에든버러에서 태어난 흄은 11살에 법률을 전공할 생각

으로 에든버러대학에 입학했다. 그러나 그는 자신이 주요한 철학적 발견을 할 가능성이 있다고 확신하게 된 18세에 법률직에 대한 모든 생각을 포기했다.

한때 상사商社에 근무하였으나 문학과 철학을 지향한 나머지 사직하고 1734~1737년 프랑스에 머물러 지내면서 온 정력을 철학적 탐구에만 쏟은 나머지 심한 신경쇠약을 앓기도 했다.

신경쇠약에서 회복되자마자 그는 계속 철학에 대한 탐구를 하였다. 그리하여 1739년, 20대의 나이에 그의 주저主著인 『인성론人性論』 제1권 오성편인 『인간 본성에 관한 논문(A Treatise of Human Nature)』이라는 책으로 연구 결과가 구체화되었다. 그리고 1741~1742년 사이에 『도덕·정치철학(Essays Moral and Political)』이라는 두 번째 책이 출판되어 호평을 받았다.

여기에 고무되어 『인간 본성에 관한 논문』을 수정하여 『인간 오성에 관한 철학논집(An Enquiry Concerning Human Understanding)』이라는 새로운 제목으로 다시 출판했다. 이어서 당시의 사회·정치·경제에 관한 토픽을 다룬 『도덕·정치철학』을 간행하여 호평을 받았다. 또한 『영국사』의 대저大著는 일생 동안 여러 판을 거듭해 그에게 명성과 인기를 가져다주었다.

커다란 명성을 얻은 흄에게 많은 공직제의가 들어왔으며, 1763년에 프랑스 주재 영국대사의 서기관으로, 1767~1769년까지는 외무부 차관을 지냈다.

또한 그가 에든버러로 돌아왔을 때 그의 집은 그 지역 저명인사들의 집합 장소이자 회의 장소가 되기도 했다. 그리고 1776년 흄은 많은 사람들의 애도 속에 사망했다.

원인과 결과 사이의 필연적인 끈

데이비스 흄은 경험주의의 방법으로 인과성을 정밀하게 증명하기 시작했다. 원인과 결과 사이의 필연적인 끈은 무엇에 의해 성립되고 있는 것일까. 그가 거기에서 본 것은 '믿음과 신념'이라고 하는 실연성과 전혀 반대되는 인간의 행동이었다. 즉, 신을 잃었다고 해서 인간성에 희망을 잃을 필요는 없다.

회의懷疑라는 것은 인간에게 있어서 절망을 뜻하는 것이 아니라는 것을 의미한다. 오히려 거기에서 자연 그대로의 인간 본연의 모습을 떠올릴 수 있다고 한 것이었다. 그것은 스스로 자랑하기도 하고 천시하기도 하고, 또 사랑하기도 하고 증오하기도 하는 공감 속에 살아 있는 인간의 일상적인 모습을 나타내 주는 것이다. 그러므로 인간의 구조를 파헤친 인간 해부학이야말로 인간의 본성을 정확하게 디자인하는 데 우선하는 것이다.

흄은 신을 의심했던 반면 그만큼 인간을 믿고 있었던 것이다.

"인간의 모든 지각은 두 종류로 귀착된다. 그것을 우리는 인상Impression과 관념Idea이라 부른다. 만약 인간의 마음을 하나의 닫혀 있는 창이라고 생각해 보자. 그렇다면 거기에는 여러 가지의 영상이 그림자를 이루며 나타났다가 사라지는 모습을 볼 수 있다. 그렇다고 해서 그림자가 아닌 창 안쪽의 실상을 볼 수 있는 또 다른 열려진 창이 있는 것도 아니다. 창에 비치는 그림자만이 인간에게 있어서는 전부인 것이다.

여기서 창밖으로 비치는 그림자를 우리는 인상이라고 하고 창 안쪽의 실상을 우리는 관념이라고 한다. 이 양자의 다른 점은, 인상은 마음을 두드려 의식으로 파고드는 그 무엇이고, 관념이란 내적인 생기에서 비롯되는 그 무엇이다. 다시 말해서 인상은 생생하게 살아 움직이며 우리의 뇌리 속으로 들어오는 것이며, 관념은 본유적으로 우리의 뇌리 속에 차분하게 가라앉아 있는 것이다.

예를 들자면, 손바닥 위에 놓인 사과에 대한 지각에서 그것이 아름답다거나 먹음직스럽다는 등의 지각은 인상인 것이고, '사과'라고 하는 문자로부터 불러일으켜진 지각은 관념인 것이다. 즉, 창밖으로부터 오는 것이 인상이고 창 안에서 밖으로 투영시키는 것이 관념이라고 할 수 있는 것이다." - 『인성론』 중에서

그는 모든 지각은 창을 통해 비쳐진 모습으로만 구별되는 것이라 하였다. 그러므로 우리의 지각은 의식과 생기의 정도, 즉 인상과 관념으로만 체득할 수 있다고 한 것이다.

여기서 인상은 다시 두 종류로 나누는데, 즉, 감각Sensation인상과 굴절Refraction인상으로 나눌 수 있다.

감각인상이란 인상이 감각기능을, 즉 뜨거움과 차가움, 갈증과 축축함, 즐거움과 괴로움 등을 자극하여 우리에게 지각되는 것이고, 굴절인상이란 인상이 마음에 복사가 되어 남아 있는 상태의 인상인 것이다. 이렇게 복사된 굴절인상은 우리의 관념에 여과되어 지각된다고 하는 것이다.

예컨대 쾌락과 고통이란 인상이 굴절되어 마음에 복사될 때에는 욕망이나 혐오, 희망이나 공포 등 지각을 생성시킨다는 것이다. 이것은 감각인상의 굴절에 의해 생기는 것이므로 당연히 굴절인상이라고 부르는 것이다.

'Refraction'이란 단어를 직역하면 '즉시 되돌아옴'이다. 이렇게

해서 새로운 지각이 생겨나는 법칙을 뉴턴역학과 똑같은, 아니 그보다도 훨씬 유익한 인간학이 성립된다고 흄은 생각하였다.

그의 주된 저서인 『인성론』에는 '이제까지 연구해 온 실험적 방법을 정신의 제재題材에 도입하는 시기'라는 부제가 붙어 있다.

흄의 동물원

흄은 동물에게도 이성, 감정, 도덕성이 있다고 말한다. 그리고 인간이 다른 생물보다 뛰어날 수 있는 것은 단지 사회의 덕택이라고 이야기하고 있다. 이 사상은 흄이 인간을 신과 동물의 사이에 두는 기독교적인 사고방식으로부터 완전히 탈피하고 있다는 것을 보여준다.

그 외에도 기독교인들의 신경을 거슬리는 예를 그는 종종 들고 있다. 흄은 이렇게 말한다.

"왜 근친상간이란 것이 인류의 경우는 유죄이고 동물에게는 도덕적 추악함이 되지 않는단 말인가. 이런 경우에 옳고 그름을 판정하는 데 이성의 유무에 그 근거를 둔다고 대답하는 자는 순환논법(A는 B이다. 왜냐하면 A는 C가 아니므로 C가 아닌 것은 모두 B이기 때문이다. 라는 논법)에 빠져 있는 자이다."

이성은 선악을 판단할 뿐이지 선악을 만들어 내지는 못한다. 때문에 이성의 유무는 선악의 차이가 되지는 않는다. 근친상간이 악이라고 한다면 동물에게도 인간에게도 모두 악인 것이다. 만약 마르키 드 사드(Marquis de Sade, 1740~1814년 프랑스의 외설적인 작가, 사디즘은 그의 이름에서 유래된 용어임)라면 이렇게 결론지을 것이다.

"동물은 해도 되는 것을 인간이 해서 왜 나쁜가?"

하지만 동물들은 흄의 이 같은 지론을 이렇게 반박할 것이다.

"우리는 살아 있는 것을 울안에 넣어 구경시킬 정도로 악질은 아니야. 인간도 똑같이 취급당하지 않으려면 울타리를 없애야만 할 것이다."

'원인과 결과'라는 관념의 의미

흄은 우리의 지각을 형성하는 '관념의 결합'을 세 종류로 나누었는데, 그것은 유사, 접근, 인과이다. 이중에서 인과만이 특별한 위치를 차지하고 있다고 설명하고 있다.

'기억과 감각이라는 직접적 인상을 넘어서서 우리는 이성이라는 도덕률로 이끌어갈 수 있는 유일한 것은 원인과 결과라는 관념뿐인 것이다.'

이처럼 원인과 결과라고 하는 것을 강조한 이유를 살펴보면, 우선 원인과 결과는 서로 떨어져 있는 듯이 보여도 실제로는 원인의 연쇄로 연결되어 있다. 뉴턴의 만유인력법칙은 당시 진동 속에서도 적용되는 작용인가 아닌가 하는 문제로 논의되고 있었다.

그러나 이 문제에 있어서 흄은 원칙적으로 진공을 인정하지 않고 '결과에 대하여 원인이 시간적으로 선행한 것뿐이다.'라고 주장하였다. 아리스토텔레스의 자연학에서 '목적인'이란 결과에 대하여 원인이 이론적으로 나중에 제기되지만 흄은 이것을 완전히 묵살하고 시간 관계가 성립하는 한 원인은 결과와 동시에 일어날 수가 없으며, 따라서 원인이 선행한다고 주장하였던 것이다.

하지만 그는 열이 불의 원인이라면 원인과 결과에 있어서 어느 것이 선행한다고 할 수 있겠는가? 이 경우에는 결국 동시성 그 자체를 부정할 수 없다는 것을 생각지 못했다. 그에게는 어떤 원인이 상정되면 시간적으로 그 원인이 사라진 후 결과만이 남는 형태만을 상정하고 있었던 것이다.

원인과 결과에 대한 선행론만으로는 아직 인과론이 완벽하게 이루어질 수 없다. 여기 두 개의 시계가 있다. 한 쪽이 일초 먼저 진행하고 있다고 해서 먼저 진행한 시계의 움직임이 뒤따라오는 시계의 운동의 원인이라고 할 수는 없는 것이다. 그러므로 여기서 인과론이 성립되기 위해서 '필연적 결합'이 내포되어 있지 않으면 안 되는 것이다.

필연적 결합이란 원인과 결과의 항구적 접속이라는 것이다. 즉, 같은 물체 내에서의 운동과 성질이 나타나게 되는 현상일 때만을 제시할 수 있다는 것이다. 설령 인상을 무한히 마음에 복사시켜 새로운 굴절인상을 지각시킨다고 해도 단순히 그것만으로는 필연적 결합이라고 하는 새로운 독자적 관념이 결코 생겨나지 않는 것이다.

예컨대 아흔 아홉 번의 실험을 거듭하여 똑같은 결과가 나왔다고 하여 백 번째에도 '필연적으로' 똑같은 결과가 나오리라는 확증은 경험 중에는 없다. 즉, 아직 경험하지 않은 경우가 이미 경험한 경우와 유사함을 아무리 증명하더라도 아직 경험하지 않은 경우의 결과에 대한 어떠한 확증적 논의도 있을 수 없다는 것이다. 이는 이성으로써 원인과 결과의 필연적인 결합을 발견해 낼 수 없다는 말이 된다. 그러면 인과라는 관념은 무엇에 의해 생기는 것일까.

흄의 인성론에서의 주장처럼 '인상이 원인이 되어 얻어지는 모든 지각은 습관으로부터 이루어진다.'라고 하는 것은 언뜻 듣기에는 그럴 듯한 주장이다. 그러나 우리가 원인으로서 생각하고 있는 인상이 그다지 합리적이지도 이성적이지도 못하다면 지각이라는 결과를 이루어 내는 과정인 습관이 잘못되었다고 할 수 있겠다. 예를 들어 교통사고의 원인으로 도로의 동결, 운전자의 부주의, 시계視界의 불량, 과속운전 등등이라고 수많은 원인을 산출해 내 그 원인이 결과를 불러일으켰다고 아무리 강조하더라도 도로의 동결이나 과속운전 그 자체가 사고를 일으키는 것은 아니다. 결국 그러한 원인과 운전자의 습관과의 필연적 결합에서 오는 것이 틀림없다.

하지만 흄이 제기한 문제는 과학의 근본적인 성립에 관련을 맺고 있는 것이다. 과학법칙이란 이미 행해진 아흔아홉 번의 실험의 요약된 보고에 불과하며, 백 번째의 실험에 대해서는 침묵할 수밖에 없다는 것이다.

조건반사

흄은 버클리가 예리하게 비판한 '보편개념'도 역시 습관에 의한다고 설명하고 있다. 즉, 이성론과 경험론의 대립에 있어서 흄은 경험론자들은 경험적인 뒷받침이 결여되어 있는 것에 습관이란 이름을 빌어 적용시키고 있으며, 그것이 이성론자들의 논박을 사전에 막는 데 좋은 방법으로 이용된 것이라고 말하고 있다.

여기서 습관은 현대 심리학에서 말하면 학습일 것이다. 그러나 습관에는 흄도 인정하였듯이 대단히 기묘한 것이 있다.

남부러울 것이 없는 신사들이 파티를 열고 있는 곳으로 권총강도가 침입해 들어왔다.

"모두들 꼼짝 마! 움직이면 쏜다! 이 총은 장난감이 아니다!"

강도는 이렇게 외치며 천장을 향하여 한 발을 발사했다.

"땅!"

그러자 신사들은 일제히 달리기 시작했다. 이 모임은 전 육상대표 선수들의 모임이었던 것이다.

이와 같이 습관에 얽힌 조크는 얼마든지 있다. 그리고 습관의 제1효용은 행위의 수행에 자유롭고 민감하게 대처하는 데 있는 것이다.

흄의 인과론의 핵심도 그와 같은 점에 있었다.

"모든 대립된 관념은 원인의 관념과 결과의 관념으로 분리할 수 있다. 그러므로 우리가 손쉽게 어떤 관념이 이 순간 존재하는가, 또 다음 순간에는 어떤 관념이 존재할 것인가를 생각해 낼 수 있는 것은 습관에서 비롯되는 것이다."

위와 같은 흄의 논법은 어떤 대상이 원인도 없이 나타났다가 사라진다고 하는 전제하에서만 성립되고 있는 것이다. 그러므로 그의 전통적인 인과성의 개념은 '무에서는 아무것도 태어나지 않는다.'라는 전제로 성립되고 있는 것이다.

이와 같은 논법은 어떻게 보면 일종의 순환논법이다. 즉, 대립된 관념은 분리할 수 있다. 그리고 분리할 수 있는 관념은 원인 없이도 결과가 나타날 수 있다. 안도 바깥도 없는 마음의 창에 명멸하는 인상의 세계가 흄에게 있어서는 알파일 뿐만 아니라 오메가이기도 했다. 명멸하는 인상에 의해 물체의 세계가 해체될 뿐만 아니라 버클리가 강력하게 고수하려 했던 자아도 해체되었던 것이다. 실은 버클리도 자신의 노트에는 '마음은 지각의 집결지이다.'라고 쓰고 있었지만.

"내가 나 자신이라 부르는 것에 가까이 몰입해 들어가도 내가 만나는 것은 항상 뜨거움과 차가움, 밝음과 어두움, 사랑과 미움, 쾌락과 고통이라고 하는 지각이었다. 인간이라는 것은 상상할 수 없이 빠른 속도로 계속해서 이어지고 끊임없이 변화하고 움직이는 수많은 지각의 집합체임에 틀림없다."

현대에서는 구조주의자라 불리는 라캉이나 들뢰즈의 자아개념은 흄의 자아개념과 흡사한 점이 많다. 그러나 그들의 자아개념 중에서 자아의 자기동일성이 과연 자아의 내부 관찰이나 데카르트적 자기직관, 즉 코기토에 의해 비롯되는 것인지 아니면 오히려 자기논리를 합리화하려고 내세우는 타자他自라고 말해야만 되는 것인지, 그리고 그 타자가 절망과 단절을 매개체로 하여 만나는 신(키르케고르의 신)인지, 사회의 구조적 관계를 형성하는 신(마르크스의 신)인지 내부의 실제적 공동체(헤겔의 신)인지를 단정 지을 수 없다는 것이다.

하지만 흄은 데카르트의 자아개념에 대한 근본적인 안티테제(반대명제)를 제시한 무신론자임에는 틀림없다.

그는 자아의 허무성에 대한 보상을 초월자나 타자에게 구하려고 하지는 않았다. 일상적 현세적인 인간으로서 그것을 긍정할 뿐이었다. 이러한 흄의 현세주의의 특색은 비현세적인 것에 대한 어떤 불안감 같은 것을 전혀 느끼고 있지 않은 철저성에 있었다.

"내 손가락이 상처를 입는 것보다는 전 세계가 파괴되는 쪽이 더 낫다고 해도 이성에는 위배되는 것이 아니다."

이러한 휴머니즘의 신경을 거슬리는 도발적인 흄의 언사 속에도 사실은 반反휴머니즘적인 그 어느 것도 내포되어 있지 않았다. 왜냐하면 도덕은 정서상의 문제이며, 이성은 덕과 부덕의 결정권을 쥐고 있지는 않다고 하는 것이 흄의 진의이기 때문이다. 따라서 도덕에 대한 이성적인 학문 따위는 있을 수 없다.

오히려 이성은 감정의 노예이다. 다시 말하자면 이성은 덕이나 감정의 결정에는 관여할 수 없다는 것이다. 예컨대 '~이다. ~이 아니다.'고 하는 이성적 판단에서 '~이어야 한다. ~이 아니어야 한다.'고 하는 감정적 판단으로 이끌어 낼 수는 없는 것이다. 그것은 덕도 악덕도 모두 똑같이 휴머니즘적인 것이기 때문이다. 이는 인간의 이성적 행위만이 가치 있는 삶으로 올바르게 인도할 것이라는 스토아주의와 신에 의해 창조된 인간이라는 기독교적 인간관에 흄의 폭탄 선고가 떨어진 것이라 할 수 있다.

그러면 과연 한 인간이 자유에 의해서 자기의 행위를 결정할 수는 없다는 것인가에 대해 흄은 이렇게 말한다.

"자유란 오히려 결정의 결여에서 나오는 부과물이다. 즉, 하나의 관념으로부터 다른 관념으로 옮겨야 할 때 느낄 수 있는 어떤 결정의 부재인 것이다."

흄은 자신이 남긴 원고의 전부를 12세 연하이자 친구였던 경제학자 아담 스미스(Adam Smith, 1723~1790)에게 위탁하였다. 그러나 위탁된 것은 유고遺稿뿐만이 아니었다. 인간학으로서의 '사회과학'의 성립도 또한 스미스에게 위탁되었던 것이다. 더욱이 수학, 자연학,

종교학도 어느 정도까지는 인간학에 의존한다고 하였던 것이다.

루소와 흄

흄은 뚱뚱보에다 추남이었지만 프랑스에 체류하는 동안에는 귀부인들 사이에서 대단한 인기를 얻고 있었다. 왜냐하면 그는 루소와 항상 같이 다녔으며, 귀부인들을 만날 때마다 루소는 흄에 대한 좋은 인상을 그녀들에게 심어 주었기 때문이었다.

그러던 어느 날 갑자기 루소가 흄의 가슴에 자기 얼굴을 파묻으며 양손으론 흄의 두터운 목을 감고는 눈물을 흘렸다. 영문을 모르던 흄도 루소의 등을 껴안으며 위로했다.

그들은 서로를 아끼며 좋아했다. 그러던 어느 날 문득 루소는 흄이 오히려 자기를 박해하는 자일지 모른다는 극도의 피해망상을 품고는 흄에게서 등을 돌렸다. 그리고 드디어는 두 사람이 갈라서고 말았다.

그러나 흄은 그 후에도 루소를 아끼며 그가 연금을 탈 수 있도록 열심히 뛰어다니며 애를 써 주었다. 흄다운 면모를 보여 주었던 것이다. 흄은 평생을 독신으로 살았으며 또한 요리의 명수이기도 했다고 한다.

그런데 상상만으로 쓰인 어느 흄전(傳)에 의하면 두 사람이 갈라서게 된 진짜 원인은 이렇다고 한다.

루소는 미모와 재능을 갖추고 있던 테레즈라는 여인을 정부로 삼았다. 흄은 루소의 예민한 감각이 이 여자에 의해 어떻게 만족되고 있는지를 알아보고 싶었다. 그런데 테레즈는 항상 과도하게 예민한 루소보다는 뚱뚱하고 호탕하게 보이는 흄을 상대하는 편이 더 낫겠다고 생각했던 것이다.

마침내 그들 두 사람 사이에서도 정념의 불꽃이 타올랐다. 그 후 흄은 과연 정념에 계속 몸을 내맡겨도 좋은지 어떤지를 의심하며 루소에게 말했다.

"루소 씨, 자연은 도덕적이지도 비도덕적이지도 않습니다."

루소는 대답했다.

"우리는 더럽혀진 문명을 버리고 자연으로 돌아가야 합니다."

순간 흄은 마음의 결정을 내렸다. 그는 스코틀랜드 지방 요리를 그녀에게 가르쳐 준다는 구실로 테레즈를 부엌으로 불러들여 두 사람의 은밀한 밀회를 약속했다. 그날 밤 조용히 비가 내리고 있었고, 저택 안은 짙게 어둠이 깔리고 있었다.

흄은 벽을 따라 문짝의 수를 세며 약속한 방에 다다랐다. 그는 문을 열고 들어서자마자 키스와 포옹의 세례를 상대에게 퍼부었다. 하지만 그는 곧 사람을 잘못 보았다는 것을 깨달았다. 문짝의 수를 잘못 세었던 것이다. 이내 그가 변명을 둘러댔다.

"나는 당신이 루소 씨인 줄 알았기 때문에……."

암흑 속에서 목소리가 들려왔다.

"배신자! 내가 루소다."

'독단의 잠'으로부터 깨어나게 해 준 칸트

칸트의 선험적 비판철학은 오랫동안 대립되어 온 경험론과 합리론의 양대 조류를 근대 자연과학을 기반으로 하여 용의주도하게 비판, 인간의 인식능력의 타당성과 한계를 명확히 밝히고, 뒤에 독일 관념론을 형성시키면서 19세기 말에 이르도록 철학사상 최대의 영향을 끼쳤다.

임마누엘 칸트(Immanuel Kant 1724~1804)는 의심할 여지없이 근대 철학에서 가장 위대한 인물로서 프랑스혁명과도 같은 시대의 인물이다. 그는 실제로 그가 접했던 모든 탐구의 영역—현재 우리가 이루고 있는 윤리학을 포함하여—을 혁명적으로 변화시켰다.

칸트는 동프러시아에 위치하고 있는 항구도시 쾨니히스베르크에서 중하층 계급의 마구馬具 제조업자인 아버지와 경건하고 신앙심이 두터운 어머니 사이에서 태어났다. 경건주의pietism라고 불리는 복음주의적인 독실한 프로테스탄트의 일원이었던 어머니의 영향을 받아 그는 매우 경건한 삶을 영위했으며, 일생 동안 그 지방에서 몇 마일 이상을 벗어난 적이 없었다.

그는 스코틀랜드에서 이민 온 이들을 가까운 조상으로 여기며, 변경邊境의 소시민 가정에서 장성했다. 프리드리히대왕 시대의 계몽적인 시민 육성책의 혜택을 받을 수 있었던 지리적·역사적 조건이 그의 철학으로 하여금 독일적 특수성을 떠나 참다운 '세계시민적'인

철학이 되게 하는 조건을 형성하였다.

16살에 신학에 뜻을 품은 칸트는 쾨니히스베르크대학에 입학했다. 대학 재학 중에 그는 크누젠(M. Knutzen) 교수의 정성어린 지도로 수학, 신학, 철학을 비롯하여 여러 학문을 배웠으나, 특히 당시의 신사상이었던 뉴턴 물리학에 관심을 두었다. 22살에 양친과 누나들과 형이 모두 사망하여 어떻게 해서든 자신의 생계를 스스로 꾸려나가지 않으면 안 되게 되어 동프러시아의 몇몇 귀족가문에서 대학을 졸업한 후 약 10년간 가정교사로 전전하게 되었다.

그리고 모교에서 강사직을 얻어 뉴턴 물리학에 대한 연구를 진행하여 1755년에 『일반 자연사와 천체이론』으로 결실을 보았다.

서른한 살 때 그는 박사 학위논문을 완성한 후에 곧바로 전임강사로 임명되었으며, 그 후 15년 동안 전임강사로 머물렀다. 그리고 46세가 되는 1770년에 마침내 정교수가 되어 1797년에 은퇴하였다. 그리고 1781년에 그의 제1비판서인 『순수이성비판(Kritik der Reinen Vernunft)』을 썼다.

시계처럼 정확한 규칙적 생활 아래 철학 연구에만 몰두한 그는 어머니의 영향으로 처음에는 신학에 관심을 기울였으나 점차 자연과학에 흥미를 느끼기 시작했으며, 그리고 마침내 철학에 뜻을 두게 되었다.

최초로 출판된 칸트의 저서는 신학이나 철학에 관한 것이 아니라 물리학에 관한 것이었다. 그 제목은 앞서도 밝힌 『일반 자연사와 천체이론』이었으며, 이 저작에서 그는 뉴턴 물리학의 모든 원리를 확대 적용하여 우주의 발생을 역학적으로 해명하려고 시도했는데, 후일 '칸트라플라스의 성운설星雲說'로 널리 알려지게 된 획기적인 업적을 수립하였다. 뉴턴의 철저한 적용이라는 이 대담한 시도는 목적론적 세계관에의 귀의歸依와 표리일체를 이루고 있으며, 그것의 바탕 위에 비로소 가능하게 된다는 일면을 지니고 있다. 여기에 내포되는 모순이 의식에 떠오른다면 그것은 위기에 봉착한다는 것을 뜻할 것이다. 이 위기에서 칸트를 구한 것은 루소이다. 그는 칸트로 하여금 문명에 침식되지 않은 소박한 인간의 존엄성에 대하여 눈을 뜨게 하고 여기에다 그 후의 모든 사상적 노력의 숨은 기초를 뿌리박게 한 것이다.

이 작품이 나온 후 25년 동안 그는 단지 자신의 독창적이고 혁명적인 철학을 정식화시키는 데 온 정열을 다 쏟아 부음으로써 몇 안 되는 논문만을 발표했을 뿐이었다.

그는 뉴턴, 루소를 두 개의 기둥으로 삼고 흄을 부정적 매개체로 하여 중세 이후의 전통적 형이상학을 그 밑뿌리까지 파고들어 전면적 재편성을 시도함으로써 비판철학을 탄생시켰다. 또한 그는 『순수이성비판』에서 뉴턴의 수학적 자연과학에 의한 인식구조에의 철저한 반성을 통하여 종래의 신神 중심적인 색채가 남아 있는 형이상학의 모든 개념이 모두 인간 중심적인, 즉 넓은 의미에서의 인간학적인 의미로 바뀌어야 되는 이유를 들고 다시 나아가서 일반적, 세계관적 귀결을 제시하였다.

제2비판서인 『실천이성비판』에서 칸트는 한 걸음 더 나아가 자율적 인간의 도덕을 논하고, 실천의 장에서 인간의 구조에 불가결한 '요청要請'이라는 형태로 신神, 영세永世 등의 전통적 형이상학의 내실을 재흥시켜 그것이 새롭게 인간학적 철학에서 점유할 위치를 지정하였다. 종교를 도덕의 바탕 위에 두는 이 구상은 그 후의 『종교론』에서 다시 구체적으로 전개된다.

이상 두 가지 비판서에 의해 명백하게 된 인식과 실천이라는 두 개의 장면을 매개하고 인간의 삶이 영위되는 장場의 구조를 통일적으로 파악하여 새로운 인간학적 철학을 종결짓고자 구상된 것이 제3비판서인 『판단력비판』이다. 여기서 칸트는 미美와 유기체有機體의 인식이라는 장면의 분석을 통하여 목적론적 인식의 구조를 명백히 하고, 또한 목적론과 기계론의 관계라는 일생의 과제이며 동시에 세기적 과제에 비판적 해결을 부여하여 스스로 철학적 노력을 결말 지은 것이다. 이로써 그의 명성은 유럽에 떨치고 두 차례나 총장에 올랐으나 1793년 『단순한 이성의 한계 내에서의 종교(Die Religion innerhalb der Grenzen der blossen Vernunft)』를 발표하여 미신적 요소가 많은 계시啓示종교를 날카롭게 비판하고 이성의 종교관을 피력함으로써 일시적으로 함구령이 내려지기도 했다. 만년의 논문인 『영구평화론(Zum Ewigen Frieden)』은 국제연맹 사상의 기원이 되었다고 한다.

그의 선험적 비판철학은 오랫동안 대립되어 온 경험론과 합리론의 양대 조류를 근대 자연과학을 기반으로 하여 용의주도하게 비판, 인간의 인식능력의 타당성과 한계를 명확히 밝히고, 유럽 사상계에 일대 혁명을 불러일으키는데, 이는 뒤에 피히테, 셸링을 거쳐 헤겔에 이르러 완성되는 소위 독일관념론을 형성시키고 다시 신칸트학파에 계승되어 19세기 말에 이르도록 철학사상 최대의 영향을 끼쳤다.

칸트의 가장 위대한 작품인 『순수이성비판』, 『학으로 성립할 수 있는 모든 미래의 형이상학에 대한 입문』, 『도덕 형이상학의 기초』, 『실천이성비판』, 『판단력비판』, 다섯 작품 중에서 두 가지가 윤리학을 다루고 있으며, 그것들 중 하나인 『도덕 형이상학의 기초』는 윤리학의 주제에 관하여 역사상 지금까지 쓰인 작품들 중에서 가장 주요한 작품의 하나로 간주된다.

생활에서 칸트가 보여 준 규칙성은 현재에 와서는 하나의 속담이 될 정도로 엄격했다. 즉, 그는 항상 똑같은 시간에 일어나고 커피를 마시고 작품을 쓰고 강의를 하였으며 산책을 하였다. 그의 이웃들은 칸트가 지금은 그의 이름을 따서 불리고 있는 조그마한 가로수 길을 따라서 산책을 하려고 집을 나서는 순간에 시계를 4시 반에다 맞출 정도였다는 일화가 있다. 또 그는 저녁에는 집 근처에 있는 교회의 탑을 고즈넉이 바라다보면서 명상에 잠겼다.

이처럼 칸트의 은둔자적인 삶의 방식을 볼 때, 그의 시대에 그에게 가장 큰 관심을 불러일으키며 커다란 공명을 일으킨 사건이 미국혁명과 프랑스혁명이었다는 사실은 역설적이기까지 하다.

독단의 잠

흄의 『인간 본성에 관한 논문』에 대해 칸트는 이와 같이 평하였다.

"나는 솔직히 고백한다. 데이비드 흄의 경고야말로 나를 독단의 잠에서 깨워 관념철학 분야에서의 나의 연구에 완전히 다른 방향을 제시해 주었다."

여기서 독단의 잠이란 라이프니츠의 '세계는 신이 창조한 최선의 것이다.'라고 하는 예정조화를 가리키고 있다. 덕과 부덕, 자연이 다양한 것도 신의 눈으로 보면 선善인 것이다.

칸트는 자신이 신의 눈으로 세계를 내려다보는 듯한 자만에 차 있었다고 반성한다. 칸트는 그때 이미 불혹의 나이에 접어들고 있었다. 나이 마흔이 되어 비로소 눈을 뜨게 된 칸트가 흄을 받아들여 극복하는 데에는 그로부터 10여 년을 더 보내야만 했다.

'아프리오리(a priori, 선천성)'와 '아포스테리오리(a posteriori, 후천성)'란 용어의 명쾌한 해답이 칸트의 그 유명한 명저 『순수이성비판』에 있었다.

"우리의 인식이 경험과 함께 시작된다는 것은 틀림이 없다. 그러나 우리들 인식의 모두가 경험으로부터 시작되었다고는 할 수 없다. 왜냐하면 오성悟性 속에 없었던 것은 감각 속에도 없기 때문인 것이다."

흄은 인과성과 같은 카테고리가 경험으로부터 생겨난다고 재빨리 결론을 내려 버렸다. 그리고 모든 인과성이 반드시 경험으로부터 생겨나지 않는다는 것을 깨닫게 되자 오히려 이성을 내던져 버렸다.

원래 인식의 구성요소이면서 경험에 의존하지 않는 인식이 있다. 그것을 '아프리오리'라 부르며, 경험적 요소를 '아포스테리오리'라고 부른다. 독일 출신인 칸트는 이 조항으로 영국인 철학자 존 로크에게 멋지게 한방 먹였다고 쾌재를 불렀으리라.

로크가 데카르트의 본유관념을 부정하고 관념의 원천을 경험에서 추구하였던 경험론이 이제 이 독일인 철학자로 말미암아 완전히 만신창이가 되어 모든 것이 원점으로 되돌아와 버리고 말았던 것이다.

칸트의 연구는 아프리오리를 '마음속에 있는 것'에만 호소하지 않고 그 적용을 감각에 의존하지 않고는 물체 그 자체를 인식할 수 없다고 인정하고, 아프리오리의 카테고리에 적용할 수 있는 가능성의 조건을 설정하였다. 예컨대 자연과학이나 철학과 같은 학문에 학문성을 지탱해 주고 있는 판단 형식을 '아프리오리의 종합판단'이라고 하였고, 수학과 같은 명증적 학문성을 지탱하고 있는 판단 형식을 '아포스테리오리의 분석판단'이라고 하였다. 다시 말해 '아프리오리의 종합판단'이란 주어의 개념에 술어의 개념이 포함되지 않은 판단이다. 즉, '할머니가 감기에 걸렸다.'에서 주어인 할머니의 개념만으론 술어인 감기 걸렸다는 개념을 판단해 낼 수 없는 판단인 것이다. 그것은 단지 경험으로만 판단이 가능한 것이다. 또 '아포스테리오리의 분석판단'이란 이와 반대로 주어의 개념 속에 술어의 개념이 포함되어 있는 판단이다. 즉, '할머니는 노인이다.'라는 명제에서 주어인 할머니의 개념만으로도 술어인 '노인이다.'라는 개념을 판단해 낼 수 있는 판단인 것이다. 그러니 '1+1은 2이다.'라는 수학적 명제는 모두 아포스테리오리의 분석명제(분석판단)인 것이다.

코페르니쿠스적 전환

천동설을 지동설로 바꾸었던 대전환을 코페르니쿠스적 혁명이라고 하듯이 칸트도 이제까지의 객관이 주관을 구성한다는 재래식 사고에서 주관이 객관을 구성한다고 주장을 바꾼 데서 비롯된 것이다. 즉, 당시로서는 폭탄적인 선언과도 같은 '시민(주관)이 시민사회(객관)를 구성한다.'고 하여 계몽주의 사상을 완성시켰던 것이다. 칸트는 이것을 '인식이 대상에 의해 좌우되는 것이 아니라 대상이 인식에 의해 좌우된다.'라고 표현했다.

판단의 열두 가지 범주

칸트는 모든 학문적 판단이 논리학적인 열두 가지 범주 내에서 이루어질 수 있다고 상정하고, 12가지 판단 형식을 제시하였다.

1. 전칭全稱 – '슈퍼마켓에서 파는 모든 두부는 사각형이다.'
보편성에 입각하여 인식하는 판단이다.

2. 특수판단 – '네모진 두부는 흰색이다.'
다수의 특수성에 입각하여 인식하는 판단이다.

3. 단칭單稱 – '백록담은 한라산에 있다.'
개별성에 입각하여 인식하는 판단이다.

4, 긍정판단 – '뛰는 것은 개구리이다.'
실재성에 입각하여 인식하는 판단이다.

5. 부정판단 – '빨간 개구리는 파랗지 않다.'
부정성에 입각하여 인식하는 판단이다.

6. 무한판단 – '고래는 비非어류이다.'
제한성에 입각하여 인식하는 판단이다.

7. 정언正言판단 – '정情이 없는 것은 유령이다.'
실체에 대한 속성에 입각하여 인식하는 판단이다.

8. 가언假言판단 – '만일 유령에게 감정이 없다면 유령은 없는 것이다.'

원인에 대한 결과를 규정지어 인식하는 판단이다.

9. 선언選言판단 - '날이 밝아 사라지는 것은 유령인지 반딧불인지 둘 중의 하나이다.'

상호작용에 입각하여 인식하는 판단이다.

10. 개연蓋然판단 - '개똥벌레는 빛나는 곤충일 것이다.'

확실하지는 않으나 가능성에 입각하여 인식하는 판단이다.

11. 실연實演판단 - '개똥벌레는 확실히 빛나는 곤충인 것이다.'

실재성에 입각하여 인식하는 판단이다.

12. 필연판단 - '빛나는 것은 반드시 열이 있다.'

필연성에 입각하여 인식하는 판단이다.

지금 책상 위에 컵이 있다고 하자. 이 컵이 시간과 공간 속에 존재하는 것은 확실하다. 컵이라고 하는 것은 하나의 정해진 지속체이다. 그러나 거기에는 흄의 인상이나 칸트의 표상으로도 규정되지 않은 다양한 현상이 주어져 있는 것이다. 이를테면 물체가 보인다고 하는 현상에만도 다음과 같은 세 가지의 의미가 포함되어 있다. 첫째는 물체의 다양한 현상을 총괄하는 지각知覺이고, 둘째는 순간순간마다 사라져 가는 표상의 재생이며, 셋째로는 재생된 표상을 처음 지각된 표상과 동일하게 인식시키는 재인식인 것이다. 이러한 복잡한 결합으로 얻어지는 지각에는 원천이 되는 그 어떤 요소가 있어 비로소 성립된다. 그 어떤 요소란 것은 '생각'이라는 자발적인 작용이다.

이 '생각'이라는 하나의 자각이 끊임없이 활동하여 '근원적 통각(統覺, 경험적 의식에서 비롯되는 지식이 근본),을 이루는 것이다. 그리고 이

통각이 내부의 세계로부터 표상의 세계로 표출되어 카테고리를 형성·방사한다. 그러므로 우리가 수동적으로 물체(책상 위에 놓인 컵)를 인식하는 것이라고 생각하고 있을 때도 실제로 우리는 능동적인 통각에 의해서 그것을 인식해 나가고 있는 것이다.

여기에서 나아가 칸트는 형식과 카테고리 사이의 개념의 차이를 규명하고 과학적 판단을 이룰 수 있는 원형을 제시하는 절차를 밟아 과학의 학문성을 보장하려 하였다. 제시된 제 원칙을 말할 필요도 없이 '아프리오리의 종합판단'이다.

결국 칸트에 있어서 책상 위에 놓인 컵이라는 물체의 궁극적인 지각은 '생각'이라는 동일성에 기초를 두었다. 만약 이 '생각'이 '인상의 다발'이라고 한다면 컵이라는 대상의 물자체가 분해되어 버릴 것이고, 또한 이 '생각'이 시간성을 갖는다고 한다면 역시 동일성은 보장되지 않는 것이다. 동일성과 존재라는 것은 항상 함께 있는 것이다.

멀리 파르메니데스, 플라톤으로부터 가까이에는 라이프니츠에 있어서까지 존재와 이데아의 매듭은 동일성과의 매듭이기도 했다.

'나는 생각한다. 고로 존재한다.'라는 데카르트적 확실성에 칸트는 '나'라는 존재를 빼고 '생각'이라는 동일성을 대입시켰지만, 이 동일성은 칸트가 기대하는 것과 같은 것이 아닐지도 모른다고 훗날 헤겔은 말했다.

칸트는 병적일 정도로 꼼꼼한 성격이었다. 가위나 나이프가 조금이라도 똑바로 놓여 있지 않거나 방 안의 의자가 평소와 다른 장소에 놓여 있으면 지옥의 어둠으로 떨어지는 듯한 불안과 절망감에 휩싸이곤 하여 언제나 모든 것은 제 위치에 있어야만 했다.

그리고 아침 5시 15분이면 가정부가 깨우러 온다. 그는 그녀에게 '내가 조금만 더 자게 내버려 두라.'고 말해도 들어주지 말라고 미리 언급해 놓았다. 이렇듯 그는 '독단의 잠'뿐만 아니라 아침잠까지도 연장해 줄 수 없는 자신의 규율을 지니고 있었다. 이것은 칸트의 개인적인 기질에서 오는 이유뿐만 아니라 규율이라는 규칙적인 생활을 종교적인 실천으로 여기는 파이어티즘(경건주의)을 어머니로부터 물려받았기 때문이기도 하다.

파이어티즘은 루터파에서 일어난 서민적인 종교운동으로, 교리보다도 실천을 중시하고 거짓이 없는 고백을 간소한 자서전으로 남겨 문학사적으로는 독일에 있어서의 고백문학의 선구자가 되기도 하였다. 그것은 하나님의 인도하심을 믿고 자기 행위의 순결을 강한 신념으로 지탱해 나간다고 하는 것이 기질상의 특질이었다.

어떤 파이어티스트는 이렇게 고백하고 있다.

"사랑, 기쁨, 평안, 관용, 자애, 선의, 충실, 유화, 자제와 같은 신앙의 열매가 존재하지 않는 곳에는 신앙도 존재하지 않는다."

그들의 자서전에는 칸트와 비슷한 성격을 가진 자들이 수없이 기록되어 있다.

칸트는 매일의 생활을 유지하는 갖가지 자기 규칙을 만들어 지켜나갔다. 앞서도 서술했듯이 칸트가 전 생애를 보낸 쾨니히스베르크 마을 사람들은 칸트가 산책하는 모습을 보고 시계 대신 삼았다고 하는 말은 유명하다. 그런데 루소가 그 마을 사람들의 시계를 틀리게 만들었다.

왜냐하면 루소의 『에밀』을 읽는 데 몰두했던 칸트는 자기의 산책 예정 시간을 변경시켰던 것이다. 칸트는 '나는 무지한 천민을 경멸

하고 있었다. 루소가 그러한 나의 잘못된 인식을 바로잡아 주었다.'
라고 메모를 남기고 있다.

에밀은 그의 산책 시간뿐만 아니라 인간관도 바꾸어 놓았던 것이
다. 하긴 칸트가 친하게 교제했던 상인 조셉 그린은 너무나 칸트와
마음이 잘 맞는 상대였지만 마차여행 약속에 2분 늦은 칸트를 거들
떠보지도 않고 혼자서 출발해 버렸다고 하니까 뛰는 놈 위에 나는
놈이 있다는 속담이 맞는 것 같다.

경건주의와 루소를 연결하는 선상에 칸트의 윤리사상이 있다. 이
는 종교적인 심정을 배경으로 한 시민윤리였다. 그러나 동시에 많
은 사상가들이 도덕의 원리에 붙박아 놓으려 했던 쾌락과 고통, 공
감과 번민 등을 그는 모두 물리쳤던 것이다.

왜냐하면 그와 같은 형식주의적 도덕은 양심에게 유무를 묻지 않
고 명령을 내리기 때문이다. 즉, '정직은 최선의 방책'이라든가 '인
정을 베푸는 것은 남을 위해서 하는 것이다.'라고 자신의 이익의 수
단으로서 정직이나 박애를 행사하는 사람은 사정이 달라지면 '거짓
도 하나의 방편'이라고 하는 형식주의적 도덕으로 자기 머리 위에
앉아 있는 파리 날려 버리듯이 쉽게 변모하기 때문이다. 그러므로
진정한 도덕의 명법明法은 '만일 ~이라면 ~하라.'고 하는 가언명법
이 아니라 단적으로 '~하라.'고 명하는 정언명법이라고 하였던 것
이다.

그가 말하는 도덕의 최고 원리는 다음의 한마디에 잘 나타나 있
다.

"당신의 의지의 법칙이 항상 보편적인 입법의 원리가 되도록 행
동하라."

이 말에 대해 칸트의 설명은 이러하다. '사기나 횡령을 해도 좋다.'라는 법칙을 가정해 보자. 이 법칙을 채용한 사람은 자신을 제외한 사람들은 사기나 횡령을 하지 않을 것이라고 생각하며 자기만 예외를 만들어 그 묘미를 음미하려고 할 것이다. 결국 이 경우 그 사람의 '의지의 법칙'은 '항상 보편적인 입법의 원리'가 될 수 없으므로 이 법칙은 도덕의 원리로 채용할 수 없는 것이다.

똑같은 논법으로 '자기보다 뛰어난 자를 친구로 삼아라.'라는 법칙을 살펴보자. 내 친구는 나보다 뛰어난 친구이다. 그러나 그 친구 입장에서는 자신보다 뒤떨어진 친구를 갖는 셈이 된다. 때문에 이 법칙 또한 보편적 공평성의 입법이 될 수 없으므로 채용할 수 없는 것이다.

만약 당신이 한 여성에게 청혼을 했다고 하자. 그런데 그 여성이 '아버지의 말씀대로 따르겠다.'고 대답한다면 당신은 분명 화를 내며 '당신의 솔직한 기분을 알고 싶다.'라고 말할 것이다. 즉, 그녀의 자유로운 감정이 자신을 사랑한다면 자신의 청혼을 받아 주어야 한다고 생각할 것이다. 그런데 어느 경건주의 여성이 자신의 결혼문제에 대해 자서전에 이렇게 쓰고 있다.

"나는 오랫동안 나 자신과 싸운 후에 내 마음을 주님께 맡기기로 결심하였습니다. 그리하여 결혼 문제도 전적으로 주님에게 맡기기로 하였습니다. 주님을 통해 하늘에 계시는 아버지의 뜻에 따르고자 합니다. 주님이 승낙하면 나도 승낙할 것이고, 주님이 반대하시면 나도 반대할 것입니다."

물론 이 여성은 자신의 의지를 갖고 있지 않았던 것은 아니다. 왜냐하면 그녀에게 있어서는 결혼 문제의 결정을 주님에게 맡기는 것이 자신의 의지였던 것이기 때문이다. 그렇게 함으로써 비로소 자기의 의지를 신의 의지에 따르게 할 수가 있었던 것이다.

칸트는 5시 15분에 일어난다고 하는 자신의 법칙을 세워 자신이 좀 더 자고 싶다고 말해도 자기를 깨우라고 명령했다. 자신의 의지의 결정을 타인에게 위탁하는 것도 곧 자기의 의지인 것이다.

칸트의 정언명법에서는 타인과 보편적으로 공유할 수 있는 법칙만을 자신의 도덕률로 삼아야 할 것이라고 말하였다. 그러나 칸트의 정언명법적 자율도 내면화된 타율이라고 헤겔은 비판하고 나섰다. 이를테면 칸트의 말대로 보편적으로 공유할 수 있는 법칙이 도덕률이라면 '아무리 위험스러운 다리라도 모두 함께 건넌다면 나는 무섭지 않다.'라는 식으로 법칙의 내용을 규정화시킬 수 있는 것일까 하는 문제인 것이다. 물론 칸트의 도덕법칙은 누군가와 누군가의 협약이나 규약은 아닐 것이다. 그러므로 법칙은 모든 이에게 확연한 보편성을 갖지 않으면 안 되는 것이라 하였다.

칸트의 저서 『영구평화를 위하여』에서는 세계정부를 요청하기도 했다. 그가 말하는 세계정부란 '전 인류가 서로 친숙해짐으로써 도덕법칙의 가치를 높일 수 있을 것인가? 라고 누가 묻는다면 그것만으로는 역시 안 될 일이라고 말하며, 태양계의 다른 천체에도 지구인보다도 뛰어난 이성적 존재가 살고 있을 것이라고 그는 믿고 있었으므로 도덕법칙은 전 우주의 이성적 존재자 모두에게 적용되는 법칙이 아니면 안 된다고 하였던 것이다.

"여기 두 개의 무엇이 있다. 우리가 그것을 오래도록 생각하면 할수록 그것은 우리의 마음을 항상 풍성하고 새로운 감탄과 경외심으로 가득 채워 주고 있다. 그것은 바로 내 머리 위에서 빛나고 있는

하늘과 내 마음 속에서 빛나고 있는 도덕률일 것이다." - 『실천이성
비판』 중에서

칸트는 빛나는 하늘 저편에 인간보다 뛰어난 이성적 존재자가 존재하고 있다면 그에게는 '빛나는 하늘'과 '내면의 도덕법칙'이 서로 반짝이며 조화를 이루고 있는 존재자일 것이라고 하였음에 틀림없다.

결혼의 이율배반

칸트의 도덕사상은 한편으로는 파이어티즘(경건주의)의 내면성과 통하고 또 한편에서는 시민사회의 보편윤리와도 통하고 있다. 그리고 동시에 칸트는 인정人情의 기미를 빨리 파악해 내는 인간이기도 하여 그의 『인간학』이나 『미와 숭고의 감정에 대한 고찰』은 오늘날 읽어도 흥미로운 책이다.

그러나 사랑에 대해 서술한 부분을 자세히 살펴보면 남녀 간의 우정과 성욕과의 차이의 구분이 결여되어 있는 듯한 느낌이 없지 않다. 예컨대 칸트는 결혼이란 것을 성행위를 포함한 계약이라고 해석했다. 즉, 결혼계약이란 성행위도 파기하지 않겠다는 결의하에 맺어진 계약이라는 것이다.

그리고 가톨릭적인 혼배성사의 비적성秘蹟性도 칸트는 그의 카테고리에 받아들이지 못했던 것이었다.

칸트가 일생을 독신으로 보냈던 것은 그가 마음에 두고 있었던 두 여성 모두가 칸트가 수수방관하고 있는 사이에 다른 남자에게

시집을 가 버렸다는 이유에서라고 하듯이 칸트에게선 사랑에 대한 정열의 결핍을 느낄 수 있지 않은가.

한편 어느 비이성적인 칸트전傳에 의하면 칸트의 독신의 이유를 이렇게 말하고 있다.

칸트는 어느 날 결혼이야말로 인과성과 필연성으로만 강요할 수 없는 이율배반을 내포하고 있다는 것을 깨닫게 되었다. 하지만 결혼 또한 도덕법칙에 따르는 의지이므로 계약의 불이행은 용납될 수 없다고 하였다. 이처럼 칸트의 사랑에 대한 완고한 지식에 의하면 성행위의 의무를 포함하는 결혼계약은 나이를 거듭함으로써 필연적으로 계약불이행으로 끝나게 된다. 그러므로 순수이성비판에서 가리킨 도덕률과 필연성의 양립은 종국에 가선 파국을 맞는다. 따라서 순수이성비판을 완전히 개정하든지 아니면 결혼을 포기하든지 둘 중에 하나를 선택해야만 하는 입장에서 결국 결혼을 포기하고 독신을 선택했다고 한다.

천국에서 흄이 레스토랑을 개점했다. 소크라테스, 칸트, 피히테, 사르트르, 러셀이 개점 축하파티에 초대를 받았는데, 이 모든 초대 인물들은 흄을 비롯하여 누구 한 사람 무신론의 명찰을 달지 않은 사람이 없었다. 그리하여 하나님은 이 모든 사람들의 회동을 의심하여 잠복형사를 몰래 들여보내기로 하였다.

사르트르가 말했다.

"러셀 씨, 거긴 담배를 갖고 가서는 안 되는 곳입니다."

"담배 없이는 나는 아무것도 할 수 없어요."

러셀은 이렇게 대답을 하고는 회교도들의 모습으로 가장하고 물

담배를 가슴에 넣어 가기로 했다.

한편 소크라테스는 구두를 신고 눈을 지그시 감은 채 사르트르의 손을 붙잡고 안내되어 갔다. 어쨌든 그들 두 사람은 동성애가 인간에게 있어서 근원적 사랑임을 서로 이야기하며 의기투합했던 것이다. 문제는 칸트와 피히테인데, 칸트는 피히테에게 이렇게 말했다.

"피히테 군, 자네는 절대로 큰 소리를 내거나 테이블을 탕탕 두드리거나 해서는 안 되네."

피히테가 말했다.

"칸트 선생님은 어떤 식으로 위장을 하실 예정이십니까?"

칸트가 잠시 생각한 후에 이렇게 말했다.

"나는 돈을 빌리거나 빌려 주거나 하는 일은 절대로 하지 않는 것으로 유명하지. 얼마 전 피히테 군이 자금 사정이 곤란하여 나를 찾아왔을 때도 나는 빌려 주지 않았지. 그 대신 피히테 군의 책 『모든 계시의 비판시도』를 출판할 수 있도록 알선해 주었지. 바로 그거야. 오늘은 내가 피히테 군에게 돈을 빌려 주기도 한다는 것을 여러 사람들에게 알리는 것이 어때?"

"정말입니까? 칸트 선생님!"

너무나 뛸 듯이 기뻐하는 피히테의 귀에다 칸트는 손을 대고 말했다.

"내 말을 끝까지 다 들어 봐야지. 그것은 어디까지나 내가 돈을 빌려 주는 것처럼 흉내만 낼 뿐이야. 그러니 자네의 지갑을 내게 맡기게나."

꿈을 현실로 꿈꾸는 헤겔

하나의 개념이 세워지면 그것은 내재적인 반대자로 인하여 반드시 부정된다. 그리고 이들은 모두 새로운 형태로 규합되어 보존된다. 이와 같은 정·반·합의 과정이 반복되는 것이 역사이다.

칸트의 윤리학은 파이어티즘(경건주의)의 신학과 시민법의 정치를 연결하는 선상에 있다. 개인의 도덕법칙이란 자신이 스스로 세운 법이다. 개인과 개인은 인격과 인격으로서 입법자와 입법자로서 서로 존중해 주는 윤리적 공동체를 형성해야 하는 것이다. 신은 이 윤리적 공동체 공화국의 우두머리이지만 입법권만은 개인에게 있어야 한다.

프랑스혁명이 일어난 1789년 그해 칸트는 63세였고, 헤겔은 19세였다. 노인은 차분한 기대를 머금고 혁명의 종말을 지켜보았고, 젊은이는 열광했다. 열광은 젊은이에게 아름다운 꿈을 꾸게 했다. 인간과 자연, 그리고 인간과 인간이 아름답게 조화를 이루는 지상 공화국에 신은 임재臨在한다는 꿈을 꾸었다. 신은 사랑이며, 사랑은 의義를 넘어선 생명이라고 여겼다. 당시 젊은이들의 아름다운 꿈은 지상의 법칙을 거역하는 상태의 운명에 놓여 있었지만, 지고至高의 사랑은 인간의 죄를 용서하고 모든 것에 화해를 가져오게 하는 데 있는 것이라고 믿었다. 예컨대 잃어버린 양처럼 집을 떠나 나쁜 일을 저지르고 돌아오는 아들을 맞이할 때의 아버지는 그 아들이 의로운 사람이 되어 돌아왔기 때문에 맞이하는 것은 아니다. 오히려 의롭지 않기 때문에 아버지의 품으로 되돌아온 아들이 한없이 사랑스러운 것이다.

죄인은 자리로 하여금 죄 있는 행동을 하게 만든 그 죄악의 생명에서 용서와 회개의 눈물을 흘림으로써 본래의 자기로 환원시키는 것이다. 결국 죄악의 생명은 자신을 분리시키고 대립을 일으키지만 다시 합일하여 되돌아올 때 사랑이 풍성한 생명의 고삐가 되는 것이다. 사랑은 스스로 근원적인 영생의 생명을 갖는 것이다.

이처럼 프랑스혁명은 환상을 현실로 바꾸어 놓았다. 꿈을 꿈으로서 꿈꾸는 칸트보다도 꿈을 현실로서 꿈꾸는 헤겔 쪽이 더 깊은 꿈에 빠져 있었다. 다시 말하자면, 칸트의 꿈은 잿빛인 반면 헤겔의 꿈은 핑크빛이었던 것이다. 그러므로 헤겔의 꿈은 막달라 마리아의 눈물로 풍성하였고, 중심사상 또한 칸트의 도덕법칙으로부터 사랑과 이해의 법칙으로 바뀐 것이다.

헤겔(Georg Wilhelm Friedrich Hegel, 1770~1831)은 뷔르템베르크 공국의 재무관 아들로 슈투트가르트에서 태어났다. 그는 프로테스탄트 가정에서 자라면서 어려서부터 그리스의 비극을 애독했다.

1788년 튀빙겐대학 신학과에 입학하여 J. C. F. 힐더린과 F. W. 셸링과 함께 칸트철학과 루터 신학 등을 배웠다. 졸업 후 7년간 베를린, 프랑크푸르트 등지에서 가정교사를 하면서 정치·역사·종교·철학 등을 연구하고, 몇 가지의 저서를 발표한 뒤 1801년 예나로 옮겨 예나대학의 강사가 되었다. 처음에는 이미 예나대학의 교수로 활약 중이던 셸링의 사상에 동조하여 『철학비판잡지』를 간행하면서 잇달아 논문을 발표했으나 차차 셸링적 입장을 벗어났다. 1806

년 하숙집에서 나폴레옹의 예나 침공의 포성을 듣고 그의 입성入城을 '마상馬上의 세계정신'이라고 경탄하면서 그의 최초의 독창적인 주저 『정신현상학(Phanomenologie des Geistes)』 마지막 부분을 탈고하여 1807년에 세상에 내놓았다.

나폴레옹군의 침공으로 예나대학이 폐쇄되자 뉘른베르크로 가서 신문 편집에 종사하였으며, 이어 뉘른베르크의 김나지움 교장이 되었고, 이곳에서 두 번째 주저 『논리학』을 저술하였다.

1816년 하이델베르크대학에 교수로 취임하였고, 『철학백과전서(Encyclopadie der Philosophischen Wissenschaften im Grundrisse)』를 썼다. 1818년에는 프로이센 정부의 초청을 받아 셸링의 후임으로 베를린 대학 교수가 되었는데, 이때부터 그의 철학은 프로이센을 중심으로 전 독일을 지배하고 있었다. 베를린 시절은 헤겔의 가장 화려한 시절로서 유력한 헤겔학파가 형성되었으며, 그의 철학은 국내외에 널리 전파되었으나 콜레라에 걸려 불과 하룻밤 신음 끝에 1831년 사망하였다.

헤겔은 장대한 철학체계를 수립하였는데, 그 체계는 '논리학', '자연철학', '정신철학'의 3부로 되어 있으며, 이전 체계를 일관하는 방법이 모든 사물의 전개를 정正, 반反, 합合의 3단계로 나누는 변증법이었다. 그의 철학은 한마디로 절대적 관념론이며, 그가 생전 존경하여 유언으로 그 곁에 묻히게 된 피히테의 주관적 관념론에 그가 같이 배우고 교유하면서 도움을 받았으나 뒤에 비판하고 있는 셸링의 객관적 관념론을 종합하여 웅대한 철학 체계로 완성시킨 것이다.

헤겔에 의하면 정신이야말로 절대자이며, 반면 자연은 절대자가 자기를 외화外化한 것에 불과하다. 그리고 논리학에서는 자연 및 정신에 대하여 고루 타당한 규정이 다루어졌다. 그는 이성적인 것은 현실적이요, 현실적인 것은 반드시 이성적이라고 하여 범신론적인 주장을 내세우고 현실이란—자기 자신 속에 반대자를 내포하고 있는 절대자— 즉, 절대정신(Absoluter Geist)이 그의 이성개념을 차별상으로 분열시키고 발전시키는 자기활동의 과정이다. 하나의 개념이 세워지면(定立, These) 그것은 내적인 반대자로 말미암아 반드시 부정된다(反定立, Antithese). 그리고 이들은 모두 새로운 형태로 규합되어 보존된다. 이와 같은 정·반·합(正·反·合)의 과정이 반복되는 것이 역사이다.

이때 절대자가 영원한 로고스Logos인 자기 자신에 있어서 전개하는 학學이 논리학이며, 자기를 더욱 충실한 정신으로 돌아오게 하기 위하여 밖으로, 즉 물질계로 탈락, 이룩된 것이 자연이다. 따라서 자연은 다시 그의 진실태眞實態인 절대자로 복귀할 필연성을 가지고 있다. 그리하여 정·반·합의 변증법적 발전에 따라 양量에서 질質로, 무기체에서 유기체로, 감각에서 출발하여 오성을 거쳐 종교에 이른다. 종교에 있어서도 자연종교, 예술종교를 거쳐 계시종교로 고양되고 이는 최후의 단계이며, 또 출발점이기도 했던 절대정신에 복귀하는데, 여기에 있어서는 지식과 대상, 사유와 존재는 일체가 된다. 위인偉人이란 이러한 역사적 과정을 달성시킴에 있어서 '이성의 간지(奸智, List der Vernunft)'에 의해 농락당하는 도구이며 예술, 종교 및 철학은 이 절대정신의 자기표현인 것이다.

이 방대한 형이상학적 철학체계는 막대한 영향을 미쳐 헤겔학파, '국제헤겔연맹(Der Internationale Hegelbund)' 등을 결성케 하고 그의 제자인 마르크스는 포이에르바하와 결부되어 절대정신을 물질로 귀환시킨 '변증법적 유물론'을 세웠으며, 학파는 역사적인 우右파, 좌左파로 분열되었다.

헤겔의 철학은 그 관념론적 형이상학으로 말미암아 많은 비판과 반발을 받기도 했지만, 역사를 중시했다는 점에서는 19세기 역사주의적 경향의 첫걸음을 내디딘 것으로 평가할 수 있으며, 또 변증법이라는 사상으로도 후세에 커다란 의의를 가진다 하겠다.

헤겔의 사랑의 역설

남에게 베풀면 베풀수록 많이 갖는다. 즉, 헌신과 자기희생, 그리고 자기 포기가 자기 충족, 자기 확립이라고 젊은 헤겔은 역설하였다.

사랑하는 사람이 죽었다. 무덤 앞에서 아무리 눈물을 뿌려도 이제 다시 만날 수 없다. 무엇을 잃은 것인가. 자신이 갖고 있던 물건을 잃은 것인가, 아니면 자기 자신을 잃은 것인가. 잃었다는 점에서 사랑하는 이를 잃은 사람이나 보석을 잃어버린 사람이나 동일한 의미이다. 그러나 사랑이라는 것은 소유라고 하는 관계에서 관련되는 것이 아니라 존재함으로써 관계되는 것이다. 즉, 존재의 주체인 나의 존재는 상대방의 사랑과는 관계없이 성립되고 있지만, 사랑하는 주체로서의 나의 존재는 사랑하는 상대와의 관계 속에서만 성립되는 것이다. 이를테면 로미오와 줄리엣에서 사랑과 죽음이 그들을 둘로 나누어 놓았지만, 동시에 하나로 합일하였다고도 볼 수 있는 것이다. 이런 점에서 셰익스피어는 비극의 종말에 두 사람의 죽음을 설정하지 않으면 안 되었던 것이다. 로미오도 줄리엣도 혼자서는 도저히 살아갈 수 없다. 둘로 나누는 일이 없다면 합일도 없다. 합일이 없다면 분리도 없다. 이것을 헤겔은 '결합과 비결합의 결합', '동일과 비동일의 동일'이라고 명명(변증법)하였다.

생명체의 구조도 동일과 비동일의 동일이다. 자연계라는 커다란 생명체, 즉 코스모스 속에 개체로서의 생명체, 즉 마이크로 코스모스가 존재한다. 그러나 개체는 살아 있는 한 존재하는 것이지만, 죽으면 코스모스 속으로 흡수되어 버리는 것이다. 그러므로 개체의 존재는 전체로부터 자기를 끊임없이 분리시키고 다른 한편으론 존립을 위해서 또 다른 개체를 수용하는 활동을 계속해야 하는 것이다. 즉, 이화와 동화의 활동에 의해 성립된다고 하는 것이다.

'죽음이란 흡수당하는 것이다.'라고 헤겔은 말한다. 전체로부터 개개가 자기를 분리하는 활동이 없으면 전체로서의 생명도 멈춰 버린다. 전체와 개개의 사이에는 '동일과 비동일의 동일'인 것이다. 공동체를 전체적 생명이라 생각하고 개인을 개체라 생각하면 된다. 여기서 개체란 공동체를 지탱시키는 실체이다. 그러므로 실체는 자기를 희생시켜 공동체를 존재하게 만들고, 공동체 또한 자신을 희생하여 개체를 유지시킨다. 즉, 공동체와 개체의 사이에는 상호적인 자기 포기, 자기 양보 없이는 결코 양자의 존립은 불가능하다는 것이다.

스피노자는 신을 전체적 생명, 즉 공동체라 부르고 개체를 자기 원인자라고 규정했다. 이것은 자연이 자존한다면 그것이 바로 '신, 즉 자연'이 된다는 것이다. 이것을 그는 자연범신론이라 일컬었던 것이다.

헤겔도 상대에 의존하지 않고 스스로 자존하는 것을 공동체라 하였다. 그러므로 개체는 공동체를 통하여 참된 자기를 갖는 것이라고 하였던 것이다.

의식이 의식을 의식할 때

'존재하는 자아는 존재하는 절대자를 요구한다. 즉, 자아와 절대자와의 동일성을 초래한다는 것이다.'

이와 같은 사상은 칸트 이후 독일관념론의 기본명제였다. 여기서 동일성이란 단순히 A=A라는 의미는 아니다. 확실히 거기에는 '생각한다.'와 '생각된다.'라고 하는 주관과 객관의 관계가 포함되어 있는 것이다. 다시 말해 의식이 의식을 의식할 때 생각하는 것과 생각되어지는 것은 동일 관계로 연결되어 있는 것이다.

여기 하나의 자아가 자기를 선한 마음과 악한 마음으로 이분하여 자각하고 있다고 하자. 자아는 이러한 자각 속에서 자기의식이 성립되며, 이러한 자기의식의 성립이 바로 진리의 원형이라고 하는 것이다.

진리의 원형이 되는 그런 자기의식을 헤겔은 정의상 '절대자'라고 하였던 것이다. 이 절대자는 자기 자신의 존재를 지탱하는 자기 원인자이고, 자기 자신이 관련을 맺는 자립자이다. 아리스토텔레스의 말을 빌자면 자립자가 자아와 관련을 맺고 자아에 의해 한정될 때 그것을 유한자라고 불렀고, 자립자가 자연 그 자체로 정의될 때는 무한자, 즉 절대자라고 불렀다는 것이다. 이상하게 생각될지도 모르지만, 무한이란 것은 끊임없이 진행하는 것이 아니라 자기의 존재를 스스로 지탱하는 것을 의미하는 것이다. 그러므로 결국 절대자란 자연 그 자체 속에 내재해 있는 것이다. 이것은 자연 그 자체 속에 원형적 진리가 포함되어 있다는 의미와 똑같은 것이다. 결국 '신은 진리이고 또 신만이 진리이다.'라는 의미인 것이다.

신이 천지를 창조했다고 하는 종교상의 주장은 자연 속에 절대자라고 하는 '개념의 활동'이 있었다고 하는 철학적 진리를 바꾸어 말한 것에 불과하다. 그러므로 헤겔의 범신론은 자아에 의해 절대자가 성립된다고 하는 칸트의 관념론에서 '동일과 비동일의 동일'을 대입시킨 것이라 해도 무방할 것이다.

헤겔은 철학과 종교의 일치를 주장하였지만, 실제는 철학에 의한 종교의 부정이 아닌가 하는 의심을 받았다. 결론부터 말하자면 헤겔철학에 있어서 종교 문제에 해당하는 것은 이중의 초점을 갖고 있었던 것이다. 하나는 칸트의 코페르니쿠스적 전환의 헤겔판이었고, 또 하나는 공동체의 자각이었다. 이 두 가지 모두가 이성과 현실의 일치라고 하는 관점에서 언급되었던 것이다. 하지만 헤겔은 공동체의 자각 형식을 내세워 전적으로 종교를 부정한 것은 아니었다. 그가 젊은 시절엔 그리스적인 축제를 동경하였고, 만년에는 종교적 오페라를 좋아하였다. 그의 미학에서는 기독교적인 색체가 다분히 포함되어 있었던 것이다. 하지만 파이어티스트(경건주의자)였던 그의 부인 마리 사이에서의 마찰이 더욱 그를 종교와 멀어지게 했다고 생각할 수도 있다. 그 후로 그는 젊은 시절 이에나에서 하숙집 여주인의 딸과의 사이에서 태어난 어린아이를 집으로 데려와 키웠다고 한다.

이때 아이를 데려오겠다는 말이 나오자 헤겔의 부인 마리는 아주 깊은 어둠 속으로 빠지는 듯한 표정이 되어 한꺼번에 20년이나 나이를 먹은 듯이 보였다. 침묵의 나날이 계속되었다. 헤겔은 말했다.

"현실을 있는 그대로 인정해 주오, 마리. 이성을 작동시켜 보면 그것 말고는 다른 방도가 없다는 것을 깨닫게 되는구려. 이성적인 것은 현실적인 것이고 현실적인 것은 가장 이성적인 것이지 않겠소."

성적표

어떤 사람이 헤겔을 평하는 데 있어서 '헤겔의 논리학은 억지춘향이며, 자연철학은 잠꼬대이고, 정신현상학은 무당놀이이다. 그러나 절대자 정신이 깃든 미학만큼은 수준급'이라고 했다. 그 사람은 또한 다른 것에도 평을 했는데, '종교는 속임수이며 철학은 보석과 돌멩이의 혼합'이라고 평했다고 한다.

헤겔에 대한 욕설로 유명한 말은 '진부하고 쓸데없으며 구역질이 날 정도로 불쾌하고 무지한 잡소리'라고 했던 쇼펜하우어의 말이다. 쇼펜하우어의 어머니는 여류문학가였지만 오늘날에는 전혀 알려지지 않은 작가였다. 어느 날 모자지간의 사이가 좋지 않았던 쇼펜하우어가 어머니에게 빈정거렸다.

"어머니는 도대체 무엇을 하시는 겁니까? 이러다간 거의 어머니로밖엔 이름이 남지 못하겠군요."

그때 어머니도 즉석에서 반격했다.

"그럼 너는 도대체 뭐냐? 헤겔에 대한 욕설밖에는 철학사에 남기지 못하겠다."

이 예언도 이 책에서 적중했다.

데카르트의 코기토는 세계를 전부 무無의 상태로 만든 후에야 가능했다. 하지만 헤겔의 코기토(자기의식)는 오히려 세계를 향하여 열려 있었다. 즉, 세계 속에 자기를 앎으로써 자신의 존재를 현실화할 수 있다는 것이다. 그 세계는 물질세계를 의미하는 것은 아니다. 공동정신으로서의 세계, 즉 윤리성인 것이다.

"윤리란 살아 있는 선善이라고 할 수 있는 자유이념이다. 그리고 살아 있는 선이란 자아의 활동을 의식화하여 자기의식의 행위로써 일삼는 것이다. 또한 자아의 윤리적 존재란 즉자(卽自, 무자각의 상태)에서 대자(對自, 자아의 회복단계)적으로 존재케 함으로써 기반을 삼고 자신의 모든 행위의 목적으로 삼는 것이다. 결국 윤리란 자기의식의 본성이 되는 자유이념이다." – 『법철학』 중에서

윤리성의 범주는 가족, 시민사회, 국가로 삼분된다. 엥겔스가 이를 모방하여 '가족, 사유재산, 국가의 기원'이라 말한 것처럼 시민사회란 사유재산과 경제활동으로 이루어지는 '욕망의 체계'인 것이다.

헤겔은 아담 스미스의 '보이지 않는 손'에서처럼 하부계급으로부터 보편적 질서가 형성된다고 기대하고는 칸트적 도덕률과 시민법의 형식성, 추상성 등을 극복하려고 했지만, 빈부 두 계급간의 대립이 시민사회를 분열시키는 모습을 목격했을 때 결과에 가선 하부계급이 아닌 오히려 상부계급으로부터 이 분열이 수습되어 통일을 가져오는 것을 보았다. 그리고 이것은 국가가 하부계급으로부터 지탱되고 있지 않다고 하는 국가의 모순된 권력형을 증명하는 결과가

되었던 것이다. 그러므로 그에게 남은 희망은 단 한 가지뿐이었다. 즉, 국가의 흥망을 좌우하는 역사의 발자취에는 '보이지 않는 이성이 있다.'는 것, 그것뿐이었다.

그가 주장한 '보이지 않는 이성'이란 이성의 교활한 지혜, 즉 역사철학을 뜻하였던 것이다. 결국 그는 '보이지 않는 손(『국부론』에서 표현된 말. 시민사회에서 개인의 이익에 입각한 경제행위가 결과적으로 사회적 생산력의 발전에 이바지하여 국가 번영의 매개가 되는 것으로, 이를 아담 스미스는 이렇게 표현했다.)'을 시민사회에 드러내 놓지 않고 역사 속으로 매장시켜 버렸던 것이다.

"세계사는 자연적 의지의 방탕을 도태시키고 보편적이고 주관적인 자유스러움만을 훈육한다. 동양에서는 단 한 사람, 즉 전제군주만이 자유였고, 그리스 로마의 세계는 약간의 사람들만이 자유였다. 그러나 게르만 민족의 세계는 모든 사람들이 자유인 것으로 알고 있다." – 『역사철학』 중에서

정치와 철학

플라톤의 철인군주설(철인정치) 이래 철학과 정치의 일치는 계속 끊임없이 추구되어 왔지만 또한 항상 빗나갔다. 플라톤이 가르쳤던 군주인 디오니우시스 2세는 멍청이였다. 아리스토텔레스의 제자 알렉산더대왕은 국가 규모의 중용을 완전히 부숴 버렸다. 세네카가 가르쳤던 네로황제는 은사에게 독배를 마시게 했다. 철인 황제 마르크스 아우렐리우스는 정치를 너무도 싫어하여 오히려 정치와 철

학을 분리시켜 버렸다. 스웨덴의 크리스티나 여왕에게 초대를 받은 데카르트는 여행 후 감기에 걸려 죽었다.

　왜 정치와 철학은 서로 마음이 맞지 않는 것일까? 그 이유는 바로 언어에 있었다. 헤라클레이토스의 어록을 뒤져 보아도 '만물유전'이라는 단어는 없고, 플라톤은 '플라토닉 러브'를 말하지 않았고, 아리스토텔레스의 언어에도 '목적론'은 부재중이며, 로크의 지성론에 '타블라 라사'는 없다. 그리고 루소의 전집을 처음부터 끝까지 면밀히 뒤져 보아도 '자연으로 돌아가라.'는 말은 보이지 않는다. 아담 스미스는 '보이지 않는 손'이라고는 말했어도 '보이지 않는 신의 손'이라고는 말하지 않았고, '정·반·합'은 헤겔의 언어에는 있지 않았으며, 마르크스는 '변증법적 유물론'이라고는 말하고 있지 않다. 그런데도 불구하고 이들 언어에 대한 비판이 그대로 학자에 대한 비판이 되었다. 철학자는 자신이 언급하지 않았던 말에 대해서도 책임을 지지만 정치가는 자신이 한 말에 대해서도 책임을 지지 않는다. 철학과 정치가 서로 어긋나 버리는 것은 바로 이 때문이다.

프롤레타리아의 해방을 부르짖은 마르크스

노동자는 각자의 사회적 생산에 있어서 획일적이며 의무적인 의지로부터 벗어나기 위해 모든 노동자계급은 울타리적 관계로 연결되어야 한다. 즉, 여러 물질적 생산력의 발전을 위해서 노동자계급은 울타리적 생산관계를 조직하여야 하는 것이다.

헤겔은 빈부의 대립이 점차 심해지는 현상이나 시민사회의 갖가지 의존관계가 자동적으로 균형을 이루는 것은 아니라는 것을 깨달았다. 그러므로 헤겔은 국가의 경제정책의 필요성을 역설하고 몇가지의 구체적인 제안도 하고 있지만, 경제정책이 시민사회의 자유를 억압해서는 안 된다는 것을 역설하고 있다. 예컨대 국가가 시민사회의 빈부의 대립을 지양하는 경제정책을 편다 해도 그것만으로 가능한 것은 아니다. 무엇보다도 전체와 개인과의 일치라고 하는 이념적인 합일을 통한 국민 각자의 자각만이 개인의 참된 자유와 자립을 가져다주는 것이다.

영국의 사상가들은 정치와 경제를 일괄한 것까지를 '시민사회'라 칭해 왔다. 하지만 헤겔은 정치와 경제를 처음으로 이분하였다.

"동일 인물이 자신과 가족을 돌보기 위한 목적으로 노동을 할 때와 단순히 보편자이기 때문에 노동을 할 때에 있어서 전자의 측면에서 보면 그는 부르주아라고 불려지고, 후자의 측면에서 보면 그는 시트와이언(시민계급)이라고 불리어진다. - 『실재철학』 중에서

위의 인용문은 헤겔이 남긴 유고에 있는 것으로 마르크스(Karl Marx, 1818~1883)도 미처 보지 못한 것이 틀림없을 것이다.

마르크스 사상의 첫걸음은 헤겔의 주장과 확실히 부합이 되는 형태로 출발했던 것이다. 그는 부르주아와 시트와이언의 분열을 극복하고 또 시민사회를 현실적으로 극복하여 헤겔의 국가이념을 현실화하는 것을 구상한 것이다. 그의 구상의 첫 단계는 근대화에 뒤처진 독일의 상황 묘사였다.

"프랑스나 영국에서 이미 끝나 있는 것이 독일에서는 이제 겨우 시작하려 하고 있다. 하지만 뒤처진 독일에서도 시대를 앞서가는 것이 단 한 가지 있다. 그것은 법철학과 국가철학을 올바르게 보존하고 있는 독일철학이다. 그러므로 이 나라는 철학을 실현하지 않고서는 국가의 영위를 지탱할 수 없는 것이다."

헤겔철학의 관념성은 독일철학에도 선구적인 것이다. 여기서 마르크스는 헤겔의 관념성을 극복하려면 자기 해방이 선행되어야만 한다고 주장하였다. 다시 말해서 헤겔의 관념성을 극복하기 위해서는 인간성의 완전한 상실이 필요하며, 이것은 오히려 인간성의 완전한 회복을 가능케 하는, 자신을 쟁취할 수 있게 하는 것이라 하였다. 여기서 마르크스는 '프롤레타리아'라는 특수한 신분을 추출해 냈고, 이러한 프롤레타리아의 해방이야말로 인간의 보편성에 대한 소외로부터 회복시킬 수 있는 유일한 길이라고 하였다.

하지만 마르크스의 프롤레타리아 해방론은 개체와 공동체의 자각이라고 하는 헤겔이념에 포함되어 있었던 것을 계승하고 있었다. 그리고 이념이 아닌 실제에 있어서 헤겔과의 차이점은 실체에 대한 자기 원인성, 즉 자립성을 헤겔은 국가의 자존성과 연결하고 있었던 반면, 마르크스는 국가가 아닌 개인의 인간성 그 자체라고 주장하였던 것이다.

마르크스는 1818년 5월 5일 현재의 서독에 속하는 프로이센(당시 프랑스혁명의 영향을 가장 강하게 받고 있던 지방)의 라인주州 트리어에서 유대인 그리스도교 가정의 7남매 중 셋째아들로 태어났다. 아버지는 부유한 변호사로 자유사상을 지닌 계몽주의파 인물이었고, 어머니는 네덜란드의 귀족집안 출신이었다.

자유롭고 교양 있는 가정에서 성장한 마르크스는 1830~1835년 트리어김나지움(고등학교)에서 공부한 다음, 1835년 10월 본대학교에 입학하여 그리스와 로마의 신화, 미술사 등 인문계 수업에만 출석했다. 정치적으로 반항적인 문화 활동은 당시 본의 학생 생활의 중요한 일부였다. 여기서 주당酒黨의 우두머리, 결투, 1일간의 금고 처분 등을 경험한 그는 1년 후 본을 떠나 1836년 10월 베를린대학에 입학하여 법률, 역사, 철학을 공부하였다.

그 당시 독일의 철학계에서 압도적 영향력을 가지고 있던 헤겔의 철학을 알게 됨으로써 타고난 반골反骨 마르크스는 젊은 신학강사 B. 바우어가 이끌던 헤겔학파의 좌파인 청년헤겔학파에 속하면서 차차 무신론적 급진 자유주의자가 되어갔다. 1841년 『데모크리토스와 에피쿠로스 자연철학의 차이 (Differenz der Demokritischen und Epikureischen Naturphilosophie)』라는 논문으로 예나대학에서 박사 학위를 받았다.

이때까지는 아직 헤겔주의적이었으나 이미 베를린대학에서는 헤겔좌파의 사람들과 사귀고 차츰 무신론적 혁명적인 경향으로 굳어갔다. 그는 대학 교수를 기대하고 본에 갔으나, 당시 정부의 문교정

책과 의견을 달리한 바우어가 대학에서 해직되는 것을 보고 대학 교수의 꿈을 포기하였다.

1842년 1월 마르크스는 새로 창간된 급진적 반정부 신문인 『라인신문』에 기고를 시작하여 같은 해 10월, 이 신문사의 편집장이 되었으나, 여러 가지 현실 문제를 취급하는 과정에서 경제학 연구의 필요성을 느꼈다. 1843년 관헌에 의하여 라인신문이 폐간되자 프로이센의 귀족의 딸로 네 살 위인 예니 폰 베스트팔렌(Jenny von Westphalen)과 결혼하고 1843년 파리로 옮겨가 비로소 경제학을 연구하는 한편 프랑스의 사회주의를 연구하였다. 그리고 『독일─프랑스 연보(Deutsch-Franzosische Jahrbucher)』를 발행, '유대인 문제', '헤겔 법철학 비판'을 발표하여 프롤레타리아 해방의 혁명적인 입장을 분명히 했다. 이 잡지는 여러 가지의 곤란으로 1호만으로 폐간되었으나, 이어서 『전진(Vorwarts)』을 발행했다.

그는 1842년에 처음 만난 일이 있는 엥겔스와 파리에서 재회하였으며, 엥겔스의 조언에 의하여 경제학 연구에 있어서 영국의 중요성을 비로소 깨닫게 되었다. 그리하여 소小부르주아적 사회주의의 비판을 통해 과학적 사회주의의 확립을 위한 두 사람의 협력이 시작되었다. 헤겔좌파의 지도자 바우어 등을 비판한 『'신성가족' 또는 '비판적 비판'에 대한 비판 (Die heilige Familie oder Kritik der Kritisch-en Kritik)』은 이때의 두 사람의 공저이다.

사적 유물론의 원칙을 분명히 한 미완未完의 원고 『독일 이데올로기』, 프루동의 소小부르주아 사회주의를 비판한 『철학의 빈곤』 등을 1847년에 썼다. 이해 1월 독일로부터 망명, 6월에 혁명가를 중심으로 하는 조직 '의인동맹(공산주의자동맹)'에 가입, 런던에서 개최

된 제2회 대회에 출석하고 엥겔스와 공동으로 『공산당선언』을 집필하여 공산주의의 이론과 전술을 압축한 형식으로 체계적으로 선보였다. 라인신문에 『임금노동과 자본(Lohnarbeit und Kapital)』을 발표하였고 이것은 뒤에 런던에서의 강연을 모은 『가치, 가격 및 이윤(Value, Price and Profit)』과 함께 마르크스 경제학의 고전적인 해설서가 되었다.

1848년 2월 파리에서 시작된 혁명이 이탈리아, 오스트리아 등 제국에 파급되자 마르크스는 브뤼셀, 파리, 쾰른 등지로 뛰면서 혁명에 참가하였으나, 각국의 혁명은 좌절되고 그에게는 잇달아 추방령이 내려졌다. 그는 마침내 그의 후반생을 지내게 된 런던으로 망명하여 '고립'의 수년을 보내게 되었다.

1850년 이후 1864년까지 마르크스는 정신적 고통과 물질적인 빈궁 속에서 지냈다. 그는 대영박물관 도서관에 다니면서 경제학을 연구하는 한편, 1851년부터는 미국의 『뉴욕 트리뷴』지의 유럽 통신원이 되어 생활비의 일부를 벌고 있었다. 이때 맨체스터에서 아버지의 방적공장에 근무하고 있던 엥겔스가 마르크스에게 재정적 원조를 계속하였으며, 부인 예니의 친척과 W. 볼프(『자본론』은 이 사람에게 바쳐짐) 등의 유산을 증여받아 마르크스 일가는 경제적 곤란을 더는 데 도움을 얻었다.

마르크스의 마지막 10년은 그 자신의 말대로 '만성적인 정신적 침체'에 빠졌으며, 최후의 수년 동안은 많은 시간을 휴양지에서 보냈다. 1881년 12월에는 아내의 죽음으로, 1883년 1월에는 장녀의 죽음으로 충격을 받은 그는 1883년 3월 14일 런던 자택에서 평생의 친구이자 협력자였던 엥겔스가 지켜보는 가운데 64세의 일생을 마쳤다.

마르크스의 학설은 독일의 고전철학, 영국의 고전경제철학, 프랑스의 혁명학설을 그 원천으로 하고 철학으로서는 변증법적 유물론을 확립, 이 방법을 사용하여 자본주의 사회적 운동 법칙을 분명히 하는 경제학과 사회주의를 지향하는 노동계급의 계급투쟁의 이론 및 전술을 수립했다. 뒤에 레닌, 스탈린은 이 마르크스주의를 계승, 발전케 하였다. 그는 또 무학을 애호하여 셰익스피어 등을 애독하였으며, 청년시절에는 세 권의 시집을 썼다.

칼 마르크스의 알리바이

헤겔철학에 기독교에 대한 비판적인 내용이 있다고 해석하는 것으로부터 헤겔좌파라 불리는 사상 그룹이 생겨났다. 마르크스도 그 중 한 사람이었다. 즉, 마르크스의 사상은 종교 비판의 단계라고 하는 인식으로부터 출발했던 것이다. 그것은 신이라는 피안적 이념에 인간이 자신을 소외하는 현실적인 기반을 실천적으로 극복하지 않으면 안 된다고 하는 것이었다. 그리고 헤겔이 기독교의 옹호를 멈추었던 것은 민중을 교화하는 수단으로서의 기독교를 인정하지 않았기 때문이 아니라, 오히려 기독교에서 어떤 답을 구하려 하였기 때문이었다. 즉, 전체와 개인에 대한 기만적인 소외가 아닌 진실한 조화가 어떤 종교적 형태로 표현되며 자각되는 것일까 하는 점에 있었던 것이다. 마르크스도 나중엔 자기 스스로 비종교적 언행에 대해 언급하는 것을 회피했던 것이다.

'이상理想이 이상으로서 현실로부터 유리되어 있다면 그 이상이란 현실과 동떨어진 것이다. 그러므로 현실을 현실로서 인식하는 것만이 이성에 대한 성실한 태도인 것이다.'라고 하며 그 현실에 대한 자신의 인식을 다음과 같이 요약하였다.

"노동자는 각자의 사회적 생산에 있어서 획일적이며 의무적인 의지로부터 벗어나기 위해 모든 노동자계급은 울타리적 관계로 연결되어야 한다. 즉, 여러 물질적 생산력의 발전을 위해서 노동자계급은 울타리적 생산관계를 조직하여야 하는 것이다." - 『경제학비판』 서문 중에서

여기서 인간과 자연과의 사이에서 비롯되는 생산이라는 관계는 동시에 인간 상호 간의 관계이기도 한 것이므로, 이 두 관계는 떼어 버리려야 떼어 버릴 수 없는 것이다. 그러므로 획일적이며 의무적인 의지로부터 벗어나기 위한 모든 관계란 자연적이며 역사적인 필연성이다. 이것은 기계적인 필연성도 아니며 사회적인 구속도 아닌 것이다. 그러므로 생산력과 이에 대응하는 생산관계는 상호 간에 연합한 전체 상황을 '어느 만큼이냐'는 관점과 '어떻게'라는 관점에서 서로 조응照應시킬 수 있느냐의 문제인 것이다. 분업 형태, 유통 체계, 소유관계 등의 생산관계가 변화하면 생산력도 따라서 변화한다.

물론 역변화도 있을 수 있다. 예컨대 어떤 환자에 대해 일반적으로 체온이 변화되었기 때문에 병의 상태가 변화되었는가, 아니면 병의 상태가 바뀌었기 때문에 체온이 변화되었는가라고 묻는다면 그것은 우문일 것이다. 그렇다고 해서 체온과 병의 정도를 개념으로 분리시킨다는 것은 더욱 위험한 것이다.

사랑의 말

마르크스가 구상했던 혁명의 미래도는 강령비판綱領批判의 문서 등에서 단편적으로 엿보여질 뿐이다. 그가 자신의 이상을 피력하는 데 소극적이었던 이유는 여러 가지가 있다. 첫째로 반反혜겔적인 이상을 자신의 이상이라고 피력하자니 시민사회와의 대립을 의식하지 않을 수 없게 되었고, 두 번째로 당시의 사회주의자들에게는 인간 적이라든가 사랑이라든가 하는 달콤한 미사여구를 늘어놓는 일파가 있었는데, 마르크스는 이들에 대하여 역겨운 느낌을 가지고 있었다. 그리고 또 다른 여러 파들은 서로 공상적인 미래도를 구상하느라 입씨름을 하고 있었다. 예컨대 '여성은 공유해야만 되지 않겠는가?' 라는 것이었다.

세 번째로 마르크스는 부르주아계급에 의한 민주주의혁명이 당시 임박해 있는 상황이라는 것을 예측할 수 있었다. 그러므로 그들의 슬로건에 쓸데없는 참견을 할 필요가 없었다. 그리고 혁명은 극도 의 궁핍에 처해 있는 프롤레타리아계급의 필연적인 봉기에 의해 일어나는 것이지 어떤 심벌이 주도하는 것이라고는 생각지 않고 있었던 것이다.

이러한 해석도 있다. 마르크스는 유대인이며, 유대교에서는 최고 의 것, 즉 신을 언급해서는 안 된다는 계율이 있다. 마르크스가 미래와 인간의 본래성을 언급하는 데 대해 소극적이었던 것은 이 유대정신 때문이라는 것이다. 지나친 해석이긴 하지만 이에 대해 부인하는 논증을 할 수도 없다.

또 다른 해석에서는 이러하다. 마르크스는 정열적인 문체를 사랑했다. 문장은 때때로 광열적인 외침으로 끝이 났다. 그것들을 모아 보면 광신적이며 묵시적인 예언자의 모습을 쉽게 떠올릴 수 있을 정도였다. 그러나 그것이 마르크스의 본래의 모습은 아니다. 『자본론』의 저자이며 어디까지나 냉정하고 실증적이고 논리적인 인식자로서의 마르크스야말로 인간의 미래에 걸었던 정열을 가득 담고 있던 사람이었다. '변증법이야말로 현존하는 것의 실증적인 인식임과 동시에 시민사회의 필연적인 몰락에 대한 이해를 포함한다.'고 하여 그의 인식에 실천적 의미를 지켜 볼 수 있었다는 것이다.

절망은 죽음에 이르는 병, 키르케고르

키르케고르는 인간의 실존과 무관한 객관성, 보편성, 추상성의 사유를 배격하고 삶이란 돌발적인 비약·질적 변화에서 비롯되는 근원적인 불안의 심연에서 '저것이냐, 이것이냐'를 결정하지 않을 수 없는 절박한 것이라고 했다.

마르크스가 태어난 1818년 5월 5일에서 정확히 5년 전인 1813년 5월 5일, 키르케고르(Soren Aubye Kierkeggard, 1813~1855)는 덴마크의 코펜하겐에서 7형제 중 막내로 태어났다. 아버지는 비천한 신분에서 입신한 모직물 상인으로 경건한 그리스도 교인이었고, 어머니는 그의 하녀에서 후처가 된 여인이었다.

키르케고르는 태어날 때부터 허약한 체질이었으나, 비범한 정신적 재능은 특출하여 이것이 특이한 교육에 따라서 배양되어 풍부한 상상력과 날카로운 변증의 재능이 되었다. 소년시절부터 아버지에게 그리스도교의 엄한 수련을 받았고, 청년시절에는 코펜하겐대학에서 신학과 철학을 연구하여 1841년에 논문 『이로니의 개념에 대하여』로 학위를 받았다.

1837년경에 그는 스스로 '대지진'이라고 부른 심각한 체험을 하였다. 그 내용은 아버지가 소년시절에 유틀란트의 광야에서 너무나 허기지고 추운 나머지 하나님을 저주한 사실이 있었다는 것과 바로 아버지가 여자 하인을 범하여 낳은 자식이 바로 자기 자신이라는 것을 알게 되면서 죄의식이 심화되었고, 게다가 가족의 대부분이 33세를 넘지 못하고 죽는다는 징크스 때문에 인생을 보는 눈과 그리스도교를 보는 눈에 근본적인 변혁이 생긴 것이다. 아버지의 이러한 '고백'이 그를 방탕한 생활로 치닫게 했다. 또한, 3년 동안 사랑해 오던 레기네 올젠과의 사랑을 파기한 뒤 그의 우울과 암담함은 걷잡을 수 없는 것이 되었다. 34세가 되었을 때 키르케고르는 자신이 정말로 33세를 넘어서 아직도 살고 있다는 사실에 놀라 교회에 달려가 자신의 출생년도를 재확인했다고 한다.

그가 너무나 괴팍한 아버지 밑에서 교육을 받은 정신병자라는 것만은 확실한 사실이다. 그러나 병자의 광학光學은 병자만을 조명한다는 생각에 빠지기 쉽다고 하여 이를 심리학에서는 '옵티미즘'이라고 한다. 그러므로 그의 심리적 광학은 인간의 원죄와 기독교적 신앙, 그리고 정열을 잃은 당시의 시대와 기성화 된 교외의 깊숙한 곳을 빠짐없이 조명해 냈다.

1841년 독일에 유학하여 한때 헤겔과 셸링의 영향을 받았으나, 그의 고뇌의 심연을 메우기에는 거리가 먼 것이었다. 이에 절망한 그는 귀국하여 저작에 전념하였다. 특히 1843년부터 1846년에 이르는 짧은 기간 동안에 그의 저작활동은 왕성하여 『이것이냐, 저것이냐』, 『반복』, 『공포와 전율』, 『불안의 개념』, 『인생행로의 여러 단계』 등과 같은 저작을 발표하였다.

그 후 저술에 싫증이 난 그는 시골의 목사가 되어 조용한 생활을 보내고 싶어 했다. 그러나 이때 풍자신문 『코르사르』에 그의 작품과 인물에 대한 오해에 가득 찬 비평이 실려 그것을 둘러싸고 격렬하게 논쟁하는 사이에 또 다시 그리스도 교도로서의 새로운 정신활동과 저술을 향한 의욕이 용솟음쳤다. 그는 신문의 무책임한 비평과 세간의 비웃음에도 굴복하지 않고 한편에서는 대중의 비자주성과 위선적 신앙을 엄하게 비판하였으며, 다른 한편에서는 절망의 구렁텅이에서 단독자單獨者로서의 신神을 탐구하는 종교적 실존의 존재방식을 『죽음에 이르는 병』, 『그리스도교의 수련』 가운데에서 추구하였다.

그는 기성 그리스도교와 교회까지도 비판하였으며, 『순간』 등의 팸플릿을 통한 공격은 배우 격렬하였다. 그로부터 그의 명성은 현대 그리스도교 사상과 실존사상의 선구자로서 세계에 퍼져 나갔다.

1854년 사망한 국교회 감독 뮌스터가 진정한 기독교도로 추앙받는 데 대해 순교자가 아니면 진정한 기독교가 아니라는 생각에서 반박문을 발표, 거대한 덴마크 국교회와 다시 치열한 논쟁을 벌이던 끝에 기진맥진하여 쓰러지고 한 달 뒤 사망하였다.

마르크스가 '공산당 선언'을 발표하고 자본주의 사회에 사형선고를 내렸던 1848년 키르케고르는 기성화 된 교회에 대한 탄핵서 '기독교의 수련'을 집필하고 있었다. 두 사람은 공통적으로 학생시절에 막대한 금전을 낭비했던 사람이다. 5년 선배인 키르케고르가 방탕한 생활에 깊이 빠져 있었을 때 마르크스는 책값과 음식 값으로 큰 돈을 낭비했다. 그리고 칼 마르크스라는 위대한 지도자에 대한 경의를 표하기 위해 쓰인 전기에는 마르크스가 그의 하녀였던 헬레나에게 아이를 갖게 했다는 내용은 쓰여 있지 않았다. 또한, 이 전기에는 학생 마르크스가 방탕한 생활에 빠져 돈을 낭비했다는 이야기도 쓰였을 리 만무했다.

이 두 사람은 똑같이 헤겔의 사상으로 자기를 표현하였고, 마르크스는 시민사회의 현실 상태를 트집거리로 삼아 '변증법'을 유물론의 토대로 이식시켰고, 키르케고르는 절대자의 실존을 트집거리로 삼아 '변증법'을 질적 비약의 변증법으로 수정하였다. 그런데도 불구하고 이 두 사람은 완전히 이질적인 사상가였다.

키르케고르의 사상은 인간의 자각의 저편 깊숙한 곳에 죄의식이 심어져 있다고 하였다.

"신의 의지에 반한 죄의식으로 말미암아 나는 존재한다. 설령 내가 신의 눈에 범죄자로 비치더라도 그것은 내 탓이 아니다. 그 과오에 대한 벌 또한 내 몸에 달라붙어 있어 생의 환희가 뿌리째 뽑히고 나로 하여금 생에 대한 끝없는 혐오로 치닫게 한다."—키르케고르의 『만년일기』 중에서

키르케고르는 인간의 실존과 무관한 객관성, 보편성, 추상성의 사유를 배격하고 삶이란 돌발적인 비약, 질적 변화에서 비롯되는 근원적인 불안의 심연에서 '저것이냐, 이것이냐'를 결정하지 않는 수 없는 절박한 것이라고 했다. 이때 인간이 자기를 생성 진전시키는 과정은 3단계가 있어서 처음엔 끊임없는 향락을 찾아 헤매며, 그 뒤에 오는 것은 절망과 권태이다. 그리하여 이 미적 실존에 이르지만 여기서도 부조리에 직면하여 종교적 실존에 넘어간다. 그는 여기서 객관적으로는 불확실한 역설적인 신앙으로 불안을 극복하고 이를 구체적인 정열로 고수하고자 한다.

그의 사상은 오랫동안 소외되어 왔었다. 그러나 잇단 세계대전과 격동하는 정세 때문에 불안이 엄습하는 혼란기를 겪게 되자 그의 매력적인 문장과 함께 근대인을 사로잡게 되어 실존철학, 위기신학, 전후의 문예사조에 심대한 영향을 미치게 되고 그는 비로소 실존주

의의 선구자로 추앙받게 되었다.

이것인가, 저것인가

사람은 인생에서 끊임없이 '이것인가, 저것인가'의 선택 앞에 놓이게 된다. 그리고 이내 그 선택으로 말미암아 자기를 잃고 만다.

"결혼해 보아라. 아마도 당신은 그것을 후회할 것이다. 결혼하지 말아 보아라. 아마 그것도 후회할 것이다. 결혼하든 안 하든 어쨌든 당신은 후회할 것이다……. 많은 사람들은 이것 아니면 저것의 일을 저지르고 나서 거기서 서로 대립되는 양자를 조화 혹은 조정하리라고 자신을 합리화하며, 또한 그러한 영원한 상태 속에 자신은 존재하고 있는 것이라 믿고 있는 것이다. 하지만 그것은 오해이다. 왜냐하면 참영원은 '이것인가, 저것인가'의 뒤에 있는 것이 아니라 앞에 있기 때문이다." - 『이것인가, 저것인가』 중에서

사람은 A나 B나 그럴듯한 이유를 세우고 그 이유 속에서 영원히 살아가고 있는 셈이다. 선택하는 '자기'를 선택받은 이유는 결코 우연이란 없는 것이다. 우리가 이것인가, 저것인가의 질문에 직면하는 그 순간이야말로 '영원한 아톰(불안의 개념)'이라고 하는 갈등 속에 있는 시간인 것이다. 여기서의 자기야말로 바로 실존인 것이며, 실존하는 것 중의 가장 먼저의 것도 자기라고 하는 '단독자'인 것이라고 하였다.

그러므로 '이것인가, 저것인가'를 실존의 질적 변증법이라 할 수 있는 것이다. 키르케고르의 조카는 키르케고르가(家)의 체질상의 전통

을 고수하려 발광했는데, 제정신이 돌아온 어느 순간에,

"숙부는 나를 칭하길 '이것인가, 저것인가' 하였다. 그런데 아버지는 '이것도 저것도'라고 하였다. 도대체 나는 '이것도 저것도' 아닌 것이다." —『호렌베야 키르케고르전』 중에서

라고 말하며 자신을 비웃었다고 한다.

키르케고르의 사상적 바탕을 알기 위해서는 '이것인가, 저것인가' 외에 제3의 것, 즉, '이것도 저것도' 및 '이것도 저것도 아닌' 것이 있다는 것을 알지 않으면 안 된다. 부정否定에 의한 비약이 대립을 총합하는 것이다. 즉, 선택이라는 '경험적 자유'가 개별적인 차원을 부정하여 자기의 공동화, 보편화를 달성함으로써 '이성적 자유'로 성립되었다는 것이다. 칸트의 자유도 보편화된 자기 법칙 속에 이루어진 것이다.

주체성이야말로 현실적인 것

키르케고르는 모든 진리와 선은 보편 안에서 끌어낼 수 있는 것이라고 주장하고, 인간에게 있어서 중요한 것은 그러한 보편을 발견해 내고 또 그 속에서 자신의 삶과 죽음에 대한 진리를 찾아내야 하는 것이라 하였다. 소위 보편 안에서 객관적 진리라고 하는 것을 찾아내야 하는 것이다.

만약 니체가 진지하게 놀고 있는 아이들의 모습을 보았다면 그는 바로 그 아이들의 모습 속에서 '객관적 진리'를 발견하였을 것이고, 키르케고르도 여기에 동의하였을 것임에 틀림없다. 왜냐하면 키르

케고르의 아버지는 집안의 정원에 산책로를 꾸며 놓고 어릴 때부터 그를 산책시켜 키르케고르를 상상력이 풍부한 아이로 키운 것이다.

이 같은 주체성 있는 교육이야말로 진리이며 현실성 있는 것이라고 키르케고르는 주장하며, 헤겔의 '영원상神 아래 있는 추상성'을 비판하였다. 그러나 철학사에 주체적인 진리를 추구하지 않은 철학자는 없었다. 헤겔도 마르크스도 모두 그들의 주체적인 진리를 위하여 목숨까지 걸었던 것이다.

그러나 키르케고르가 추구했던 주체적 진리란 객관적 진리 내에서 주체적 진리의 정통성을 찾아내려는 독자성에 있었던 것이다. 예컨대 신에 대한 그의 인식에서도 그는 사람들이 생각하는 신이 객관적으로 참신神인지 아닌지가 의문시되지만, 그러나 이러한 의문만으로는 신의 존재 여부를 밝혀낼 수가 없으므로 우선 주체인 개인이 신과 관계를 맺는 데 있어서 정말로 절대적인 관계에 놓여 있는지 여부를 알아야만 한다는 것이다. 즉, 개인의 주체의식 속에 이러한 절대적인 관계가 형성되어 있는 경우라야만 신의 존재 여부에 확신을 가질 수가 있다는 것이다. 역설하여 자신의 의식 속에 확신을 가질 수 없음에도 불구하고 진실한 관계를 맺고 있다고 믿는다면 그것은 자신의 의식 이전부터 '관계'하고 있었던 존재이기 때문인 것이라 하였다.

"인간이란 정신과 육체의 결합이다. 곧 정신과 육체란 자기이다. 그리고 자기란 자기 자신과 관계하는 관계이다." - 『죽음에 이르는 병』 중에서

'자기라는 것은 자기 자신과의 관계이다.'라고 하는 분명한 명제를 키르케고르는 관계의 관계라고 하는 관계의 제곱에 자기라는 개

념을 두었다.

예컨대, 돼지(육체)와 소크라테스(정신)의 관계에 있어서 양자 간의 관계는 그 어느 쪽도 아닌 부정적 제3자, 즉 죽으면 흙이 된다는 관계인 흙으로서의 관계일 뿐인 것이다. 따라서 여기서 부정적 제3자인 흙이란, 돼지와 소크라테스와의 직접적 관계에서 한 단계 벗어난 관계인 것이다. 이런 점에서 인간을 정신과 육체의 결합관계라고 한다면 이들의 관계 역시 부정적 제3자인 '자기'라고 하는 관계에서 성립되는 것이다. 여기서 '자기'는 바로 자기 자신에 대한 주체성의 관계인 것이다. 고로 주체는 진리이며 현실적인 것이다.

약혼에서 파혼에 이르기까지의 죄의식

인간 모두에게는 신의 각인이 찍혀 있었다. 그것은 원죄라고 하는 신의 부정적인 각인이었다. 무겁게 등에 짊어진 그의 죄의식은 신을 배반한 것에 대한 공포로부터 너무나 사랑하는 약혼녀 레기네 올젠에게 '약혼 파기'를 선언할 정도로 무거운 것이었다. 약혼 파기가 인간으로서는 절망을 의미한다는 것을 키르케고르는 잘 알고 있었다.

"너는 더러운 환락에 몸을 던지든지 그렇지 않으면 목사와는 전혀 다른 종류의 절대적인 종교성에 몸을 던지든지 둘 중의 하나를 선택해야 할 것이다" – 『죽음에 이르는 병』 중에서

만일 천사를 그렸던 라파엘로가, 악마를 그렸던 히에로니무스 보스가, 인간정신의 별리를 그렸던 에드워드 뭉크가 키르케고르의 초

상을 그렸다면 그들은 각각 자기 최대의 걸작을 남겼을 것임에 틀림이 없다. 왜냐하면 그것이 바로 키르케고르의 얼굴이기 때문이다.

키르케고르의 무덤에는 그가 죽은 지 20년 정도 그의 이름이 새겨져 있지 않았다. 만년의 교회 비판이 너무나 과격했기 때문이었다. '기독교의 가장 깊숙한 곳에서부터 외부까지 나는 모든 것을 보았다.'라고 임종의 자리에서 말한 것으로 보아 거짓을 말한 것 같진 않다. 더욱이 그의 말 전부가 기독교인들의 입에서 입으로 전해진 말이었으니 더욱 그러하다.

"죄는 이교異敎 중에서는 보이지 않고 오직 유대교와 기독교 속에서만 보였다." - 『죽음에 이르는 병』 중에서

그의 비판은 기독교에 대해 완전히 노골적인 비판이었다. 만년의 비판서 『기독교의 수련』은 원래 '교회에 기독교를 도입하는 시도'라는 제목이 붙여져 있었다. 하지만 이 제목은 오히려 부제가 되어 버렸다. 모든 기독교 비판자에게 항상 독단이라는 전략의 운명이 기다리고 있는 것 같다.

—소비에트에 민주주의를, 국회에 의회주의를, 대학에 지성주의를 도입하려는 시도를 하는 자는 모두 독단자가 된다. 가정에 수양修養을 도입하려는 시도도 오늘날에는 위험사상이 되어 버렸다. 산에 나무 심기를, 호수에 풍성한 물을 도입하려는 시도는 왕성하면서 왜 인간에게 인간을 도입하려는 시도만큼은 항상 독단이라 말하는가.

현상학의 구도자 후설

수학자로서 출발한 후설이 구체적으로 지향하고 있었던 제1목표는
수학과 논리학의 진리성을 누구나 인식하기에 가능한 방법으로 기초를
다지는 것이었으며, 또한 전 유럽 사상의 근간이었던 합리론의 위기에
현상학으로 그것을 대처하려고 하였다.

기독교의 구도자 키르케고르에게서는 구도자의 모습은 찾을 수
없었다. 환상적으로 아름답고 커다란 다이아몬드를 손에 끼고 미식
과 잡담을 쉬지 않고 즐기는 향락가의 모습이 젊은 날의 키르케고
르의 전부였다. 중년이 되어선 살이 쪄 체격이 베토벤과 같았다고
한다. 그는 부친의 유산은 무위도식하여 전부 탕진하고 무일푼이
되었을 때 마치 예정에 있었던 듯이 곧 죽음을 맞았다. 남은 돈이라
고는 입원비와 장례비에 빠듯하였다. 유품 중에는 가구와 장서 외
에 30병의 포도주가 있었고, 이것들은 모두 경매에 붙여졌다.

내면성을 근거로 삼아 순수한 진리의 탐구에 일생을 바쳤다고 하
는 점에서는 오히려 후설(Edmund Husserl, 1859~1938) 쪽이 구도자
라 불리기에 적합하였다. 그는 오로지 단 한 가지에, 즉 모든 학문
의 기초가 되는 학문인 철학에 대한 탐구에만 전념했다. 그의 절친
했던 친구 데이비드 흄이 그의 기풍을 전하고 있다.

"그는 항상 우리에게 자기의 재능을 자랑하는 듯한 언사를 피하
고 일체의 개념을 직관으로써 음미하였다. 그리고 사람들이 프랑스

군에 의한 프라이브루크 점령을 두려워하여 교실이 텅 비도록 학생들이 수업을 받으러 오지 않았을 때에도 가장 의연한 자세로 대처했던 이 위대한 철학자는 마치 철학의 엄숙함은 시대의 그 무엇에 의해서도 방해받을 수 없다는 듯이 더욱 더 태연자약하게 강의를 계속하고 있었으며, 나는 그때 그 모습을 잊을 수가 없다."

후설은 지금의 체코슬로바키아의 프로스니츠 태생으로, 라이프치히대학, 베를린대학, 빈대학에서 수학과 철학을 공부했다. E. 브렌타노의 영향을 받은 후 할레대학 강사를 거쳐 1901년 괴팅겐대학 조교수, 1906년 같은 대학 교수, 1916~1928년 프라이부르크대학 교수를 역임하였다. 처녀작 『산술의 철학』에서는 수학적 인식의 기초를 잡을 것을 지향하면서도 한편으로는 심리주의적 경향을 취하고 있었고, 뒤이은 『논리학 연구』에서는 순수논리학, 논리주의적 현상학을 지향하였다.

그리고 1907년 괴팅겐대학에서의 강의에서 처음으로 이 형상학적 환원에 대해 언급하였으며, 이 현상학적 환원에 의해 도출된 '순수의식의 직관적인 본질학'으로서의 현상학의 이념은 『엄밀한 학문 고안』에 이르러서 대체적인 완성을 보았다. 그 후 『데카르트적 성찰』에서는 상호 주관성의 문제가 논술되는 등, 후설의 사상은 그의 만년에 이르기까지 전개되어 나갔다. 근래에 와서는 '후설=르네상스'의 소리라고까지 들려올 정도로 현상학은 시대의 사상으로서 새삼 각광을 받고 있다.

'철학, 그것을 향해!'라고 하는 것이 후설의 모토였다. 철학에 대해 이성적 또는 학문적으로 판단한다고 하는 것은 철학 그 자체에 즉각적으로 대응한다는 것이다. 결국 구구한 의견을 버리고 철학 그 자체로 돌아서서 자신이 생각하고 있는 대로의 철학을 밝히고 그것과 떨어져 있는 선입견은 모두 배제해 버려야 한다는 것이다. 물론 '선입견을 따르라.'라고 말하는 철학자는 없을 것이다.

그러나 실은 그러한 철학자도 몇 명 있었다. 권위주의를 들고 나온 중세의 스콜라 철학자들을 지칭하는 것은 아니다. 후설을 연구하고 후설을 극복하기 위해 등장했던 해석학자들이 그들이다. 그들은 선입견이 없는 몰沒역사적 상황에서의 진리는 있을 수 없다고 주장하며, '철학, 그것을 향해!'라는 것은 진리의 초역사성을 주장하기 위한 모토에 불과하다고 들고 나섰던 것이다.

그의 학파는 괴팅겐학파 또는 현상학파로 불린다.

현상학적 방법

데이비드 흄의 말에 의하면 '일체의 개념을 현상의 직관으로서 음미하고'라는 것에서 현상이란 것은 마음에 나타나 있는 것, 즉 표출되어 있는 그것이라고 하였다. 물론 엄밀히 생각해 보면 현상이란 마음에 나타나 있는 것으로부터 투영된 모습이다. 여기서 우리가 사물에 대한 인식에 직접 관계를 갖는 것은 경험, 사유, 의욕, 가치 부여 등의 모든 체험에서 비롯된 것이다.

또한 우리는 그러한 모든 체험 그 자체를 대상으로 삼을 수도 있는 것이다. 그러므로 우리가 사물에 대하여 인식한다는 것은 모두 체험을 통해서만 우리들 스스로에게 현현顯現하는 것이라 할 수 있겠다. 때문에 이러한 체험은 현상이라 하고, 체험에 시선을 주고 체험을 순수하게 그 자체로서 경험하여 규정하는 방법을 현상학적 방법이라고 하는 것이다. 다시 말해 모든 것을 주관主觀과의 상관관계라는 입장에 서서 음미하는 것이 바로 현상학인 것이다.

"나에게 있어서 타당하다고 생각되는 한도 내에서의 현실에 존재하는 모든 존재자는 '나'라는 주관과 상관관계에 있으며, 그것은 필연적으로 그 존재자의 존재 근거가 되는 지표인 것이다." -『위기』 중에서

현상학은 이 같은 방법으로 모든 학문의 근본적인 새로운 기초를 주관으로 지향하였다. 즉, 스스로 알고 스스로 진리성을 보증하는 자기 이해와 자기 책임을 갖는 철학을 확립하려 한 것이다. 현상학은 모든 인식의 어머니가 되는 학문이다. 그러므로 현상학은 모든 철학적 방법의 어머니가 되는 대지이다. 다시 말해 모든 철학적 방법은 땅에서 이루어지는 연구로 되돌아와야 한다는 것이다.

-수학자로서 출발한 후설이 구체적으로 지향하고 있었던 제1목표는 수학과 논리학의 진리성을 누구나 인식하기에 가능한 방법으로 기초를 다지는 것이었다. 뿐만 아니라 그는 전 유럽 사상의 근간이었던 합리론의 위기에 현상학으로 그것을 대처하려고 하였던 것이다.

수학과 논리학의 엄밀한 기초다짐

후설은 독일의 각지에서 학창시절을 보내며 주로 수학을 공부했다. 당시의 대수학자 슈트라우스의 조교를 지내기도 했다. 그의 초

기 논문 『수의 개념』과 『산술의 철학』은 '계산한다.'라고 하는 심적 작용으로부터 자연수론自然數論에 대한 기초를 다지는 시도였다. 이것은 언뜻 보기에는 수학기초론에 있어서의 이제까지의 입장과 서로 중복되는 듯이 보인다. 그러나 수학기초론에 있어서 이제까지는 직관에 의해 증명될 수 없는 원리는 사용하지 않는다는 식으로 직관을 부정적인 이유로 삼은 것이지, 직관에 의해 증명될 수 있다면 진실이라는 식으로 직관을 적극적인 논리로서 삼은 것은 아니었다.

이처럼 직관주의에 대한 비판으로부터 합리적 집합론으로서의 수학을 지키려고 했던 사람은 힐베르트였다. 그는 1894년 이래 임종 (1943년)을 맞을 때까지 괴팅겐대학에서 교편을 잡았다. 후설은 1901년부터 16년까지 괴팅겐대학에 재직했다. 이 기간 동안 괴팅겐에서는 힐베르트에 의해 수학 전체의 형식화라는 커다란 연구가 진행되어 가고 있는 중이었으며, 또 다른 한편으로는 후설에 의해 직관주의라는 연구에 몰두하여 모든 학문의 기초 다짐에 온 힘을 집중하고 있었던 것이다. 금세기의 수학과 철학에 있어서 최대의 연구가 연출되고 있었다고 해도 좋을 것이다.

기하학을 공간적인 직관으로부터 해방시켜 순수하게 공리론적인 체계로 이전시켜 놓은 것은 힐베르트의 획기적인 업적이라고 해도 좋을 수학혁명이었다. 힐베르트는 베를린의 정거장 대합실에서 '점·선·평면 대신에 테이블·의자·맥주 컵을 사용하여 기하학을 성립시켰다.'고 전해진다. 후설은 그의 만년의 『기하학의 기원』에서도 기하학의 공간성·직관성을 의심하고 있지 않았다. 그런데 어떤 현상에도 공리를 두지 않은 괴팅겐 학자전에 의하면 이러하다.

힐베르트와 그의 친구들은 교외에 나가 산책을 하며 수학이나 논리학에 대해 서로 의견을 나누는 것이 일상이었다. 하루는 눈이 수북이 쌓인 날이었다. 그런데 그들 그룹의 뒤에서 일정한 거리를 두고 걸어오는 남자가 있었다. 그들이 멈추어 서면 그도 따라 멈추었다. 별로 수상한 자는 아닌 것 같았다. 그러나 그러한 일이 매번 일어나므로 싹싹하고 사귐성 있는 힐베르트가 그에게 말을 걸었다.

"함께 걸으며 우리와 함께 이야기를 나누지 않으시겠습니까?"

이야기를 나눠 보니 슈트라우스 밑에서 후학을 공부하고 있던 철학자 후설이었다.

"그렇다면 더욱 잘 되었군요."

허름한 바지를 입은 힐베르트가 말하자 후설은 이렇게 대답했다.

"함께 갈 수는 없습니다. 저의 갈 길은 본질을 분석하는 쪽입니다. 하지만 당신들의 방향은 그 반대쪽입니다."

그러자 스스럼이 없는 체르멜로가 말했다.

"그럼, 왜 우리 뒤를 따라오십니까?"

"아니, 제가 뒤를 따라오다니요?"

후설은 참으로 기가 막힌다는 듯한 표정을 지으며 대답했다.

"저는 당신들의 뒤를 따라가는 것이 아닙니다. 저는 당신들 수학자와 논리학자님들의 발자국에 더욱 단단한 기초를 다지고 있는 것뿐입니다."

사고思考의 현상학적 환원還元

학문 일반의 기초를 다지기 위해서 모든 것을 주관과의 상관속에서 반성적으로 포착한다고 하는 후설의 방법은 언뜻 보기에는 심리주의나 합리주의로 해석될지 모른다. 그러나 그의 현상학이 그 어느 쪽과도 다른 것은 아프리오리(선험적)의 본질을 직관이라고 하는 능동적 작용으로 끄집어내는 독자적인 방법에 있었다.

우리가 보통 사고思考한다고 하는 것은 세계 속에 존재하는 것으로부터 받아들여지는 것이라 굳게 믿고 있다. 그러나 거기엔 근원적으로 오관五官이라는 감각에 의한 인식이라는 능동성을 우리는 잊고 있는 것이다. 물론 그것은 결국 세계 안에 지극히 자연스럽게 존재하는 그 무엇에 있다고 하는 것을 전제로 한다. 즉, 자연적 현상은 세계 안에 존재하며 그것은 일반적 정립에 근거하고 있다는 것이다. 예컨대 증명되어야 할 명제에 대한 활동의 스위치를 끄고 판단을 중지하고 묶어 버린다면 우리의 사고는 톱니바퀴가 맞물리지 않고 헛바퀴 돌듯이 공전만을 일으키고 말 것이다. 그러므로 자연적 현상은 일반적 정립에 의해 그 존재가 정립되는 것이며, 그것은 우리에게 있어서 실제로 거기에 존재하고 있는 자연세계의 현상이며, 변함없이 의식에 나타나는 현실로서 계속 존재하는 것이다.

"나의 완전한 자유의지에 의해 판단을 중지하고 묶어 버리는 행위를 하더라도 나는 소피스트같이 이 세계를 부정하는 것도, 회의론자와 같이 이 세계의 현존재를 회의하는 것도 아니다." - 『이덴』 중에서

세계의 모습은 변함없이 항상 그대로이다. 그것은 거기에 규칙적으로 변화하는 성질의 상관자가 잔류하고 있기 때문이다.

우리가 세계를 사고의 실험관으로 변화시켜 볼 때, 우리는 변화 속에서도 변하지 않는 요소가 있다는 사실을 알게 된다. 다시 말해

음에는 음의 본질이 있고, 양에는 양의 본질이 있다는 것이다. 그것은 무한히 풍성한 구조의 아프리오리가 내재하고 있기 때문인 것이다.

후설을 칸트가 학문의 기초 형식이 되는 아프리오리의 체계를 제시한 것과 같은 방법을 취하진 않았다. 그는 끊임없이 자기의 방법을 연구하고 갈고 닦고 수정시켜 나갔다. 정지되어 있는 방법이 아니라 끊임없는 지향적 방법으로 현상을 연구하는 '발생적 현상학'이 구상되었던 것이다. 나아가서는 현상세계라 하는 일상적 체험 층을 원점으로 하여 과학의 기본자세를 설명하고 과학과 인간성과의 분열이라고 하는 시대의 위기에 대처하였던 것이다. 그의 사색에는 휴식이 없었다. 그의 생生과 사死는 조용한 영웅적 생애였다고 후세에 회자되었다.

신의 깊은 배려

어린 시절의 후설은 어느 날 작은 칼을 얻었는데, 그 칼이 그다지 날카롭지 않아서 그는 계속 칼을 갈았다. 가는 일에 열중한 나머지 그는 칼이 지나치게 날카롭게 되어 버린 것을 미처 깨닫지 못했다. 훗날 이 에피소드를 말하는 후설은 슬픈 표정을 지었다고 한다. 자신의 사색도 어린 시절 그 칼을 갈았던 것과 흡사하다고 생각했기 때문이다.

세월이 더욱 흘러 천국에 간 후설은 무엇이고 간에 일을 맡아야만 되었다. 프로이드가 슈퍼마켓에서 세탁용 세제 일체를 담당하고 있었고, 흄이 요리를 담당하고 있는데 자신만 놀고 있을 수는 없었다. 그는 문득 어린 시절을 기억해 냈는지 칼 모양의 철판을 찾아 커다란 돌에 대고 열심히 갈았다. 그것을 본 천사 가브리엘은 즉시 하나님이 계시는 곳으로 달려갔다.

"주여! 큰일 났습니다. 후설이 칼을 갈고 있습니다. 그는 아마 분명히 그 칼을 지나치게 갈아 돌도 칼도 모두 가루로 만들어 버리고 말 것입니다. 빨리 그로 하여금 중단하도록 분부를 내려 주십시오."

그러자 하나님은 입에 검지를 대고,

"쉿, 가브리엘 군. 소리가 너무 크네."

하고 말하고는 한쪽 눈을 찡긋 감으며 이렇게 말씀하셨다.

"천국의 정원에 돌로 만든 의자를 하나 만들고 싶었다네. 그래서 그에게 쇠붙이로 돌을 의자 모양으로 갈게 한 것이라네."

5장

실존철학의 산실

역사성의 근원에 대한 현상학적 추구, 하이데거

그는 모든 사물을 철저하게 인간존재의 입장으로 조명하여 재검토함과
동시에 그 인간존재의 근본을 '존재와 시간'이라고 하는 원천적인
것으로부터 조명해 냈다.

후설의 현상학은 그가 초지일관했던 '수학과 논리학의 엄밀한 기
초를 다짐'이라는 방향으로는 계승되지 못하고, 오히려 정신과학·
인간학의 방향으로 발전하고 있었다. 당연한 것이리라. 현상학자의
입장에서 보면 그의 방법은 심리학과는 근본적으로 이질적인 것이
었지만, 일반적인 측면에서 보면 마음에 비치는 것을 토대로 삼는
그 방법은 넓은 의미에서의 심리학에 속한다 할 수도 있었다. 즉,
정신학에 오히려 더 어울렸던 것이다.

현상학은 의식의 현상에 근거를 두면서 주관주의를 극복하려고
하는 학문이다. 다시 말해 심리적인 것에 의거는 하지만 반심리주
의라고 주창하고 있어 언뜻 보기에 완전히 상반되는 방향으로 여겨
진다. 그러한 주장은 후설의 제자인 하이데거에게서도 발견된다.

후설의 조교를 지냈던 하이데거(Martin Heidegger, 1889~1976)는
현상학을 존재론이라고 하는 서구의 전통적인 형이상학의 방법으로
구사하고, 인간존재의 역사성에 새로운 메시지를 던지기 시작했다.
즉, 인간의식의 현상에 역사성을 부여하여 전인미답前人未踏의 험난
한 길을 그는 오히려 유유자적하게 걸어갔다.

바덴주州 메스키르히에서 농부의 아들로 태어난 하이데거는 1909년 프라이부르크대학에 입학하여 리케르트에게 철학을 배우고 1915년 이 학교의 강사가 되었다. 1923년 프라이부르크대학 교수, 1933~1934년 총장을 지냈으나, 제2차 세계대전 중에 나치에 협력했다는 이유로 전후에 한때 추방되었다. 후에 다시 복직하여 강의를 했지만, 전전·전후를 통틀어 그의 사색의 대부분은 슈바르츠발트의 산장에서 이루어졌다.

하이데거가 일약 유명해진 것은 그의 저서 『존재와 시간』 때문인데, 이것은 전체 구상의 전반부에 해당하며, 처음에 E. 후설이 편집하는 현상학에 관한 연구연보에 발표되었다. 여기에서는 존재를 이해하는 유일한 존재자인 인간(현존재)의 존재(실존)가 현상학적, 실존론적 분석의 주제가 되고, 현존재의 근본적인 존재 규정인 '관심'의 의미가 '시간성'으로서 확정되는 데서 끝맺고 있다. 그는 거기에서 『존재와 시간』의 본래의 주제인 '존재'와 '시간'의 관계로 되돌아가 현존재의 시간성을 실마리로 해서 존재의 의미를 시간에 의하여 밝히는 동시에 역사적, 전통적인 존재 개념을 역시 시간적인 지평에서 규명할 예정이었으나 이 후반부는 미발표로 그쳤다. 특히 언어는 인간의 현존재를 대표하며 언어는 존재 이해의 원천이 된다. 만년에 하이데거는 시의 연구에 관심을 기울였다.

주요저작으로는 『칸트와 형이상학의 문제』, 『형이상학이란 무엇인가』, 『휴머니즘에 관하여』, 『숲속의 길』, 『니체』 등이 있다.

그의 사색의 매력은 우선 그 깊이에 있다. 그는 모든 사물을 철저하게 인간존재의 입장으로 조명하여 재검토함과 동시에 그 인간존재의 근본을 '존재와 시간'(1927년)이라고 하는 원천적인 것으로부터 조명해 냈다. 그의 매력은 사상적 깊이에만 있는 것은 아니었다. 오히려 일상생활 중에서 한 인간이 취해야 할 도덕을 엄격하고도 세밀한 관찰력을 통해 상세히 제기한 데에 있었다. 인간에 대한 그의 풍부한 지식 또한 그의 사색의 아름다운 매력이었다.

철학이란 일반적으로는 자명한 것을 의심하는 학문이다. 그중 가장 흔히 회자되는 것은 '존재'라는 명제인 것이다. 존재라고 하는 것은 명백한 개념이다. 무엇을 인식하고 또 어떤 말로 표현하더라도 '존재한다는 것'에 대한 개념만큼은 '존재'라는 단어로 사용되며, 어느 곳에서나 조작 없이 이해되고 있다.

"하늘이 파랗다(Der Himmel ist blau), 나는 기쁘다(Ich bin froh) 등등은 누구라도 알 수 있다." - 『존재와 시간』 중에서

누구나 다 이 의미를 이해하고 있다. 물론 하늘이 푸름과 나의 기쁨이 어떻게 똑같은 의미로서 존재한단 말인가, 라고 질문을 한다면 그것은 대답이 곤란하다. 그러나 그러한 질문을 하는 자는 하는 자로서 질문을 받는 자는 받는 자로서 존재하는 것이다. 그렇기 때문에 이 질문은 답변할 수 없는 곤란한 질문만은 아닌 것이다. 그것은 질문 속에 확실히 존재의 의미가 뿌리를 박고 있기 때문이다. 그렇기 때문에 우리는 이미 어떤 존재의 이해 속에 살고 있는 것이다.

후설은 세계 안에 사물이 있다고 하는 명백한 전제인 '일반적 정립'의 판단을 정지시키고 그러한 판단 정지에 의해 상관적인 세계를 잔류시켰다. 즉, 사물의 전부를 '의식의 장場'이라고 하는 범주 속에 넣고 나면 세계 안에 있는 사물의 전부가 새로운 빛을 내는 듯이 보이게 된다는 것이다. 다시 말해 관점의 전환으로 우리가 갖는 당연한 존재의 의미로부터 존재에 대한 의문의 관점으로 전환한

다는 것이다. 그러므로 하이데거는 존재에 대한 문제는 현상학으로 서만이 가능하다고 하였던 것이다.

"산이 있다. 나무가 있다. 산도 나무도 존재자이다. 존재자가 존재한다. 존재자가 보인다. 존재자를 통하여 존재가 이해되고 있다. 그런데 아니, 오히려 그 때문에 우리는 존재자에게 눈을 빼앗겨 본래적 존재자의 존재를 잊고 있다. 이해하고 있는 바로 자신의 존재를 우리는 잊고 있다. 여기에서 이루어져야 할 질문으로 질문 받고 있는 존재에 대한 것이다. 존재가 존재자를 존재자로서 인정하고 있을 때는 어떻게 논해지든지 간에 존재자는 존재를 향하여 항상 그리고 이미 이해되고 있는 것이다. 그렇다고 존재자의 존재 그 자체가 하나의 존재자인 것은 아니다." - 『존재와 시간』 중에서

인간이란 '항상, 그때마다, 이미'라는 자세를 추구하는 것이 인간의 본질을 추구하는 것이다.

여기 장미가 있다. 테이블, 화병, 공간 등 모두가 있다. 그러나 이처럼 사소한 것들이 있다고 하는 것에 대한 당연함에 오히려 놀라움을 나타내기도 하는 것이다. 이 놀라움 속에서 체험되고 있는 것은 '존재자의 존재는 존재자가 아니다.'라고 여기는 존재론적 차이에 있다. 즉, 우리는 존재론적 차이를 잊고 있는 것이다. 다시 말해 일상적인 관심이 곰팡이처럼 존재를 덮어 감추어 버리고 있다. 병으로 드러누워 다신 일어나지 못하게 된 사람은 장미의 존재에 놀라기도 하고 , 패배하여 귀향한 병사는 산천山川의 존재에 놀라기도 한다. 존재를 이해하는 것은 동시에 존재를 덮어 감추어 버리는 것이다.

존재망각

하이데거는 자신의 사상의 신학적 배경에 대하여 자진해서 말한 적이 거의 없었다. 왜냐하면 그는 이미 신학을 신학으로 말할 수 없는 '신의 죽음'이라는 선언에 당착撞着되어 있었던 것이다. 존재와 존재자는 구별되어야 한다고 하는 토마스 모아의 존재 사상을 전제로 한다면 신에 대한 존재론적 구별은 쉽게 할 수 있다. 더욱이 토머스 모아의 관점에서 본다면 존재 망각이란 신에 대한 비신앙적인 자세일 것이다. 그리고 키르케고르의 관점에서 본다면 존재 망각은 절망을 의미할 것이다.

세계를 비추는 광원光源

무엇인가를 묻는 자는 묻는다고 하는 그 자체만으로도 존재하고 있다. 다시 말해 묻는다고 하는 그 자체가 묻는 자의 존재를 나타내는 것이다. 때문에 질문을 당하고 있는 존재는 묻는 자에 의하여 그 존재가 규정되고 있다. 여기서 묻는 자는 인간이다. 그리고 물음을 당하는 것 또한 어떤 존재 양태이므로 존재의 측면에서 보면 존재자로 규정되고 있다. 그리고 우리는 묻는 자를 술어적으로 '현존재 Dasein'라 표현한다.

현존재라는 것은 한마디로 인간의 의식인 것이다. 문자 그대로 말하면 '현재 나타내어(Da) 존재하는 존재(sein)'라는 것이다. 그리고 존재자는 현존재에게 자기의 비밀을 털어 놓는 것이므로 현존재야

말로 존재자에 대한 존재의 의미를 알 수 있는 존재자라는 것이다. 결국 사물의 존재의 원점은 바로 현존재인 것이다. 우리가 세계 내부의 물체를 물체로서 이해하는 것도 존재의 원점인 현존재에 의해 이루어지는 것이다. 즉, 현존재는 세계를 각각의 방법으로 조명하는 광원이다. 그러므로 현존재는 항상 세계 속에 있다. 그것이 세계라고 하는 의미인 것이다. 즉, 현존재는 항상 세계 속에 있다. 그것이 세계라고 하는 내부 속에 들어가 있다는 의미는 아니다. 세계와 관련을 맺고 세계를 조명하며, 세계 속에 존재한다는 의미인 것이다. 즉, 현존재는 '세계의 내부존재'가 아니라 '세계 내부의 존재'인 것이다. 다시 말하자면 현존재는 '세계→내부→존재'로서 존재하고 있는 것이다.

이 '세계→내부→존재'라고 하는 존재체제는 현존재라고 하는 존재자 이외의 존재자가 객체적으로 존재하고 있어서 현존재와 만남으로써 비로소 성립되는 것이다. 그리고 이와 같은 존재자가 현존재와 만나는 일이 있는 것은 존재자 자신이 스스로 나타내 보여 주고 있기 때문인 것이다. 그러므로 현존재는 '세계→내부→존재'로서 세계 속의 사물과 만난다.

예컨대 톱이라는 도구는 쓸모가 있는 것으로서 바로 도구 사용자 근처에 존재한다. 그리고 쓸모없게 되어 버린 경우에도 도구라는 기본·입장은 잃지 않는 것이다. 이처럼 현존재가 존재함으로써 동시에 본질상 이미 갖추어져 있는 도구적인 기능이 이루어질 수 있으므로 존재자는 항상 이미jeschon 현존재와 만나는 세계에 자기를 맡기고 있는 것이다.

망각의 세계

인간은 항상 지난 일을 잊는 망각을 갖고 살아가고 있다. 또한 그러한 망각은 인간에게 필요한 것이다. 물론 망각이라는 그 자체가 특별히 타락해 있다던가, 악행을 저지르고 있는 것은 아니다. 오히려 성실한 일상생활이란 바로 망각 속에서 이루어지는 것이다. 예컨대 성공하기 위해 어떤 일에 관련을 맺은 때는 다른 사람들과의 비교가 끊임없이 숨겨져 진행된다. 그들과의 차별 대우를 받고 싶다던가, 그들에 비해 뒤떨어져 있는 자신을 똑같은 수준으로까지 끌어올리고 싶다던가, 또는 다른 사람에 비해 월등히 앞서 있는 자신을 계속해서 지속시키고 싶어 한다던가 하는 것은 상대적 존재를 깨닫지 못하고 망각하고 있는 것이다.

인간이 인간으로서 산다고 하는 것은 우월감과 열등감의 틈바구니에서 마음을 들뜨게 혹은 침울하게 하고 살아가는 것이다. 세상 돌아가는 이야기나 호기심이나 애매모호함 속에서 인간은 자기를 잃는다. 때문에 호기심은 가까운 곳에 오랫동안 머물지 않는 독특한 특성을 갖고 있는 것이다.

하이데거는 인간이 망각이라는 도구를 갖고 있기 때문에 세상이라고 하는 모습을 면밀하게 그려내고 있다고 하였다. 물론 의문을 갖는 사람도 있을 것이다. 그의 묘사가 과연 얼마만큼 타당하냐는 것과, 그리고 그러한 묘사가 존재 일반의 의미와 어떤 관계를 맺게 되는가라는 점에서 하이데거는 '망각에 대한 물음은 현존재의 물음에 귀착한다.'고 하였다.

그는 칸트나 데카르트를 통해 물리적 현상계의 성립을 논할 예정이었지만, 그것은 충분한 성과를 거두지 못했다. 그의 '존재와 시간'에서는 파스칼이나 키르케고르, 니체를 기초로 삼은 인간학적 고찰로 전체가 기울어져 있었다. 다시 말해 현대라고 말하는 시대에서 인간이라고 하는 현존재의 실존론적 분석이었다. 이 분석은 실존을 통로로 삼아 존재 일반으로 향해가는 것이라고도 할 수 있었다.

인간은 시간이다.

인간에게 있어서 거짓 없는 단 하나뿐인 참모습이 드러나게 되면 인간의 존재 방법이 시간성에 근거한다는 것을 우리는 알 수 있다. 왜냐하면 인간이 자신의 미래에 죽음이 존재한다는 사실에 마음의 문을 열어 놓으면 현존하는 자신을 발견할 수 있기 때문이다. 이는 그 인간 자신이 운명을 향하여 '도래하는 것(zu Kommen)'에 대한 맞이할 수 있는 마음의 자세가 갖춰진 것이며, 또한 현존하는 인간 본연의 소리의 근본 현상이기도 하기 때문이다.

죽음을 각오한다는 것은 미래의 앞쪽에서 도래할 것이라는 것을 현재라는 현실의 자기 쪽으로 오게 하고 있다고 하는 시간성을 의미하는 것이다. 때문에 미래가 아닌 오직 눈앞의 현실이라고 믿는 것이 현존재로서는 합당한 생각인 것이다. 그러므로 선구先驅는 현존재가 그러한 각오에 있어서 현실일 때에만 가능한 것이다.

짊어진 짐이 보여 주는 것은 과거이다. 자신이 어떤 상황의 조건 속에 던져져 존재한다 할지라도 과거의 사실을 받아들일 때 부채가 형성되는 것이다. 그리고 그 부채를 받아들인다고 하는 것은 인간이 이미 와 있는 상태Gewesen, 즉 과거 상태에서 현재 상태로 존재하게 할 수 있는 것이다.

그리고 미래지향적일 때에야 비로소 그 인간의 현재도 존재할 수 있는 것이다. 다시 말하자면 미래가 있어야 비로소 현재가 있다는 것이다. 그리고 미래와 현재의 상관관계 속에서 과거가 성립되는 것이다. 그러므로 현재란 '바로 그때마다의 상황'을 열어 보여 주고 오늘의 세계에 거居하며, 임재臨在하고 있는 것에 대한 실천적, 행동적인 만남을 가능케 하는 것이다. 이렇게 하여 인간이라고 하는 것에 대한 전체성이 드러나게 된다. 결국 시간성이 인간의 존재 방식을 나타내 주는 것이다.

"인간은 시간이다. 시간일 때 비로소 인간은 역사이다. 그리고 역사가 인간존재의 의미를 선고한다." - 『존재와 시간』 중에서

역사성 속에 운명의 얼굴을 내민다.

인간은 본질적으로 역사적이다. 이것은 단순히 인간의 생활에 여러 가지의 역사적 조건이 둘러싸고 있다는 의미만은 아닌 것이다. 오늘날과 같은 과학기술의 시대에는 인간은 좋든 싫든 간에 과학기술 속에서 살아가지 않으면 안 된다. 그러므로 기술에 의한 존재의 의미는 인간 본연의 존재의 의미를 잠식하고 있다. 그러나 세상이라고 하는 부평초에 몸을 내맡기고 세상과 함께 침묵하는 인간에게 있어서 역사는 무의미한 것이다.

인간존재의 의미를 역사에서 그 유무를 묻지 못하도록 억압하고

있는 현실을 반박하기 위해 하이데거는 인간의 내부로부터 역사를 설명하고 있다.

"나는 역사이다. 나의 존재에 역사가 있다. 죽음을 향해 초연히 열려진 자유만이 현존재에 단적인 목표를 부여하여 실존을 자기 자신의 유한성 속으로 돌입케 한다. 스스로 선택한 실존의 유한성은 갖가지 형태로 유혹해 오는 안락함이나 쾌락이나 도피 등의 끝없는 욕구로부터 현존재를 끌어내어 자기 운명 속으로 집어넣는다. 운명이라는 것은 본래적으로 현존재의 근원적인 역사적 사건이다. 본래적임과 동시에 유한적이기도 한 시간성이 운명과 같은 것, 즉 본래적 역사성을 가능케 하는 것이다. – 『존재와 시간』 중에서

인간이 본래적으로 역사적이 아니라면 역사학이란 아무런 의미가 없는 학문일 것이다. 다시 말해서 역사의 의미는 역사학적인 측면에서 명백해지는 것이 아니라, 역사성의 측면에서 명백해지는 것이다. 그렇지 않으면 본래적인 역사학은 필연적으로 현재에 대한 비판에 불과할 것이다. 이같이 역사의 의미를 역사학의 실증의 의미로 왜소화하는 것에 하이데거는 경고를 선언하고 있다.

역사의 근원은 존재의 역사에 있다. 형이상학은 옛날 그리스시대로부터 왜곡된 존재의 역사를 전하고 있다. 형이상학의 역사를 근원으로 거슬러 올라가 비판적으로 재조정하는 것이 '존재와 시간'의 최후의 과제이다. 하지만 하이데거는 갖가지 억측을 자아내게 하는 이해하기 어려운 전회轉回를 스스로 선언하며 '존재와 시간'을 미완성인 채로 끝내 버리고 말았다.

니힐리즘 극복의 시도

하이데거는 서구의 형이상학을 뿌리부터 뽑지 않고는 서구의 운명이 되어 버린 니힐리즘은 극복할 수 없다고 하였다. 왜냐하면 플라톤은 존재자의 존재성을 이데아로 해석했고, 니체에 와서는 존재자의 존재성을 초인Ubermensch으로 규정하는 등 서구의 형이상학의 역사 전체를 아프리오리적인 것으로 여겨왔기 때문이다. 더욱이 존재에 대한 무관심 속에서 싹터 왔던 형이상학에 있어서도 존재와 존재자의 차이는 물을 만한 가치도 없다고 여겼던 것이다. 형이상학의 역사는 존재 망각의 역사였다. 플라톤의 이데아 사상에서 니체의 초인 사상으로까지 위세를 떨쳤던 형이상학은 서구 사상을 모두 점령해 버렸던 것이다. 그리고 더 나아가 오늘날에 와선 기술과학에 위탁되어 버리고 만 현상으로 위치하고 있는 것이다.

형이상학의 완성의 시대에는 어떤 의미에서든지 인간이 인간존재의 의미를 찾는 일에 역사가 밑거름이 되게 길을 열어 주었다. 그러나 오늘날에 와서는 인간존재에 대한 의미를 망각하는 상황이 되고 말았다. 그렇다고 우리가 기술과학을 버리고 산속에 들어가 원시생활을 하는 것이 바람직하다는 말인가?

이에 대해 하이데거는 그와 같은 말은 하지 않고 있다. 오히려 그는 역사의 운명이 되고 말아버린 우리로 하여금 존재의 의미를 규정하도록 이끌고 있는 '근대' 전체를 그 이름에 걸맞게 '기술 시대'라 명명하고 있는 것이다. 그가 말한 기술은 단순히 생활 수단의 편리함을 의미한 것은 아니었다.

예컨대 존재의 의미를 덮어 버리는 기술 문화라고 해서 그것을 부정해 버리려는 것, 즉 원자로를 부수고 풍차를 세우는 행위로써 극복해 나가려는 것은 아니었다. 오히려 인간성이라고 하는 이념이나 가치를 내세워 상실된 인간존재의 의미를 주체성으로 회복하려는 것이 시도되었고, 그것이 바로 기술의 손아귀, 즉 존재 망각 속에서부터 벗어날 수 있는 계기가 되는 것이라 하였다. 존재 그 자체는 스스로 숨는 것을 좋아한다.

존재의 유기遺棄는 오히려 존재 그 자체가 존재의 진리를 향한 인간에로의 귀속을 저버리는 것이며, 인간에게 있어서 소중한 것으로 여기게 하기 위한 운명적 방편임을 망각한 것이다. 여기서 인간이 할 수 있는 것은 다시금 존재를 유기하지 않기 위해 자기 마음을 열어두어야 한다는 것이다.

하이데거의 존재철학을 '신 없는 토마스주의'라고 부르는 사람도 있다. 그러나 오히려 이렇게 말하고 싶다. 아우구스티누스의 시간성을 통로로 하여 토마스 아퀴나스의 존재를 내면세계로 포착하려는 사상이라고.

하이데거의 학문 세계는 키르케고르, 마르크스, 니체의 시대 비판을 받아들여야만 하는 세계이기도 하다. 그리고 니힐리즘이라고 하는 신의 '부재, 침묵'을 역설적으로 '존재 개시開示'의 일면으로 생각하는 입장이기도 한 것이다. 하이데거의 존재 사상이 신학으로 귀착될 수 없는 것은 그가 니체의 '신의 죽음'을 성실히 받아들여 신의 죽음에 대한 책임을 기독교에 요구하고 전통적인 기독교의 부정적 역사를 뿌리 깊숙한 곳에서부터 뽑아내려고 시도했기 때문이다. 이런 점에서 하이데거의 사상에서 무언가 동양적인 것을 찾으려는 우리나라 철학도들이 많았다.

그러나 하이데거의 사상은 철두철미하게 '서구의 운명'에 대한 것이었다고 말해야만 하겠다.

실존주의와 휴머니즘은 같은 맥락이다, 사르트르

도구와 같은 존재에 있어서는 본질이 존재에 앞서지만 개별적 단독자인 실존에 있어서는 존재가 본질에 앞선다. 인간은 우선 실존하고 그 후에 자기가 자유로운 선택과 결단의 행동을 통해서 자기 자신을 만들어 나아간다.

하이데거 철학의 핵심적 부분을 날카롭게 찔러 독자적인 사상을 새로이 구축한 사람은 장 폴 사르트르(Jean Paul Sartre, 1905~1980)이다. 그는 '실존을 통하여 존재로'라는 하이데거의 방법을 실존철학이라 명명했다. 그리고 데카르트에 대한 근본적인 비판을 수행하려고 했던 하이데거에 이어 그도 데카르트의 코기토를 철저히 파헤쳐 보였다.

1905년 파리에서 태어난 사르트르는 일찍 아버지를 잃고 어머니와 함께 독일어 강습소를 열고 있던 외조부 C. 슈바이처의 슬하에서 자랐다. 아프리카에서 나병환자의 구제 사업을 벌여 노벨평화상을 받은 A. 슈바이처는 사르트르 어머니의 사촌이 된다. 1925년 그는 파리의 명문고인 에콜노르말쉬페리외르에 입학하였는데, 동급생에는 M. 메를로 퐁티, E. 무니에, R. 아롱 등이 있었다. 특히 젊어서 극적인 생애를 마친 폴 니장과의 소년시절부터의 교우는 그에게 깊은 인상을 심어 주었다. 평생의 반려자가 된 시몬 드 보부와르의 해후도 그 당시의 일이다. 졸업하고 병역을 마친 후에 북프랑스의 항구도시인 르아브르의 고등학교 철학교사가 되었다. 이 포구는 후일 『구토』에서 묘사된 부비르라는 도시의 모델이라 일컬어진다.

레몽 아롱으로부터 독일의 현상학에 대한 계발을 받고 1933년 독일에 유학, 후설과 하이데거의 철학을 공부하였다. 소설 『구토』는 존재론적인 우연성의 체험을 그대로 기술한 듯한 작품의 특수성이 세상의 주목을 끌어 신진 작가로서의 기반을 확보하게 되었다. 이어 철학 논문 『존재와 무』는 무신론적 실존주의의 입장에서 전개한 존재론으로서 결정적인 작업이었고, 세계적으로 보아도 제2차 세계대전의 전중부터 전후에 걸친 그 시대의 사조를 대표하는 웅대한 금자탑이라고 할 수 있는 노작이다.

1937년경부터 철학 논문 『자아의 초월』, 『상상력』을 발표하고 1938년 소설 『구토』를 내어 실존주의 문학을 창시했다.

제2차 대전이 발발하자 1939년 독일군의 포로가 되었다가 탈출하여 메를로 퐁티 등과 같이 대독 저항운동을 조직하였다. 이 무렵에 철학적 저술 『존재와 무』, 희곡 『파리』 등을 출판하였고, 카뮈와도 알게 되었다. 1945년 해방 후에는 월간지 『현대』지를 창간하여 실전주의의 논진을 펴면서 소설, 평론, 희곡 등 다채로운 문필활동에 종사하였다. 또 미국에도 초청을 받고 각지에서 강연을 하였다. 1964년에는 노벨문학상 수상이 결정되었으나 사절하였다.

1980년 4월 5일 파리 시간으로 오후 9시 30분. 장 폴 사르트르는 급성 폐수종(폐 세포 속에 물집이 잡혀 붓는 병)으로 74세의 생애를 끝냈다. 사르트르야말로 바로 이 시대의 정신이었다.

사르트르는 하이데거와 후설의 영향 아래 그 자신의 현상학적 존재론을 전개하였다. 그는 데카르트적 자아를 넘어서 인간은 하나의 실존의 존재임을 밝히고 실존은 본질에 앞서며 주체성이라는 명제를 제시하였다. 인간의 의식과 자유의 구조를 밝히고 실존의 결단과 행동과 책임과 연대성을 강조하였다. 도구와 같은 존재에 있어서는 본질이 존재에 앞서지만 개별적 단독자인 실존에 있어서는 존재가 본질에 앞선다. 인간은 우선 실존하고 그 후에 자기가 자유로운 선택과 결단의 행동을 통해서 자기 자신을 만들어 나아간다. 그는 『실존주의는 휴머니즘이다』라는 조그만 책자에서 그의 실존주의 사상을 간결 명쾌하게 설명하였다. 행동적 지식인인 사르트르는 세계 평화의 문제에 대해서도 깊은 관심을 가지고 여러 가지의 발언과 평론을 하는 동시에 소련의 공산주의에 대해서도 날카로운 비판을 가하였다.

사르트르 철학을 하이데거에 대한 지나친 편견에 지나지 않는다고 평하는 사람도 있다. 하지만 오히려 현상학이 갖고 있었던 근본적인 두 가지의 상반되는 방향, 즉 심적인 것(심리학)과 반심리주의적인 것(실증과학)에서 후자의 방향으로 전개된 것이라 보는 것이 옳지 않은가 한다.

"실존이란 우리가 원거리를 두고 생각할 수 있는 그런 것이 아니다. 틀림없이 그것은 갑자기 밀려드는 파도와 같은 것으로, 어느 날 갑자기 너에게 밀려든다. 그리고 계속 너의 머리 위에 머문다. 그것은 턱 버티고 선 하나의 거대한 짐승과 같이 너의 가슴을 짓누른다. 그 밖에는 아무것도 없다." – 『구토』 중에서

여기서 사르트르는 항상 자기 자신에게 안주하려는 육체와 항상 자기로부터 벗어나려는 정신을 실존의 근본적 양극으로 분리시켰다.

육체란 헤겔에 있어서는 '즉자(即自: 대립하려는 의식이 없는 상태)'라 불렸고, 이 육체는 철저하게 타성적이고 무의미한 것이며, 뻔뻔스럽고 조잡한 것으로 정신에 끈적끈적하게 달라붙은 것이라 하였다.

사르트르의 소설 『구토』의 주인공 로캉탱이 공원 마로니에에 있는 나무의 뿌리에게 '즉자'라는 존재의 의미를 살짝 물어본다.

"괴물과 같은 무질서의 덩어리, 무섭고 음탕한 나체의 덩어리만 남았다. 이것이 살아 있는 것이라고는 전혀 기억에 없었고, 또 기억에 떠올릴 수도 없었다. 가는 곳마다 무한히 널려 있고 여분의 것도 있고 항상 어디에나 있는 존재, 그것은 존재에 의해서밖에 한정될 수 없는 것이다. 그리고 그것은 혐오할 수밖에 없는 것이다. 나는 이 무용한 그리고 점점 부피가 커지는 존재에 대한 분노로 숨이 막힐 것만 같다. 나는 외쳤다. '너무나 더럽다! 너무나 더럽다!' 나는 이 끈적끈적한 오물을 떨쳐내 버리기 위해 몸을 마구 흔들었다. 하지만 오물은 찰싹 달라붙어서 떨어지지 않았다. 수천, 수만 톤이나 되는 존재가 되어 거기에 있었다. 나는 측정할 수도 없을 만큼의 오물 속에서 숨 막히는 고통을 겪었다." – 『구토』 중에서

자유형을 선고받은 인간

의식, 즉 대자對自는 무無의 존재이다. 그것은 어떤 장소에 있는 것이 아니라 장소가 없는 존재인 것이다. 사르트르는 '인간은 인간의 미래이다.'라고 한 시인 폰즈의 말을 인용하여 '나의 미래는 순결이다. 모든 것이 나에게 허락되고 있다.'라고 말한다. 그러나 이

아름다운 말에 도취되지 않는 편이 좋다. 왜냐하면 '미래이다.'라는 것은 항상 현재로부터 추방된다는 뜻이며, 또 끊임없이 '이것인가, 저것인가'의 질문 앞에 놓이게 되는 불안을 의미하고 있기 때문이다.

"자유라는 것은 자유이어야만 하는 저주를 받고 있는 것이다. 고문대에 놓인 인간은 얼마만큼 자신의 자유를 저주스럽게 생각하고 있는 것일까. 오히려 인간은 자유형을 선고받은 자유인이다." - 『존재의 무』 중에서

대자와 즉자는 절대로 하나가 될 수 없다. 즉, 절대자에 대한 헤겔적 정의인 '즉자이며 동시에 대자적인 존재'란 불가능한 것이라 하였다. 이러한 사르트르의 주장을 바꿔 말하면 '어떠한 의미로도 신은 존재하지 않는다.'라고 말하는 무신론적 입장에 뿌리를 두고 있는 것이다.

사르트르의 실존주의 기본 테마는 '실존은 본질에 우선한다.'고 하는 주체성으로부터 출발하였다. 다시 말해서 '실존주의는 휴머니즘이다.'로 요약된 것이다. 언어상으로는 키르케고르의 입장과 별다를 바가 없었다.

"종이와 칼에 관해서 이야기할 때 종이와 칼의 본질, 즉, 종이와 칼에 대한 성분과 성능 그리고 그것을 만들기 위한 제조법 등은 실존에 앞선다고 말할 수 있다. 하지만 신이 종이와 칼을 창조하였다면 신은 자신이 그것을 어디에 이용하기 위하여 창조하였는가를 정확히 알고 있을 것이다. 그러나 인간은 신에 의해 만들어진 종이나 칼은 아니다. 인간은 우선 먼저 실존하고, 세계 속에서 만나고, 세계 속에 돌연 모습은 나타내며 그 후에 정의되는 것이다. 인간은 본

질적으로 존재하는 인간인 것이다. 인간은 스스로 만든 것이다. 인간의 본성은 존재하지 않는다. 그것은 그 본성을 생각하는 신이 존재하지 않기 때문이다." – 『존재의 무』 중에서

인간존재를 미리 규정할 수 있는 것은 아무것도 없다. 만일 어떤 도덕적 지표가 주어져 있는 상황에서 인간이 선택할 수 있는 길은 자유인의 길뿐인 것이다. 사랑을 위하여 어머니를 지킬 것인가, 정의를 위하여 레지스탕스에 가담할 것인가의 갈림길에서 괴로움을 토로한 청년을 향해 사르트르는 다음의 말을 해 준다.

"너는 자유인이다. 선택하라. 그리고 창조하라."

사르트르에게 있어서 가치란 것은 자유에 의해 그때마다 창조되는 것이다. '인간은 자기 자신의 자유를 위해 투쟁하는 이외는 아무것도 아니다.' 그렇다고 자유란 아무런 동기도 없이 그저 태양 때문에 살인을 범하고 스쳐 지나가는 상대에게 자기의 몸을 팔고, 겨드랑이의 가려움을 참지 못하여 핵전쟁의 단추를 누르는 그러한 것을 의미하는 것은 더욱 아니다. 인간은 세계 속의 존재이다. 세계의 내부에 있는 타성적인 그 무엇은 아니다. 그러므로 끊임없이 세계에 의미를 부여하며 살아가야만 하는 자유라는 의무를 갖는 존재인 것이다. 인간이 조직화된 상황 속에 있을 때는 그 자신이 그 속에 속박되어 자신의 자유의지와는 무관하게 인류 전체를 속박하려 든다. 그러므로 스스로 조직 속에 가담한 이상은 책임을 남에게 전가할 수 있는 어떠한 근거도 가질 수 없는 것이다.

"인간은 자기 자신을 재발견–설령 신의 존재에 대한 유력한 증명–하여도 인간을 인간 자신으로부터 구출해 낼 수 없다는 것을 납득하지 않으면 안 된다." – 『존재의 무』 중에서

휴머니즘이란 이러한 의미에서 신의 부재에 대한 자각인 것이다.

하이데거의 『존재와 시간』이나 사르트르의 『존재와 무』의 문장은 지극히 어렵다. 과거 근대철학의 유산을 뿌리에서부터 부정하려고 하는 의도와 자기의 내면성에 지극히 충실하려고 하는 태도가 그 난해함의 원인이라 생각된다.

어느 노老철학자가 아주 무거운 어조로 하이데거에 대한 강의를 한마디로 끝냈다.

"철학사에 있어서 우리는 하이데거를 난해함의 거장이라고 말할 수 있으며, 그가 목표한 가장 중요한 철학의 요점은 서양 철학사에서 근대철학의 역사를 뒤집어 놓으려고 했다는 점에 있습니다."

지옥은 나와 타자他自와의 관계

대자對自를 정신이라 하고, 즉자卽自를 육체라고 할 때 대자와 즉자의 관계는 어떻게 되는가? 다시 말해서 '나'라는 정신과 '타자他自'라는 육체는 어떻게 관련을 맺는 것인가? 사르트르는 비근한 예를 들어 설명하고 있다.

"내가 못된 병에 걸려 남의 흥밋거리가 되어 있거나 혹은 괴벽에 빠져 아가씨의 방을 열쇠 구멍으로 들여다보고 있다고 상상해 보자.

그러면 훗날 나는 나의 예전의 모든 행위에 대해 그 어떤 불가항력적인 원인이 있었다고 되돌리고 만다. 그러나 그러한 이유만으로 나의 모든 행위의 결과를 부인한다고 하는 것은 있을 수 없는 것이다. 나의 모든 행위는 결코 어느 특정한 원인에 의해 평가되어진다. 그러므로 언제나 나는 나의 행위의 주인인 것이다. 그런데 돌연 복도에서 발자국 소리가 나는 것을 들었다. 누군가가 나에게 눈길을 주고 있었다. 나는 갑자기 나의 존재에 대해서 습격을 당하는구나 하는 기분이 들었다. 본능적인 반작용이 나의 피부에 나타난다. 얼굴에 핏기가 가시면서 이제 나는 보는 내가 아니라 보이는 나로 변모한다. 나는 이제 나의 행위의 주인이 아니다. 타자의 눈길의 노예이다. 마치 가득 찬 욕조 물에 돌연 누군가가 잉크 한 방울을 떨어뜨린 것과 같이 나는 나라는 존재에 압박을 받는다. 하지만 나와 타자와의 관계는 인식의 관계가 아니라 존재의 관계이다. 내가 타자에 의해 압박을 느끼는 것은 타자에 의해서 나의 존재가 존재한다는 것이다. 그러므로 나의 존재가 무無라는 것은 곧 타자에게는 자유가 된다. 이처럼 타자의 눈길은 나의 자유를 즉자卽自로 석화石化시키는 '메두사의 머리'인 것이다. 그러므로 나와 타자와의 사이는 항상 상극相剋의 관계이고, 이 상극은 타자에 의해 나라는 존재의 근원적인 의미를 부여하고 있는 것이다. 누군가에게 눈길을 주든가 아니면 누군가로부터 눈길을 받든가 하는 존재에 있어서는 먹느냐 먹히느냐의 관계이다. 그리고 그러한 관계에선 먹는 자는 주인이 되어 타자에게 사디즘적인 태도를 취하고 먹히는 자는 노예가 되어 타자에게 마조히즘적인 태도를 취하는 것이다. 그러므로 결국 타인 앞에서의 우리는 항상 바늘방석 위에 앉아 있는 것이다. 즉, 지옥이란 것은 나와 타자의 관계에서 비롯되는 것이다."

상극으로부터 우애友愛로의 전회轉回

사르트르의 상극론은 일반적으로 사랑·우정·동포애 등 전체에 대한 기만이란 선고를 내린 것이었지만, 만년의 그의 언어는 그것과는 정반대로 인간애·동포애를 말하는 것이었다.

'인간과 인간에 대한 근본적인 관계는 우애의 관계이다.'라든가, '인류에 있어서 필요한 것은 우애의 관념이다. 그것만이 모든 인간들 사이에 유일하고도 명백한 관계를 확립시키는 첩경이다.'라는 말들을 남기고 그는 인간의 우애성과 진보에 대한 희망을 가진 채 세상을 떠났다. 사르트르에 대해 호의적인 사람은 일시적으로 그가 사회주의에 접근했지만, 그것은 어떤 점에서 자신의 상극론을 자기 자신에게 시험시켜 그 과제를 성립시키기 위한 것이었다고 말한다. 하지만 사르트르에 대해 비판적인 사람은 상극과 우애 중 어느 것이 그의 본심인지는 모르지만 사르트르는 우리를 기만했다고 말한다. 또한 냉소적인 사람은 노쇠하여 죽음을 눈앞에 두고 있으면 누구든지 마음이 약해져 사랑이라든가 우정 따위의 말을 꺼내게 마련인데 그도 그러하였던 것이라 말한다.

그러나 확실한 것은 절대적으로 내발성(內發性: 주체성)이라고 하는 강한 지향성 있는 개념 없이는 상극론을 극복할 수 없다는 것이다. 토이니센의 대저서 『타자(Der Andre)』는 사르트르가 젊어지고 미처 이루지 못했던 철학적 과제에 해답을 주고 있다. 토이니센은 후설의 지향성 개념에 기초를 두고 가장 논리적인 해석을 전개하였으며, 그것이 부버(Martin Buber, 1878~1965)에 이르러 『나와 너』에서 인간은 감수적·객관적이기보다 발동적發動的·주체적이므로 '나'와 '너'

라는 상호관계 내에서 살아가는 것이라 했다.

천국에서는 즉각적으로 사르트르를 맞아들여야 하는가, 아니면 연옥이나 지옥 쪽으로 보내야 하는가에 대한 심의회가 열렸다. 변호는 장 폴 사르트르가 태어날 때부터 이미 결정되어 있었던 성聖요한과 성聖바울이었다.

하나님께서 먼저 의사봉을 휘둘렀다.

"이자는 철학자라고 하는데, 도대체 인간 세상에서 횡설수설한 것이 무엇인고?"

성 요한이 대답했다.

"그는 인간 중심주의를 주장하며 그것은 감히 하나님을 등지는 것이라고 말하고 있습니다."

사려 깊은 요한은 조심스럽게 '감히 하나님을 등지다.'라고 말했던 것이다. 이에 성 바울이 또 다시 대답했다.

"그 의미를 말씀드리자면, 그것은 하나님의 은총이 없으면 인간의 자유란 저주스러운 것이라고 말하고 있는 것입니다."

임기응변이 풍부한 바울은 '만일 하나님의 은총이 없었다고 가정한다면'이라는 의미로 변호하였다. 그러자 하나님은 가운뎃손가락으로 테이블을 탁탁 두드리며 결심을 내리셨다.

"최근 그자는 신기하게도 제법 쓸모 있는 말을 하고 있다던데, 좋다! 천국으로 불러들여라."

요한과 바울이 변호사다운 수완을 발휘하여 사르트르를 일단은 천국으로 보냈다. 사르트르가 천국에 도착했다. 그는 먼저 도착했던 친구와의 재회를 무척 가슴 설레며 고대하고 있었다. 소꿉친구 폴

니장(Paul Nizan, 1905~1940)을 만나면 이렇게 말해 주리라.

"나는 내가 정치적인 행동을 취했을 때 나는 결코 죽음을 두려워하지는 않았다. 왜냐하면 죽음은 나와 자네를 만날 수 있게 한 의미밖에 갖고 있지 않았기 때문이지."

하지만 니장은 천국에 없었다. 그래서 사르트르는 '메를로 퐁티!'라고 마음속으로 외쳤다. 그와는 어느 정도 정치적으로 의견을 달리 했어도 고매한 우정은 서로 간에 잃지 않았기 때문이다. 그러나 메를로 퐁티 역시 모습을 찾을 수 없었다. 사르트르가 한 번 더 마음속으로 '메를로 퐁티!' 하고 외쳤을 때 눈에는 눈물이 흐르고 입술은 꼭 다물어져 있었다. '어째서 자네도……' 하고 생각하며 고매한 우정에 대해 깊은 의심을 갖는 천박한 생각에 빠지기 시작했을 때 그는 자기가 예전에 한 말이 문득 떠올랐다.

"지옥이란 타자他自인 것이다. 그러므로 천국에는 타자란 없는 것이다."

모든 수학의 논리화에 앞장선 러셀

"순수수학의 모든 개념은 논리적 기본 개념으로 정의할 수 있다. 순수수학의 정리定理 또한 모든 논리적인 원리에서 연역演繹할 수도 있다."

우리 시대의 철학자를 손꼽아 볼 때 자연스럽게 떠오르는 이름은 아마도 버트런드 러셀(Bertrand Arthur William Russell, 1872~1970)일 것이다. 러셀은 1872년에 태어나서 1970년에 죽었다. 그의 생애는 커다란 절망과 수많은 사건과 승리들로 점철되었다.

존 스튜어트 밀의 절친한 친구였던 러셀의 부모는 러셀이 어렸을 때 죽었으므로 그는 형과 함께 존 러셀 1세인 그의 친할아버지 집에서 키워졌다. 가문은 영국의 정계와 사교계에서 수세기 동안 명성을 떨쳐온 몬머스셔의 명문귀족이었으며, 특히 귀족계급의 일원임에도 불구하고 몬머스셔 가문은 강력한 자유주의적 성향으로 알려졌다. 의회에서 1832년의 개혁안을 제출했던 사람도 바로 러셀의 할아버지였다.

케임브리지대학 트리니티 칼리지를 졸업하고 한때 이 학교 강사로 있었으나 제1차 세계대전 중 반전운동을 한 것이 화근이 되어 사직했다. 그 후 유럽 각국과 러시아, 미국 등 여러 나라를 방문하여 대학 교수직을 맡았으나 주로 저술에 주력하였다. 그리고 1960년대 초반 반핵시위에 참가하기도 하는 등 여러 가지 사회운동을 한 것으로 이름이 나 있다. 일련의 이러한 일들은 그에게 대영제국의 가장 큰 명예인 메리트 훈장과 1950년 노벨상을 안겨 주기도 했다.

1940년 뉴욕시립대학에서 철학을 강의하도록 임명되었지만, 그에 반대하는 사람들은 임명장을 내린 교육국에 반대하는 소송을 제기하였고 '추잡한 자리'를 만들었다고 선언하기도 했다. 러셀은 이 사건을 『의미와 진실의 탐구(An Inquirt into Meaning and Trutb)』라는 저서의 표제 면에 기록해 두었다.

이 책이 나오기 오래전에 러셀은 철학자이자 수학자인 알프레드 노스 화이트헤드(Alfred North Whitehead, 1861~1947)와 협력해서 '모든 시대를 통틀어 가장 탁월한 기념비적 저작 중의 하나'로 평가되는 『수학원리(Principia Mathmatica)』를 출판함으로써 철학사에서 독자적인 지위를 구축했다. 컴퓨터 과학에서의 다양한 발전이 계속되는 기술혁명은 개척자적인 이 저서에 많은 영향을 받았다.

『결혼과 도덕(Marriage and Morals)』, 『게으름에 대한 찬양(In Praise of Idleness)』, 『인간에게 미래가 있는가(Has Man a Future)』와 같은 저서들에서 그는 육아, 결혼, 여성, 노동 등에 관한 보다 계몽되고 진보된 견해를 보이고 있다.

철학자 러셀의 성과는 특히 이론철학에서 현저하다. G. E. 무어, L. 비트겐슈타인 등과 함께 케임브리지학파의 일원으로 19세기 말부터 영국에서도 유력한 존재였던 관념론에 대해 실재론을 주장하였다. 다만 그의 입장에는 시대에 따른 변화가 크게 눈에 띈다. 예를 들면, 한때이긴 하지만 그는 영국 헤겔학파의 영향 아래 있었으며, 또 마이농류流인 개념실재론의 경향도 보였다. 이것에 관한 저서로는 『철학의 제문제』가 있다. 그러나 그의 인식론, 존재론의 일반적 경향은 한편으로는 자기의 논리를 소재방법으로 삼았으며, 또 다른 면에서는 영국 고유의 경험론의 전통을 근거로 삼고 있다. 또한 논리적 원자론의 이름에서도 명백한 바와 같이 실재의 이론적 단위를 설정하여 그것에의 환원이나 분석을 중시하는 입장을 취한 점도 명백하다.

그의 사상은 빈학파나 훗날 영국철학 발전을 위해 큰 영향을 미쳤다. 또한 윤리학에서는 처음에 무어와 거의 같은 입장을 취했으나, 후에 논리실증주의자의 입장으로 옮겼다.

러셀은 98년간의 오랜 생애 동안에 현대 세계의 거의 모든 문제에 대해 예리한 발언을 제기하는 동시에 적극적인 행동가였다. 그의 업적은 수학, 철학, 평화문제, 사회문제, 가정문제, 종교론, 과학론, 교육문제 등 여러 분야에 걸쳐 있다. 사르트르와 같은 걸작은 아니지만 소설도 썼다. 그의 문장은 단정하고 명석하며 유머러스하다.

"나는 머리가 가장 잘 돌아갈 때 수학을 했고, 조금 나빠졌을 때 철학을 했으며, 더 나빠져서 철학을 할 수 없게 되었을 때 역사와 사회문제에 손을 댔다."

이 유머러스한 자기 총평은 유감스럽지만 사실이 아니었다. 왜냐하면 그는 제1차 세계대전 중 반전운동으로 투옥 중일 때 이미 『수리數理철학 서설』을 완성해 놓고 있었다. 다만 그가 수학을 가장 중요하게 생각하고 있었던 것은 확실하다. 그러므로 필시 역사적인 평가도 이상의 말에 준할 것이다.

수학기초론에 있어서 러셀은 논리주의를 대변하였고 확립하였다.

그러한 러셀의 입장은 다음과 같은 말로 요약된다.

"순수수학의 모든 개념은 논리적 기본 개념으로 정의할 수 있다. 순수수학의 정리定理 또한 모든 논리적인 원리에서 연역演繹할 수도 있다." – 『수학의 제원리』 서문 중에서

이것은 기호로 이루어진 아주 단순한 기계적 조작으로도 모든 순수수학의 정리定理가 나올 수 있다는 것을 의미하고 있는 것이다. 실제로 1950년에 IBM사에 있었던 중국인 수학자 왕 씨는 'IBM 704'라는 전자계산기를 이용하여 러셀의 『수학의 제원리』를 비롯하여 이백 개 남짓한 정리定理를 증명해 보였다.

이처럼 수학이 논리화되기 위해서는 수학의 정리定理에 모순이 없어야 한다. 러셀은 집합론을 공리화(어떤 개념을 논리적·기계적으로 이끌어 내는 것)한다면 수학 전체를 공리화할 수도 있다는 생각을 가지고 있었다. 하지만 그 당시 러셀의 집합론에는 해결할 수 없는 모순이 있었다. 바로 '러셀의 패러독스'라고 불리는 것인데, 오늘날은 대부분이 퍼즐 책에 재미있게 각색되어 실려 있는 정도이다.

이 러셀의 패러독스를 직관적인 비유로 예를 들자면, 어느 시골 마을에 자신의 머리는 깎지 않고 마을 사람들의 머리만 깎아 주려고 결심한 이발사가 있었다. 굳게 결심을 한 그 이발사가 만약 자신의 머리를 깎는다면 그는 자신의 결심을 무너뜨리는 것이 되니 머리를 깎을 수가 없었다. 그렇다고 머리를 깎지 않고 지내자니 머리를 깎은 공통적인 마을 사람의 일부분이 될 수가 없었다. 따라서 그는 논리적으로 그 어느 쪽도 택할 수 없는 처지에 놓이게 되었다. 결심을 깨뜨리자니 의지의 나약성에 모순이 있고, 결심을 굳히자니 집합체의 공통성에 모순이 있다는 것이다. 물론 이것은 순수 논리

적인 측면에서만 언급된 것이긴 하지만 논리학의 기초를 위태롭게 한다고 하여 한때 비상한 관심을 모았던 것이다. 이러한 모순은 러셀 자신이 발견해 내고는 그 해결법으로 제시한 것이 공리 체계에 대한 계형이론階型理論과 J. 노이만의 공리론적 집합론인 것이다. 이것은 논리학의 혁신과 수학기초론의 근거를 이루었다.

크레타문자의 해독

사실, 설명해야 할 패러독스는 그 이외에도 더 있다. 그중에서도 유명한 것은 '에피메니데스의 패러독스'라고 알려진 것인데, 원형대로 옮기면 이러하다.

크레타인인 에피메니데스는 '모든 크레타인은 거짓말쟁이다.'라고 말했다. 그렇다고 한다면, 이 에피메니데스의 말도 거짓이기 때문에 크레타인은 사실은 정직한 사람일지도 모른다. 이 역리逆理를 자세히 음미해 보면 많은 흥밋거리를 갖고 있다.

고고학상의 중요한 관심거리 중의 하나로 크레타문자라고 불리는 해독 불가능한 문자가 있다. 에피메니데스의 발언을 근거로 해서 이 문자가 해독 불가능한 이유를 논리적으로 해명할 수 있다.

어느 화창한 날 아침, 수리만이라는 학자가 이 문자를 마침내 해독했다. 이 문자를 해독하고 보니 이렇게 쓰여 있었다.

"이 문자를 해독했다고 말하는 사람은 모두 다 거짓말쟁이다."

해독이 올바르다면 해독자는 거짓말쟁이이므로 해독은 바르지 않은 것이 된다.

상식적으로도 알 수 있는 것을 논리적으로는 알 수 없다.

수數는 존재하는가? 수학자는 종종 이렇게 자문한다. 우리 비전문가들이 '수학이 존재하는가?'라고 묻는다면 수학자들은 '수학자가 존재하는 한 수학은 존재할 것이다.'라고 말할 것이다.

어떤 일이든지 간에 과격하고 비상식적인 해답을 좋아한다는 점에서 러셀은 흄과 비슷하다.

"산술算術은 콜럼버스가 서인도제도를 발견한 사실과 똑같은 의미로 발견되어야 한다. 콜럼버스가 인디언을 창조하지 않았던 것과 마찬가지로 우리는 수數를 창조할 수 없다. 무엇이든 사고의 대상이 될 수 있는 것은 이미 거기에 존재하고 있는 것이며, 또 그 존재는 사고의 필수조건이지 결과는 아닌 것이다." - 『마인츠지誌』 1901년)

이를 중세철학의 용어로 말하면, 보편의 실재를 인정하는 실념론實念論의 주장이라고 하겠다. 다만, 러셀이 주장하는 바로는 수數나 서인도제도도 같은 실재이기 때문에 근대적인 의미에서의 '실재론' 이긴 하다. 그러나 일각수(一角獸: 초승달 모양을 한 뿔이 하나 달린 전설상의 동물)나 둥근 사각이 실재한다고 주장하는 것은 그다지 의미가 없다. 왜냐하면 실재 안에서는 실재하는 실재와 실재하지 않는 실재가 있으므로 구별하지 않으면 안 된다. 문제는 그 차이에 대한 지표가 세워져 있는가, 아닌가 하는 점이다. 여기에서 러셀은 그의 입장을 부각시켰다.

"논리학이 일각수—角獸를 인정해선 안 되는 이유는 동물학의 경우와 다를 바 없다. 왜냐하면 논리학도 동물학과 마찬가지로 현실세계를 대상으로 하는 것이다. 다만 보다 추상적이고 보다 일반적인 면을 다루는 점이 다를 뿐인 것이다." – 『수리철학 서설』 중에서

러셀은 '일각수가 문장 속에서나 존재한다고 하는 것은 어쩔 수 없는 핑계일 뿐이다.'라고 하였다. 즉, 논리학으로부터 일각수라고 하는 실재를 배제할 방법을 생각해야만 한다는 것이다. 이에 러셀은 기묘한 예를 제기했다.

"스콧은 웨이벌리의 저자이다. 이데 대하여 국왕 조지 4세는 스콧이 웨이벌리의 저자인지 아닌지 알고 싶어 할 수도 있다. 그러나 스콧 자신은 자기 자신이 스콧인지 아닌지를 알고 싶어 하지는 않는다." – 『나의 철학발전』 중에서

이 예는 '피히테는 독일국민에게 고함의 저자이다.'라고 하는 것에서 '피히테는 피히테이다.'라고 하는 것은 상식적으로도 금방 알수 있다. 그러나 상식적으로 알 수 있는 것이 논리학으로는 알 수 없다. 논리학은 2개의 구句가 같은 대상을 논리적으로 전개할 경우, 그 하나를 포함하는 명제는 다른 하나를 포함하는 명제에 의해 항상 바뀔 수 있는 것이다. 더구나 앞 명제가 참이면 뒤 명제도 참이어야 하고 앞 명제가 거짓이면 뒤의 것도 거짓이어야 한다고 정해져 있다. 이것을 '외곬성의 공리'라고 한다. 즉, 동일한 원소로 이루어지는 2개의 집합은 서로 상등하다고 하는 것이다. 그러므로 '외곬성의 공리' 위에 이루어진 논리학에서 '피히테'와 '독일국민에게 고함의 저자'의 차이를 규명하지 않으면 안 된다. '피히테'는 고유명사이지만 '독일국민에게 고함의 저자'는 기술형記述型에 불과하다. 따

라서 고유명사가 명명하는 그 무엇인가가 존재하지 않는다면 그 뒤에 오는 명제에 있어서도 그 존재를 증명할 수 없는 데 반해 기술형은 그러한 제한을 받지 않는다. 그러므로 고유명사와 기술형을 구별하지 않으면 모순되어 버린다.

예컨대 '프랑스 국왕'이 고유명사라고 하자. 여기서 '프랑스 국왕은 대머리이다.'와 '프랑스 국왕은 대머리가 아니다.'라는 두 명제 중 어느 한쪽만이 참인 것은 분명하다. 그러나 세상 사람들은 대머리일 수도 대머리가 아닐 수도 있다는 두 그룹으로 나누어 볼 때 고유명사인 '프랑스 국왕'은 어느 그룹에도 속할 수 없는 것이다. 왜냐하면 주어가 되는 말이 참고유명사가 아니기 때문이다. 그러므로 논리적으로 고유명사 이외의 명사적 표현은 모든 술어에 분해되어 버리는 것이다. 그리고 오늘날의 많은 철학자들을 고민하게 하는 것이기도 하다. 철학자를 고민하게 하는 것은 철학자가 존재하는 이유라고 말해도 좋을 것이다.

러셀의 고민

러셀이 영국과 미국 각지에서 양식 있는 사람들로부터 격렬한 비난을 받았던 것은 그의 정치사상 때문이라기보다도 결혼관과 여성관 때문이었다. 정식결혼은 네 번 했지만 부인 이외에도 여자가 몇 명 더 있었다. 두 번째 결혼한 도라와 이혼할 지경에까지 이르렀을 땐 그녀가 낳은 4명의 아이 중 2명이 러셀의 피를 받지 않은 사실이 밝혀지는 스캔들도 있었다. 마지막 결혼을 했을 때 러셀은 80세였다. 상대는 대학교수인 이데스 핀치라고 하는 중년 여성으로서 단정한 느낌이 드는 여인이었다. 러셀이 이데스와 사랑을 하고 있을 무렵, 비트겐슈타인은 암이 악화하여 방랑생활을 청산하고 영국에 돌아와 있었다.

러셀의 위서전偽敍傳에는 이렇게 쓰여 있다. 비트겐슈타인을 위문하러 간 러셀은 얘기 끝에 이데스와의 사랑을 고백하고 나서,

"나는 머지않아 80세가 되는데 20살 정도 젊게 보이는 방법은 없을까?"

하고 노년의 사랑의 고민을 털어 놓았다. 병적일 정도로 결백한 비트겐슈타인은 그 말을 듣더니 불타는 듯한 분노의 눈빛으로 러셀을 응시했다. 러셀은 파이프를 입에 물고 있었다. 파이프를 잡은 그의 손등에는 주름이 깊게 파여 있었다.

'아, 러셀도 이제 늙었구나. 나도 죽음 앞에 서 있다.'

이런 생각을 하고 나자 비트겐슈타인은 마음이 조금 누그러졌다. 그래서 다시 이렇게 말했다.

"당신은 수학자이지요. 그렇다면 해답은 금방 나오지요. 80세인 당신이 이데스와의 사랑을 위해 스무 살 젊게 보이고 싶어 한다면 '지금 나는 100살이다.'라고 말하면 되지 않소"

경험론의 기본명제의 재확인

경험론자 존 로크와 데이비드 흄도 그리고 버클리도 수학의 확실

성과 경험론의 가류성可謬性 사이에서 고심했던 것처럼 러셀도 수학을 논리화라는 과정에서 오히려 가류적인 경험에서 필연적인 수학이 발행하지 않았는가 하는 물음을 제기했다. 어떻게 보면 이것은 곧 경험과 과학에 앞선다는 의미를 갖는 것이다.

"관찰과 경험에 의하지 않고 우리는 무엇을 배울 수 있는가? 물리학에서 말하는 감각의 직접적인 정보, 즉 일정한 공간과 시간 사이에서 동반하는 색, 소리, 맛, 냄새 등의 감각적인 미세한 원소 없이는 우리는 결국 아무것도 배울 수 없다. 심지어 분자, 원자, 전자와 같은 것도 감각기관과의 상관관계에 있어서만 발견될 수 있다."
― 『신비주의와 논리』 중에서

이렇게 해서 로크의 타블라 라사(마음의 백지상태)로 비롯된 경험론의 기본명제가 새삼 재확인된 것이다. 당연히 여기에서는 로크류의 제1성질과 칸트류의 제2성질인 현상과 물자체, 바꿔 말하면 감각여건과 그 원인이 되는 존재를 구분할 수 있는지 어떤지와 같은 문제가 제기되는 것이다.

이러한 점에서 러셀의 생각은 철학자로서는 유례없이 드물게 보일 정도로 많은 변천을 거듭해 왔다. 그래서 한때는 감각여건설을 포기하겠다고 단정 지은 적도 있었다. 그것은 물론 심적인 것으로서의 감각과 물리적인 것으로서의 감각을 구별할 수 없다고 생각했기 때문이다. 그리고 언제나 항상恒常적인 것을 경험론적으로 설명하기 위해 러셀은 다양하고 많은 연구를 시도해야 했기 때문이기도 했다.

그중에서도 비교적 그가 일관성 있게 주장하고 있는 것은 꿈과 현실의 구별만큼은 가능하다고 하는 것이다. 그리고 어쨌든 물리학 전체가 경험론의 주장인 현실적인 감각여건에서 비롯한 제1차적 정보에 기인하는 것이라는 사실을 부정하지는 못하고 있다. 러셀의 경험주의는 정통파적인 경험론에서는 약간 벗어났던 것이다.

마르크스, 키르케고르, 사르트르, 러셀은 모두 헤겔을 발판으로 삼아 자신들의 사상을 정립했다. 그러나 러셀이 다른 세 사람과 결정적으로 다른 것은 헤겔철학의 숨은 전제인 '관계의 내재성'을 부인하였다는 점이다. 즉, 관계의 항項과 존재의 항項이 결합을 가진다는 것을 부정한다는 것이다. 그 이유로는 러셀에게는 논리적인 원자론의 적용이 가능했지만, 마르크스나 사르트르에게는 그러한 것이 성립되지 않았던 것이다.

키르케고르가 단독자單獨者라고 말했을 때에도 그 단독자는 신과의 내재적 관계를 가졌다. 하지만 러셀의 자유주의에는 논리적 원자론 혹은 모나드單子론적 개인주의라는 배경이 있었다. 러셀의 분방한 애정생활도 단자론적 개인주의의 발로일 것이다. 그는 자기 배우자가 자기 이외의 상대와 관계를 가져도 질투라는 너절한 감정을 느끼지 않을 수 있다고 믿었다.

이처럼 철저한 내적 관계의 부정이라는 명제는 러셀의 학문과 일상생활 등 그의 모든 것에 일관되었던 것이다. 그는 내적 관계의 부정으로 고민한 적은 없었다. 세상으로부터의 어떠한 비난에도 초연하게 견딜 수 있었으며, 첫 부인인 엘리스와는 결혼생활 9년 동안 성관계를 갖지 않았다고 한다. 그동안에는 다른 여성과도 관계를 갖지 않았다고 한다.

그러나 1918년 투옥 중엔 여자 친구 정도의 관계였던 코렛트에게 다른 남자가 생겼다는 사실을 알고는 질투로 옥중에서 3일 밤을 잘 수 없었다고 그의 위서전은 전하고 있다. 이는 보부아르의 계속되는 정사 사건에 질투를 억눌러야만 했던 사르트르와 비슷하다. 어쨌든 이때 처음으로 러셀은 자신이 만든 원리를 저주했다고 한다.

"내 학문과 사상 전부를 버려도 좋다. 코렛트와의 내적 관계를 얻을 수만 있다면……."

분석철학의 대가 비트겐슈타인

분석철학은 20세기 초반 헤겔의 관념철학에 대한 비판을 시작으로 확대된 철학적 탐구의 방법이다. 분석철학은 형이상학적 명제를 배격하고 철저한 논리적 분석에 의해서 문제를 명백하게 해결하고자 한다.

1924년 M. 슐릭에 의해 열린 세미나에서는 논리실증주의라는 새로운 철학이 창시되었다. 이 철학은 1920년대 비엔나학파를 중심으로 발전한 현대 철학의 한 경향으로, 논리적 실증주의는 경험적 실증주의라고도 일컬어진다. 이것은 고전적 실증주의적 견해를 보인 콩트와 흄의 사상에 기초하고 있으며, 비트겐슈타인에 의해 발전을 이루게 되었다. 크게 보면 논리적 실증주의는 분석철학의 범주에 속하는 현대 철학의 한 경향이다. 비트겐슈타인은 그의 명저 『논리철학논고』에서 논리실증주의의 기초를 마련해 주었다.

루트비히 비트겐슈타인(Wittgenstein Ludwig, 1889~1951)은 오스트리아의 부유하고 교양 있는 가정에서 태어났다. 그는 14살이 될 때까지 가정에서 교육을 받았으며, 그 이후에는 기술학교에 보내졌다.

1908년 19살의 나이에 처음으로 맨체스터대학에 있는 항공공학과의 연구생으로 영국에 온 후 이곳에서 그는 제트엔진의 설계에 몰두했다. 1912년에 맨체스터를 떠나 케임브리지로 간 그는 러셀, 무어 등에게 배우게 되는데, 러셀의 『수학의 원리』는 그에게 순수

수학과 논리학에 대한 진정한 관심을 일깨워 주었다.

1914년 제1차 세계대전이 발발하자 그는 오스트리아로 돌아와 군대에 입대하였고, 이곳에서 『논리철학논고』를 구상했다. 그리고 1918년 이탈리아군의 포로가 된 그는 몇 개월 동안 전쟁포로로 지내면서 80여 쪽의 『논리철학논고』를 러셀에게 보냈다. 러셀은 이 작품의 진가를 인정했지만 1921년이 되어서야 어렵게 전문적인 학술지에 발표한다. 생전에 발표된 이 유일한 저서는 비인학파에 커다란 영향력을 주었다.

이후 비트겐슈타인은 철학을 포기하고 10여 년 동안 정원사 일과 교사 일을 하면서 누이동생을 위해 건축설계 일을 하며 지냈다. 1928년 비인에서 네덜란드의 수학자인 브로우어의 강연을 듣고 다시금 철학에 흥미를 느껴 케임브리지로 돌아갈 것을 결심하게 된다. 그곳에서 이미 8년 전에 발간된 그의 저서 『논리철학논고』가 박사학위논문으로 받아들여져 1929년 6월, 철학박사 학위를 받고 곧 케임브리지대학의 철학교수가 되었다.

그는 오직 의미 분석만이 철학의 과제라고 주장하고 인간을 철학으로부터 해방시키려는 정신요법적 철학설을 내세웠으며, 논리학에 있어서는 내용이 없는 토톨로지Tautology로서의 성격을 인식, 소위 매트릭스Matrix의 방법을 도입했다고 해도 과언이 아니다. 러셀은 그의 탁월한 재능을 인정하여 그에게 논리학과 수학에 관한 연구에 매진하도록 격려했다. 그러나 많은 사람들과 어울리는 것을 버겁게 여긴 그는 2년도 채 안 돼 케임브리지를 떠나 노르웨이로 가는 등 1947년 건강이 좋지 않아 휴직을 하게 될 때까지 케임브리지대학의 강의를 중단했다가 다시 시작하곤 했다.

1949년 비트겐슈타인은 10여 년 전에 시작했던 『철학적 탐구』를 완성했으며, 이 책은 그가 죽고 나서 출판되었다.

제2차 세계대전 중에는 병원 잡역부와 연구소 보조로도 봉사했으며, 불안 증세로 인해 노르웨이와 아일랜드 등지의 은둔지에서 지내기도 했다. 오랜 시간을 은둔자처럼 생활하던 그는 자신이 암에 걸렸다는 사실을 알고 아일랜드에서 다시 케임브리지로 돌아왔다. 그리고 1951년 3월 29일에 사망했다.

분석철학

분석철학은 20세기 초반 헤겔의 관념철학에 대한 비판을 시작으로 확대된 철학적 탐구의 방법이다. 분석철학은 형이상학적 명제를 배격하고 철저한 논리적 분석에 의해서 문제를 명백하게 해결하고자 한다.

"명제를 이해하는 것은 언어를 이해하는 것이다. 언어를 이해하는 것은 기술을 지배하는 것이다."

이와 같이 분석철학에서는 언어분석이 가장 중요한 비중을 차지한다. 명제를 논리적으로 분석할 때 우리의 사고는 언어라는 매개체에 의해서 전개되고 표현되기 때문이다.

비트겐슈타인은 이상언어에 기초한 철학을 발전시키려고 하였다. 이상언어란 물리학에 있어서 원자와 비교될 수 있는 것으로, 관찰된 사실과 일대 일로 대응한다. 논리적 원자론은 언어분석을 통해 관념들을 가능한 한 가장 작은 논리적 구성요소로 환원시켜 철학의 몇 가지 중심 문제를 해명하려고 했다.

"한 명제를 이해한다 함은 그 명제가 참인 경우 사례인 것을 안다는 것을 뜻한다."

그가 『논리철학논고』에서 진술한 것처럼 명제의 의미는 그것의 진리 조건들과 일치되며, 이 진리 조건들이 없을 경우 그 명제는 무의미한 것이 되고 말 것이다. 이 저서에서 그는 논리실증주의 철학의 기본이 되는 '검증원리(Verification Principle)'를 비롯하여 수많은 견해들을 제시하였다. 또한 심적 활동, 즉 과학적 명제들의 의미를 분석하거나 명료화하고자 하는 새로운 철학관을 가지고 논리실증주의에 기여하였다.

비트겐슈타인은 철학이란 '의미의 추구로 정의되어야 한다.'는 견해를 보였다. 요컨대 철학은 사고를 명료히 하고자 하는 능동적인 시도이며, 논리학과 수학의 명제들은 동어반복, 다시 말해 세계에 대한 사실적인 것들을 전혀 진술하지 않는 비정보적 언명에 지나지 않는 것이다. 논리학과 수학의 명제들은 증명될 수는 있어도 검증원리에 의해서 요구되는 경험상의 자료들을 통해 검증될 수는 없다. 그것은 형이상학적 실재에 관한 명제들은 동어반복적이거나 경험적인 것이 아니기 때문이다. 따라서 그것들의 타당성을 증명하거나 그것들의 진리를 검증할 수는 없는 일이다.

비트겐슈타인의 철학적 저술은 세 시기로 구분할 수 있는데, 예컨대 논리의 철학을 다루는 초기, 이미지의 철학을 다루는 중기를 거쳐 후기 언어의 철학을 다루는 작품 시기가 그것이다. 이 시기의 움직임에 따라 그의 이론은 다양한 변화를 겪는데, 후기의 주요 저작인 『철학적 탐구』에서는 초기의 『논리철학논고』와 서술방식은 같다 할지라도 철학적인 면에서 결별을 보이고 있는 듯하다. 그는 서문에서 다음과 같은 말로 『철학적 탐구』에 대한 스타일과 내용을 설명하고 있다.

"만일 내가 나의 생각들을 그 자연스런 성향에 어긋나게 어떤 하나의 방향을 향해 억지로 밀고 나가고자 할 경우 그것들은 곧 무기력해진다. 그리고 이는 물론 탐구의 성격 자체와 연관되어 있다. 왜냐하면 이것이 나로 하여금 생각의 넓은 분야를 모든 방향에서 교차해서 여행하도록 하기 때문이다. 이 책에 나오는 철학적 논평은 사실상 이처럼 오래 천착한 여행의 도정에서 만들어진 수많은 풍경 묘사인 것이다."

그는 언제나 철학의 핵심적인 사안에 몰두했고, 철학 발전의 직접적인 선상 위에 서 있던 인물이었다.

논리 안에 없는 것은 지각 안에도 없다고 한 핸슨

"이론이 현실을 보는 것이라는 해석으로 판단해서는 안 된다.
이론은 보는 것 안에 있는 것이다."

과학이란 무엇인가?

이 물음에 오늘날 우리의 운명 전부가 걸려 있다고 해도 과언이 아니다. 러셀의 논리주의와 감각여건설에 의하면, 과학이란 수학의 정리定理 몇 개를 감각여건에 의거하여 해석하는 것이라고 한다.

과학의 진보는 무엇에 의해서 생기는가? 관측정보라는 감각여건의 축적으로 이루어지는 것이다. 역사적으로 수구의 근대 시대부터 하나의 지적 혁명에 의해 발생한 오늘날의 과학이 또 다른 혁명으로 현재의 과학과는 전혀 다른 과학이 될 가능성은 없는가? 수학이 논리학에 의해 이루어진 것과 같이 과학은 수학적 구조에서 이루어졌다. 그러나 과학에 의해 이루어질 또 다른 혁명이 일어날 가능성은 거의 없다.

물론 이것은 20세기의 과학관에 의거한 것이므로 오늘날의 과학관에 있어서의 표준적인 해답일 것이다. 그러나 이 해답은 두 가지 측면에서 의혹을 불러일으키고 있다. 하나는 과학사의 관점에서이고, 또 하나는 관측 이론의 관점에서이다. 과학혁명의 대표적인 예로서, 지구 중심의 천동설에서 태양 중심의 지동설을 주장한 코페르니쿠스적 전회를 예로 든다. 당시 코페르니쿠스는 충분한 정보를 거의 갖고 있지 않았었다. 그리고 그 당시 세계에서 가장 정밀하고 풍부한 정보를 갖고 있었던 티코 브라헤(Tycho Brahe, 1546~1601: 덴마크의 천문학자)는 천동설을 교묘히 수정하여 지구는 전 우주의 중심에 위치하고 지구 주위를 달과 태양이 공전하고, 행성은 다시 태양 주위를 공전한다는 신우주설이라는 정보를 퍼뜨렸다. 그러나 혁명은 정보라는 아래쪽에서부터 발생하는 것이 아니라, 이론이라는 상위 쪽에서 발생하는 것이다.

무엇 때문에 그러한 것인가. 그것은 기초가 되는 관찰 정보라는 감각여건에 일정한 이론을 도입하여 순리純理를 쌓는 것이기 때문이다. 그러므로 '이론 안에 없었던 것은 지각 안에도 없다.'고 하는 이것은 말할 필요도 없이 '지성 안에 없었던 것은 감각 안에도 없다.'고 하는 합리론의 명제에 변주變奏하는 것이다. 과학을 설명하는 이론으로서 감각여건론이라는 경험주의는 과연 유효한 것인가? '본다.'는 것은 무엇인가? 과학적으로 본다고 하는 행위는 어떻게 이루어지는 것인가?

노우드 러셀 핸슨(Norwood Russell Hanson, 1924~1967)은 이렇게 자문하기 시작한다.

핸슨은 원래 음악원에서 공부한 피아니스트였다. 제2차 세계대전에 참전하여 미해병대 전투기 조종사로서 활약하였으며, 제대 후 물리학과 철학을 공부하여 케임브리지, 인디애나, 예일대학에서 교편을 잡았다. 철학자가 되고서도 애기愛機였던 베어캣트를 버리지 않고 악천후 속을 비행하던 중 사고를 만나 43세의 젊은 나이로 운명했다. 일설로는 피스톤 엔진의 스피드 기록에 도전했다가 사고를 당했다고도 한다. 무엇 때문에 핸슨은 피아니스트의 길을 버리고 철학자가 되었을까. 피아노는 애기愛機 베어캣트에 싣고 다닐 수 없었기 때문이었을까? 피아노의 악보 정도라면 몰라도, 그러나 철학은 가능했는가 보다.

핸슨의 논술에 대해 언급하기 전에 우리가 일상적으로 경험하는 꿈 이야기를 생각해 보자. 꿈은 눈을 감고 보는 것이다. 외부로부터 시각 정보가 들어오지 않아도 우리에게는 '보인다.'라는 작용이 이루어진다. 이것을 칸트식으로 표현하여 상상력이라고 해 두자. 그러면 잠에서 깨어나 눈을 뜨고 볼 때 상상력은 갑자기 잠자러 들어가는 것일까, 아니면 눈을 뜨고 볼 때에도 상상력은 작용하고 있는 것일까.

핸슨이 제시하는 첫 번째 예는 '반전도형反轉圖形 물체'로 어느 쪽으로도 같게 보이는 예이다. 다시 말해 어느 한쪽으로든 같게 보인다고 하는 것이다. 이것은 시각에 의존하는 어느 쪽이라는 한 방향으로 해석하는 것이 아니고, '어느 쪽이든지'라는 양의성兩義性에 근거한 것이다.

"이론이 현실을 보는 것이라는 해석으로 판단해서는 안 된다. 이론은 보는 것 안에 있는 것이다." - 『지각과 발견』 중에서

예를 들어, 달 표면이 오리로 보이기도 하고 토끼로 보이기도 하고 노부인으로 보이기도 하고 새댁으로 보이기도 하며 두 개의 얼굴로 보이기도 한다는 예를 심리학책에서 본 사람이 많을 것이다. 어쨌든 '……로'라는 이론성은 '보이는' 그 자체 안에 있는 것이다.

두 번째 예는, 심리학자가 '지각의 항상성恒常性'이라고 부르는 것이다. 예컨대 유원지에 가면 볼 수 있는 '요술의 집'의 일종으로 정사각형이 아닌 방을 정사각형의 방으로 보이게 하기 위해 실제가

아닌 눈가림용으로 창을 그려 넣은 것이 있다. 그것을 조그만 구멍으로 내다보면 어쨌든 정사각형으로 보인다. 착시현상인 것이다. 하지만 시각 그 자체는 이치에 맞추어 적합하게 보는 것이다. 정상인의 시각도 히스테리 증세 환자의 시각과 마찬가지로 '보이는' 그 자체를 합리화해서 본다. 아니, 합리적으로 보인다. 정사각형이 아닌 것을 정사각형으로 보는 합리화는 '보이는' 그 자체 안에 있는 것이지 '보이는' 것으로서의 감각여건에 합리화가 뒤따르는 것은 아니다.

세 번째 예는 로크, 버클리, 디드로가 언급하고 있는 '모리누스 문제'이다. 즉, 선천성 맹인이 수술에 의해 눈을 떴을 때 그의 시각으로는 사각체와 구체의 구별이 가지 않는다고 한다. 이러한 예외적인 경우에 있어서만 '감각여건'은 이루어지지 않는다. 이것은 정상적인 '본다.'는 행위가 어떤 학습의 결과로 발생한다는 의미를 나타내고 있는 것이다. 핸슨은 비트겐슈타인을 인용한다.

'두 동물의 형태를 이미 잘 알고 있는 경우에만 당신은 토끼와 오리의 진정한 모습을 볼 수 있는 것이다.'

사람은 이미 알고 있는 것만을 보는 것이다. 베이컨이 설명한 것처럼 우리는 항상 선입견이라는 우상 속에 사로잡혀 있기 때문에 그렇다는 것이다.

핸슨이 곧잘 증거로 삼는 예는 고대 그리스의 의학자 갈레노스의 이야기이다. 그는 심장 속의 양 벽에 구멍이 있어 그곳을 통해 혈액이 드나들고 있다고 생각하고 있었다. 이 이론은 13세기나 걸친 전문가적인 관찰에서도 그의 이론이 잘못되었다는 것을 밝혀낼 수 없었다. 관찰이 이론을 바꾸는 힘을 가지지 못한 예이다. 그래서 핸슨은 '우리는 알고 있는 것만을 본다.'라는 괴테의 말을 인용하였던 것이다.

네 번째 예는 '사피아웨프의 가설'이다. 즉, '사물의 형상은 우리가 그 사물들을 기술하는 언어에 의해 대부분 결정되어 있다.'고 요약하는 것이다. 러셀과 같은 많은 대철학자들도 물(物, 물리적 대상)과 사(事, 사물)를 혼동하고 있다. 물론 사물과 언어를 떼어 놓고 말할 수는 없다. 만약 우리가 설탕은 입방체로 굳어진다고 하는 물리적 현상을 믿고 있다고 한다면 우리는 현실에서 사용하고 있는 언어 방식을 무시하고 '설탕덩어리가 입방체라는 것은 엄연한 사실이다'. 라고 주장하는 것이다. 왜 그럴까? 사실은 척추동물이 척추를 가진 것과 같은 것으로밖에 표현할 수 없기 때문이다. 이것은 아리스토텔레스가 로고스라는 용어를 써서 설명한 사물, 즉 화법과 지각만으로 이해하고 있기 때문인 것이다.

이론을 탑재한 관찰

핸슨은 과학의 기초가 된다고 하는 경험론의 감각여건설이 '본다.'고 하는 행위의 현상과 일치하지 못한 구체적인 예를 제시하였다. 그리고 경험론이 갈라놓은 감각과 이성을 아리스토텔레스의 전통으로 복권시켰다.

물론 핸슨의 주장인 '관찰에는 이론이 탑재되어 있다.'고 하는 것과 자연과학의 실정과 일치하고 있는지 어떤지의 여부에 대해서는 많은 의심을 품는 사람도 있다. 그러나 관찰의 거의 대부분은 일정한 이론 위에서 구성된 관측으로, 현대과학의 실정에서 보면 '모든 관찰에는 이론이 탑재되어 있다.'고 하는 핸슨의 주장을 부정할 수는 없을 것이다.